우리가 알아야 할

한국의
아름다움
77가지

한국인의 영혼을 찾아

요즘 일반 사람들이 가진 외래 문화에 대한 관심에 비하여 우리 고유의 문화에 대한 이해나 관심은 희박한 느낌이 없지 않다.

한국인만이 가지고 있는 영혼은 무엇일까?

그 모습과 빛깔과 향기는 어떤 것일까?

전통의 맥박과 정신의 뿌리는 어디서 찾아야만 될까?

아침 햇살을 받아 고요하고 정갈한 선형을 드러내는 창살과 한지 방문에서, 저절로 어깨춤이 추어지는 장구 소리에서, 담담하고 은은한 맛이 풍기는 백자에서, 생활양식과 취향에서 얼마든지 우리 겨레의 얼과 미를 발견할 수 있다.

어찌 그런 것뿐이랴. 사랑방에서 구수하게 전해져 내려오던 민담, 눈방울이 툭 불거져 나올 듯이 괴상하게 생겼으나 우리 할아버지를 닮은 듯이 정이 통하는 장승, 절로 어깨가 으쓱해지고 장단에 맞추어 흥얼거리고 싶어지도록 우리 생리에 배어 있는 농악, 가식 없이 생활의 정감을 나타낸 민화 등―.

또한 생활 문화의 거짓 없는 반영이요, 조상들의 생활의 거울인 풍속에서 민족의 마음과 슬기를 들여다볼 수 있다.

외래 문화의 범람과 세계화 풍조 속에 수천 년간의 민족문화가 차츰 퇴색되어 가고 곧 사라지려 이별을 고하려는 것들도 적지 않다. 우리 선조들이 공동체 생활 속에서 꽃피웠던 춤과 노래와 풍속 등은 이제 노을이 되어 산마루에 걸려 있다. 이러한 때에 우리 겨레의 고유한 문화 유산 속에서 미를 찾아내고 한국의 뿌리를 알고자 하는 것은 의미 있는 일이 아닐 수 없다.

이 책에서는 사라져 가는 한국의 미와 의식을 민중의 역사 속에 파악하고 새롭게 인식해 보고자 했다. 체계적으로 정연하게 기술된 사실(史

實)보다 우리 민족의 고유한 미감과 의식을 풍속적인 관습을 통하여 살피며, 알기 쉽고 흐뭇한 감흥으로 읽을 수 있게 '에세이' 체로 엮어 나가고자 했다.

사실적(史實的) 기술보다 미적 측면의 고찰이나 감상에 더 치중했고 풍부한 자료의 제시나 나열보다 정감을 살리는 데 더 비중을 두었다.

외국 문화를 찾기에 앞서 먼저 우리 문화에 대한 이해와 아름다움을 아는 것이 도리라 생각한다. 살아가는 데 있어서 알아야 할 것이 많지만, 그 중에서도 우리의 것이 더 소중하다 하지 않을 수 없다.

우리가 알아야 할 '한국의 아름다움 77가지'는 민족 문화의 정체성을 알고 민족의 영혼과 전통, 우리 겨레가 오랫동안 삶 속에 체득했던 지혜와 미의식을 알아보자는 의도에서 내게 되었다.

우리가 알아야 할 '한국의 아름다움 77가지'는 그동안 내용을 보완하고 필요성을 느끼고 있던 중, 독도 영유권을 둘러싼 일본과의 분쟁, 고구려 역사에 대한 중국과의 시비, 또한 한류(韓流) 선풍이 일고 있는 때에 우리 것에 대한 소중함을 알리고자 이 책을 출간하게 되었다.

또한 영상시대에 걸맞게 사진작가 신병철 씨의 도움으로 컬러 사진을 함께 실어 영상미를 살리려 한 것이 이 책을 내는 보람 중의 하나이다. 좋은 사진을 제공해 주신 신병철 사진작가에게 감사의 마음을 전한다.

이 책이 학생과 해외 동포들을 비롯한 독자들에게 한국인의 영혼과 뿌리를 알리는데 조금이라도 도움이 된다면 저자에겐 더없는 보람이며 기쁨이 아닐 수 없다.

2005년 8월
저자 정 목 일

제1장 | 생활의 여유와 지혜

부채

무더위가 기승을 부리는 우리 나라의 여름-.

모시옷 차림에 부채를 들고 정자나무의 녹음 밑에 모여 한담을 즐기는 촌로들을 보면 참으로 여유가 있다.

오늘날과 같이 선풍기나 난방 시설이 대중화되기 전만 해도 부채는 여름을 보내는 데 없어서는 안 될 필수품이었다.

부채는 생활의 여유이며 슬기였다. 그것은 차라리 정신적인 휴식을, 평온을 가져다 주는 물건이었다.

짙은 녹음 아래 돗자리를 펴놓고 부채를 슬슬 부치면서 매미 소리를 듣는다면 삼복 더위도 아늑한 고요 속으로 빠져들고 만다.

그만큼 부채는 여름을 서늘히 식혀 주는 위안이었고 생활에 청량감을 안겨 주는 리듬이었다.

지금은 우리의 생활 주변에서 점점 사라져 가고 있지만 옛날 선조들에 있어 부채란 하나의 풍류이며 예술품이기도 하였다.

우리의 선조들은 부채에다 폭포수가 떨어지는 산수화나 청초한 난초 잎을 그려 넣길 좋아했고 부채 바람으로서만이 아닌 그림의 운치와 품격으로 더위를 잊었다.

부챗살을 펴면 절경 속의 도인이 냇가에 배를 띄워 놓고 한적히 낚싯줄을 담그고 있는 그림이 펼쳐지기도 하고, 이를 눈으로 즐기며 청담을 나누는 재미는 여름이 아니고서는 맛볼 수 없는 멋이다.

부채 속 그림의 아취와 풍류는 요즘의 선풍기나 에어컨에 비유할 수 없는 멋과 미의식을 보여 준다. 그러한 품격 때문에 부채는 단순히 바람을 일으켜 더위를 식힌다는 차원을 초월하여 글방 양반들에게는 서권기(書卷氣)로, 벼슬아치들에게는 위엄의 상징으로, 규방 나인들에게는 내외할 때 얼굴을 살짝 가리는 차면용 등으로 두루 쓰였다.

옛날 예술가들은 부채에다 가벼운 마음으로 그림을 그려 넣었다.

대개는 시원한 느낌을 주는 것들로 강물, 폭포, 설경, 화조, 난초, 산수화 등과 서늘한 글귀들이 들어 있는 문장도 곁들였다.

이러한 각종 그림이 그려진 부채를 한데 모아 부채전(展)이 열리기도 하는 걸 보면 과히 우리 선조들이 부채에 기울인 정성을 짐작할 수 있을 것 같다.

부채의 가짓수도 헤아릴 수 없이 많다. 방구부채 하나에도 면 겉에 태극을 그리면 태극선, 부채 모양이 파초잎과 비슷하면 파초선, 부챗살이 연잎과 같으면 연엽선, 공작 깃털로 만든 것이면 공작선, 완초나 죽

피(竹皮)로 만든 것이면 팔덕(八德)선이라 하였다.

팔덕선이란 값싸고 튼튼하며 앉을 때 방석 역할을 하고 부치면 바람을 일으키고 뜨거운 햇볕을 가릴 수 있고 옷 속에 넣으면 등걸이 구실을 하는 등 여덟 가지 용도가 있다고 해서 이름 붙여진 것이었다.

조선시대의 대표적인 부채는 역시 합죽선이라고 할 수 있다.

재료와 산지 모양에 따라서 각양각색의 이름을 가지고 있는 이 부채의 명칭을 살펴보면 부챗살이 50개 이상인 대선(大扇), 40살인 중선, 30살인 소선이 있고 펼치고 접는 면이 넓은 광변선, 비좁은 협변선, 창호지에 기름을 먹인 유선, 옻칠을 한 칠선, 그림을 그려 넣은 화선 등이 있다.

이 중에서도 대선, 중선, 소선은 대개 양반들이 애용하였고 방구부채는 부녀자들이 집안에서 주로 사용하여 내선용의 성격을 띠었다.

부채에 대한 기록은 '삼국사기'를 비롯하여 '고려사' 등에 수다히 나온다. 소설에도 "향중생색(鄉中生色)은 하선동력(夏扇冬曆)"이라 했듯이 부채는 여름의 선물로서 또한 오늘날은 광고 매체로도 사용되고 있다.

옛날 예술가들이 부채에다 그림을 그려 넣어 시 한 수를 곁들여 친지나 벗에게 선물로 보내는 운치야말로 여름을 내내 청량감으로 채워 주는 것이 아닐 수 없다.

부채는 인공적인 바람이 아니다. 나뭇잎 사이로 스며드는 자연스러운 바람을 일으키는 것으로 자연과의 미적 조화를 보여 주기도 한다.

부채 속의 그림이 그렇고, 피부에 느껴지는 정감이 기계의 힘으로 내는 바람과는 사뭇 다른 것이다.

여행할 때 같은 좌석에 앉은 사람이 산수화를 그려 넣은 합죽선을 펴들고 이쪽까지 바람이 와 닿게 부채질을 해 줄 때 그 은은하고 고운 마음씨는 상대방의 마음을 상쾌하게 만든다.

그래서 무료하고 지루하던 여름 여행은 바다처럼 시원한 대화가 트이고 금세 우정이 싹트도록 계기를 마련해 준다.

어느 곳이든지 손쉽게 휴대할 수 있는 부채-.

간편하고 부담이 없어 좋다. 햇볕을 가리는 데도 좋고 손의 허전함을 덜어 줘서 좋다.

수천 년 전부터 선조들이 애용해 온 여름의 반려인 부채-.

눈으로 즐기고 만지는 촉감으로 즐기며, 일으키는 바람에 마음까지 시원함을 얻을 수 있는 부채는 여유와 멋의 예술품이라 하지 않을 수 없다.

돗자리

　돗자리-.
　한국인에게 '자리'라는 것이 어떤 의미가 있을까.
　그것은 안정과 휴식을 뜻하는 동시에 신분의 위치, 심지어 민속적인
의미까지 포함하고 있는 것은 아닐까.
　우리 나라 생활 습속이 좌식(坐式)이며 와식(臥式)이기 때문에 자리
에 앉아야만 평온을 찾을 수 있고, 자리에 누워야만 휴식을 누릴 수 있
었다.
　우리 문화는 '자리'라는 형식 위에서 더욱 윤택해졌다. 필요에 따라
서 땅바닥에, 마루나 방바닥에 돗자리를 깔았다. 돗자리 위에서 손님을

접대했고, 벗을 맞았으며, 연회를 베풀고 시를 읊었다.

시원한 나무 그늘에 모시옷 차림으로 돗자리를 펴놓고 매미 소리를 벗삼아 등을 대고 눕거나, 벗과 더불어 정담을 나누면서 바둑을 두는 재미, 피부로 전해져 오는 돗자리의 서늘한 감촉이야말로 한국인이 아니고서는 그 맛을 알 수 없다.

경치 좋은 절경지나 정자를 찾아갈 때도 돗자리를 휴대했고, 제사지낼 때나 관례를 올릴 때도 쓰였다.

만남을 위하여, 베품을 위하여, 예식이나 의식을 위해서도 돗자리가 있어야만 했다. 이렇게 한국인의 모든 예식과 의식에 돗자리가 사용되었으니 우리 문화는 돗자리 위에서 형성되었다고 해도 무방하지 않을까.

돗자리 위에서 한 수의 명시가 읊어졌고, 펴놓은 화선지에 산수화가 그려졌으며 거문고의 음률이 달빛을 흔들었다.

자리는 우리 겨레에게 마음의 안식을 가져다 주었고 만남과 대화를 이어주는 가교이기도 했다.

돗자리가 언제부터 만들어졌는가에 대해서는 확실치 않으나 고려 광종 13년에 중국에 보낸 선물 가운데 화문석이 있는 것으로 보아 그 무렵부터 이미 외국에까지 알려졌던 것을 알 수 있다.

바닥에 까는 자리는 여러 가지 풀이나 볏집 따위로 짜여졌으나 차차 왕골을 재료로 한 화문석으로 발전해 갔고, 거기에서도 더 귀하게 여겼던 것은 참골(龍水草)에 고운 문양을 새겨 넣은 능메 꽃자리였다.

자리의 본디 바탕은 흰 빛이나 여기에 여러 가지 물감을 들여 무늬를 놓은 것이 꽃자리(華紋席)이다. 꽃자리라 하여 꽃무늬만을 놓는 것은 결코 아니다. 십장생(十長生), 문자문(文字紋), 용문(龍紋), 호문(虎紋) 등

여러 가지 문양을 놓은 것을 볼 수 있다.

화문석 중에 가장 최우량품인 등메 꽃자리는 어느 돗자리의 경우처럼 왕골의 껍질을 벗겨 그것을 가늘게 쪼개어 엮거나 짠 것이 아니고 온 대궁이를 그냥 쓰게 되므로 짜고 난 다음의 촉감이 매우 부드러웠다.

돗자리는 하나의 깔자리라는데 그치지 않고 그 위에 항상 정신적인 여유와 멋이 깃들고 예식이 베풀어졌기에 짜는데 정성을 다하였다.

해마다 오월쯤이면 모를 내듯 논에다 왕골을 심어 칠월부터 거두어 들인다. 장마가 시작되기 전에 뿌리째 뽑아 햇볕에 말린 다음 삼각형의 왕골대를 세 쪽으로 나누어 껍질을 벗기고 물에 불려 칼등으로 속을 훑어내 납작하게 손질한다. 그런 다음 2m 20cm쯤 되는 자리틀에 왕골을 하나씩 틀 위에 달린 고드래의 실로써 앞뒤로 엮는다.

보통 틀 하나에 세 사람이 매달리지만 사람이 없으면 두 사람이 함께 할 수 있다. 이렇게 해서 표준형인 6자×9자짜리 화문석 한 장을 짜는 데는 세 사람이 일 주일 가량 매달려야 한다.

온양민속박물관 소장 호문석(虎紋席)은 다분히 민화적인 분위기를 살리고 있다. 가장자리에 난간무늬를 둘리고 위는 소나무 가지 위에 까치 두 마리가 마주 보고 앉아 눈을 맞추며 이야기를 주고받는다. 중간 부분엔 양편으로 불거진 바위, 그 바위틈에서 불로초(不老草)가 돋았고 아래엔 입을 벌린 호랑이가 앉아 있다.

입을 벌린 채 이쪽을 쳐다보고 있는 호랑이는 무섭다기보다 얼굴 전체에 가득 익살스러움을 머금고 있다.

소나무, 바위, 까치, 호랑이는 한국의 자연을 압축하여 상징화한 것이며 여기에 불로초를 보태어 늙지 않고 오래 살고 싶은 염원과 의식을 표현하고 있다.

대체로 한국의 어떤 문양에서나 두루 쓰이는 십장생문(十長生紋), 길상문자문(吉祥文字紋), 용(龍) 혹은 호문(虎紋) 등은 수복강녕(壽福康寧)을 기구하는 한국인의 의식 세계의 발현(發現)이다.

돗자리—.

자리를 편다는 것은 벌써 마음의 준비를 의미하는 것이다.

만남의 자리, 베품의 자리, 예와 의식을 행하는 자리는 한국인의 마음과 생활의 영역이었다.

돗자리를 깔아놓음으로써 정과 마음을 펼치는 것이며, 따라서 달빛을, 바람을, 물소리를 더욱 고요로이 음미할 수 있었다.

대청이나 정자나 나무 그늘에 돗자리를 편다는 이 단순한 변화가 벗과의 만남을 새롭게 하고, 손님에게 베품을 더욱 의의롭게 만들며 생활 자체를 멋과 풍류로 이어놓게 하였다.

우리 한옥에는 돗자리가 있어야만 제 멋이 우러나오며, 그 위에 목침을 베고 드러누워서 책을 보거나 낮잠을 자는 맛도 빠뜨릴 수 없는 우리네의 행복이 아닐 수 없다.

장신구

공주 송산리 무열왕릉에서 출토된 순금제 귀걸이-.

왕비가 쓰던 귀걸이다. 가는 고리에 또 하나의 작은 고리를 연결하고 거기부터 길고 짧은 수식을 매달았다.

긴 수식의 형식은 금철사를 꼬아서 만든 사슬에 다수의 작은 심엽형 (心葉形)을 부가하였으며 하단에 캡을 씌운 금제 원봉형 장식을 달았다.

하나의 짧은 수식은 청색 유리옥 1개를 넣었으며 그 밑은 같은 모양이 연속되고 끝에는 일종의 열매처럼 생긴 수식을 배치하였다.

왕비의 미모는 어떠했을까? 황금빛 찬란한 귀걸이를 달고 관을 쓴 왕비의 모습을 상상만 해도 눈이 부실 것 같다.

조금의 미동에도 금빛을 반짝거리며 흔들리는 귀걸이에선 영원한 미의 음성이 들려 오는 듯 신비롭기만 하다.

수천 년 전의 미를 그대로 간직한 채 별빛처럼 영롱한 모습을 드러내는 귀걸이엔 미를 추구하려는 인간의 마음이 반짝거리고 있다.

관모, 귀걸이, 목걸이, 팔찌, 가락지, 띠(대), 요패, 신 등이 모두 장신구에 속한다. 장신구는 외부로 나타나는 마음의 표현이라 해도 좋을 것이다.

어느 종족이나 부족이고 간에 그들의 장신구를 살펴보면 그들의 진정한 마음을 알 수 있다.

따라서 우리 겨레의 고유한 장신구를 이해하고 파악해 보면 우리 민족의 미의식(美意識)에 무엇을 구하고 애원하고 호소하는가를 알 수 있다.

장신구의 발달 과정은 아득한 원시 시대부터 유래한다. 원시인들은 의생활이 시작되었을 때부터 유치한 대로의 미를 추구하여 몸과 옷에 장식을 하는 기물을 즐겨 사용하였다. 이 기물이 일종의 장신구였다. 이 장신구는 어디까지나 미적인 생활을 영위하기 위해 장신하면서 다시 가식(加飾)하였던 것이다.

옛 무덤에서 나온 하나의 순금 가락지에도 겨레의 미의식이 빛나고 있다. 빈 가락지의 주인공은 알 수 없으나 그 가락지에 담

앉던 인간의 마음은 아직도 남아 있을 듯하다.
사랑의 의미가 담긴 추억의 가락지일까, 그 가락지를 낀 섬섬옥수의 옛
여인을 상상할 때 달무리 같은 그리움을 느끼게 한다.

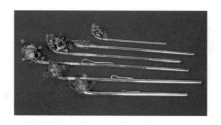

첩이 시집 올 때 가져 온 금비녀
이제 가시는 임께 드리오니
천리길 새 가로막히니
이것을 바라보고 생각하소서

　　이 노래는 조선의 여류 시인 허난설헌의 금비녀에 대한 오언 절구다.
이처럼 장신구는 동서고금을 막론하고 영원한 사랑의 의미와 노래를 담
고 있다.
　　남에게 잘 보이려는 마음, 미를 추구하려는 인간의 본성이 장신구에
표현되어 있는 것이다.
　　장신구의 재료는 옥류(玉類), 순금, 은, 동, 철, 보패(寶貝) 등을 사용
하여 개성적이고 독특한 미를 창조하였다. 장신구의 제작에 있어 가장
중요한 금속은 순금이다. 금은 영원 불변하며 녹은 것을 어떤 주형에 부
어서 굳힌 다음 장신구 재료로 많이 사용하였다.
　　특히 수축성과 전연성(展延性)이 많고 색깔이 눈부실 정도로 아름다
워 장신구 제작에 가장 많이 쓰였다.
　　국립중앙박물관에 소장된 지름 8cm의 순금제 팔찌를 본 일이 있다.
경주 제215 고분에서 출토된 신라시대의 팔찌이다.
　　팔찌 전체를 통금으로 주조한 다음 꼬리를 서로 물고 있는 네 마리의
반룡(지상에서 아직 하늘로 오르지 않은 용)을 율동 있게 새겨 넣었다.

몸은 가늘고 네 발이 달렸으며 몸과 다리에 용의 비늘이 생동감 있게 표현되어 있다.

가락지, 목걸이, 귀걸이, 팔찌, 비녀 등은 모두 여인들의 장식품이기에 여성적인 섬세하고 기품 있는 미를 보여 준다.

우리 나라 장신구 발달의 황금기는 신라시대이다. 고분을 중심으로 발달된 장신구는 거의 순금제이며 기교성이나 예술성에 있어 전무후무의 특기할 만한 것들이 많았다.

금관, 귀걸이, 팔찌, 목걸이 등에 있어서 가장 빼어난 걸작품을 보여 주고 있으며 장신구 사상 극치를 이룬 때였다.

신라시대의 안정된 생활, 국력의 바탕이 미의 극치를 표현한 장신구의 발달을 가져온 것으로 보인다.

조그만 가락지 하나에도 조상들의 미의식과 독창성이 깃들어 있다.

잦은 외적의 침략에도 불구하고 어느 민족보다 뛰어난 장신구를 사용할 수 있었던 우리 민족의 미의식이야말로 우리 겨레가 문화적인 민족임을 단적으로 말해 주는 것이라 하겠다.

주로 고분에서 출토된 장신구들이 분실되고 유실되는 경우가 있는 것은 퍽 안타까운 일이 아닐 수 없다.

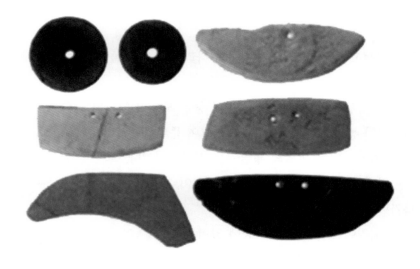

칼

옛 고분에서 출토된 하나의 돌칼–.

박물관에서 혹은 미술 서적에서 우리는 돌칼을 본다.

오랜 세월에 칼끝이 무디어진 돌칼.

우리의 조상인 신석기 사람들이 남겨 놓은 유물이다.

그 돌칼을 쥐고 있는 조상들을 상상해 보면 문득 원시림과 문명을 걸치지 않은 벌거숭이 조상들이 떠오른다.

그들에게 칼이란 무엇이었을까. 무슨 의미였을까.

생활을 위하여 생존을 위하여 칼은 그들이 가진 최대의 슬기요 문명이었을 것이다.

칼은 바로 생명이었다. 사나운 짐승으로부터 생명을 보호하고 또 식량을 구하기 위한 도구 이상의 것이었다.

원시인들은 칼을 가지고 생활을 영위하고 역사를 창조하였다.

그들은 칼을 가지면서부터 생존에 대한 확고한 신념과 용기를 가진 것이 아닐까. 칼은 생명이었으므로 숭고하고도 엄숙한 것이었다.

칼은 바로 힘이며 지혜였다.

원시인들은 칼이라는 힘과 지혜의 신통력을 얻고부터 생존경쟁에서 승리할 수 있었던 것이 아닐까.

수천 년 전 인류의 조상들이 사용하던 돌칼에서 문득 위대한 힘과 신비를 느낀다.

돌을 갈아 칼을 만들던 원시인들의 번쩍이는 슬기와 마주친다. 그들이 최초로 이룩한 문명은 아마도 칼이었으리라. 그것으로써 인류의 역사를 갈고 닦아 창조하여 온 것이 아니었을까.

고구려 무용총 고분 벽화인 수렵도엔 달리는 말 위에서 활을 당기고 있는 무사가 그려져 있다.

칼이나 활은 동질성으로 파악할 수 있으리라. 그들은 활을 겨눈 채 허공을 향해 무엇을 주시하고 있는가. 물론 그들은 짐승을 겨냥하고 있다.

희미한 고구려의 고분 벽화 속에서 어둠을 물리치고 희끄무레하게 밝아 오는 여명이 창 끝에 와서 부서짐을 느낀다. 그들이 허공을 향하여 주시한 곳은, 어쩌면 영원을 향하는 소망의 길목이 아니었을까.

또한 무덤 속까지 가져와 그려 넣은 활은 생존과 역사를 의미하는 것이 아니었을까…….

칼은 죽지 않는 정신이며, 인류가 걸어온 발자취였다. 전쟁터에서 칼과 칼이 부딪칠 때, 개선 장군의 칼이 높이 번쩍일 때, 왕조의 역사, 민족의 역사가 이루어져 왔다.

아산 현충사에는 충무공 이순신 장군의 칼이 보존되어 있다.

우리는 장군이 사용하던 장검을 보는 순간 자신도 모르게 가슴이 뜨거워짐을 느낀다. 한 나라의 존망을 위기로부터 구해낸 그 장검의 위엄—.

민족의 가슴 속에 녹슬지 않는 칼의 말씀. 흰 옷 입은 백성들의 눈물 속에 번쩍이던 구원의 칼이 아니었던가. 밤 깊은 한산도 수루에 홀로 앉아 나라 시름에 애타던, 달빛에 날이 서던 장군의 검.

장군의 칼에는 대대로 이어온 정신의 빛줄기가 서려 있다. 고구려 용사를 이끌고 만주 벌판을 달리던 광개토왕의 칼……

자신의 칼로 가족을 베고 황산 벌판에서 마지막 결전을 장식한 계백의 칼…….

하나의 칼에도 이렇듯 인류의 생존과 민족의 존망이 서려 있다.

칼 중에도 미술품으로 뛰어난 것이 없는 것은 아니다.

국립중앙박물관 소장의 놋단검 자루를 보면 한가운데 굵은 마디가 있는 장구 모양에 가까운 검자루인데 머리에 세모꼴 무늬가 새겨져 있고 가운데 부분에는 같은 사이를 두고 세 줄로 된 띠를 여러 줄 돌리고 그 중간에는 세로로 새긴 줄과 세모꼴의 점이 있다.

무늬의 구성도 볼 만하지만 정교하게 새긴 솜씨 또한 놀랄 만하다. 검자루 맞추개에는 오리알 등을 사실적으로 조각하여, 특히 한 쌍의 오리가 등을 맞대고 목을 뒤로 돌려서 주둥이를 등에 대고 잠자는 듯한 모습을 나타낸 것은 실로 훌륭한 조각 미술품이 아닐 수 없다.

또한 청동기 시대에 쓰던 것으로 보이는 돌칼에도 예리한 금속 제품과 다름없을 정도로 돌을 갈아서 정교하게 만든 것들도 있어 하나의 석기라기보다는 훌륭한 미술품으로 볼 수 있다.

원시인들의 유물인 돌칼-.

사나운 맹수들로부터 자신을 보호하고 자기보다 강한 짐승을 사냥할 수 있어 명실공히 인간이 이 땅의 주도권을 잡을 수 있었던 예지의 유물이 아닐 수 없다.

돌칼은 생존의 수단이었던 동시에 인류의 역사를 창조해 온 슬기의 도구였다. 칼이란 예지의 도구로써 온갖 장애물을 극복하고 새로운 창조의 장을 개척해 나가는 정신의 빛줄기가 어려 있다.

우리 민족 최초의 조상들에게 칼이 있었으므로 힘을 얻어 원시림을 누비며 생활을 능동적으로 영위할 수 있었다.

돌칼에서 무한한 권능과 신비를 느낀다.

신발

신발-.

선조들이 신었던 짚신을 보면 고향의 흙을 밟는 듯한 친밀하고 따스한 체취를 느낀다. 인간이 생활을 영위하고 활동하는 데 있어 직접적으로 가장 영향을 주는 물건이 아닐 수 없다.

조상들이 신었던 옛 신발들을 보면, 그 투박하고 딱딱해 보이는 신발을 신고 어떻게 자유로이 활동할 수 있었을까. 측은한 생각이 든다.

우리 조상들이 신었던 짚신, 나막신, 삼신, 가죽신, 놋신에는 조상들이 남긴 발자취가 묻어 있다. 그 발자취의 흔적마다 겨레의 애환과 슬기가 피어 있을 듯하다. 그 신발을 신고 삶을 영위하면서 선조들은 삼천리

강토에 문화의 씨앗을 뿌렸으리라.

옛 신발에서 우리는 선조들이 어려운 환경 속
에서도 굳건히 헤쳐 나간 용기와 의지의 맥박을 느낄
수 있다.

풀이슬에 옷을 적시며 들판으로 나가 농사일을 시작하는 농부들은
짚신에서 오히려 흙과 풀잎의 선선하고 부드러운 감촉을 느꼈을 것이
다. 매서운 겨울 추위에도 짚신을 신고 대지에 꿋꿋이 서서 생활해 온
겨레의 인내심과 끈기를 느낄 수 있다.

신발은 우리 인류 생활에 있어 피복과 같이 없어서는 안 될 필수품으
로 비록 흙을 묻히고 다녀 천하게 여겨질지 모르나 인간과 함께 행동해
온 물건임에 틀림없다. 옛 신발을 보면 우리 나라의 흙과 풀내음 짙은
산천을 생각하게 되고 선조들의 삶과 인생을 생각해 보게 한다.

이제 그들은 신발을 벗어 놓고 역사의 뒤안길, 망각의 어둠 속으로
사라져 갔다. 그러나 옛 신발들은 삶의 과정을 보여 주는 듯한 온갖 상
상력을 지니고 있어 보인다.

신발의 주인공은 알 수 없으나 선조들의 발자취, 삶의 과정을 남겨
놓은 물건이어서 두고두고 깊은 감회를 불러일으키게 하는 것이다.

현재 우리 민족은 대부분 구두나 운동화를 사용하고 있으나 우리 민
족 재래의 신발은 그 종류가 적지 않았다. 재료상으로 분류한다고 해도
짚신, 삼신, 나막신, 가죽신, 헝겊신, 놋신 등이 있다.

짚신은 초혜(草鞋)라고도 하며 짚으로 만든 신이다. 이 신은 고무신
이 나오기 전까지만 해도 우리 민족의 대다수가 사용하였다.

특히 우리 나라는 농업국이므로 어디서나 쉽게 구할 수 있는 짚을 재
료로 하여 손쉽게 만들 수 있는 짚신을 사용하게 되었다.

짚신은 50년 전까지만 해도 농촌의 일부 농민들이 신었으며 상례 때에 상주들이 지금도 사용하고 있는 신발이다. 삼신은 보편적으로 미투리라고 하여 짚신같이 많이 사용하지는 않았으나 짚신 버금으로 많이 사용한 신발이다. 특히 먼 거리를 여행할 때 사용하였으나 짚신보다 비싼 고급품이었다.

삼신에는 '노파리'라는 것이 있는데 삼, 종이, 짚 따위의 노로 만든 신이다. 이 삼신은 '꽃신'이라고 하여 보통 붉고 누르고 푸른 물감을 사용하여 꽃무늬같이 곱게 놓아 만든다.

이 신은 주로 어린이들이 명절이나 생일에 잠시 사용한 신으로 어린이들의 꿈과 바람이 아롱져 있는 신발이다.

나막신은 나무 속을 파서 만든 것인데 진땅에서 신는 신이다. 이 신은 70여년 전만 해도 시골에서 볼 수 있었으나 요즈음은 관광 민예품으로 팔고 있을 뿐이다. 가죽신은 피혜라고 하여 '마른신'과 '태사신'이 있다. 헝겊신은 헝겊으로 만든 것으로써 바닥은 가죽으로 되어 있는데 지금은 볼 수 없는 것이다.

우리 나라에 고무신이 나타난 것은 1910년 이후였다. 이 신발이 나타나자 호기심에 한 번 사용해 본 일반 대중이 점차로 그 편리함과 이로운 점을 깨달아 널리 대중화됐던 것이다. 고무신의 출현으로 수명이 짧고 비경제적이고 불편한 재래의 신발은 급속도로 자취를 감추었다.

오늘날 옛 선조들이 신던 신발들은 박물관에서나 구경할 수 있으며 나막신과 놋신은 관광 민예품으로 고안되어 선물가게 등에서 눈길을 끌고 있는 정도이다. 그러나 한 켤레의 짚신에서도 우리는 겨레의 삶과 인생의 흔적과 체취를 느낄 수 있고, 그 신발이 남긴 의미를 다시금 생각하게 한다.

소반

소형 식탁을 소반이라 부른다.

한식 가옥에서는 음식을 장만하던 부엌의 위치가 뜰 아래로 되어 있어 식반을 안방이나 사랑으로 들고 날라야만 했다. 따라서 한 사람의 힘으로 식기를 얹어 운반하기 좋을 만한 반이 필요하였을 것이다.

또한 남녀 내외의 구별이 심하고 연상 연하의 예의가 어느 나라보다 엄하였던 조선시대에서는 식탁의 예법도 각별했기 때문에 소반이 필요했을 것이다. 중국인들은 의자 생활을 해옴으로써 여럿이 한 식탁을 쓰는데 비해 한국인들은 좌식 생활을 함으로써 한 사람이 각기 하나의 소반을 쓰는 것이 습관화되어 왔다.

늘 아침 저녁으로 대하던 소반-. 아녀자들이 정성껏 마련한 음식과 함께 따스한 체온을 느끼게 한다. '금강산도 식후경'이라 했던가. 소반을 대하면 무언가 친하고 반가운 느낌을 자아낸다.

오랜 세월이 흘러 민예품이 된 소반을 들여다보노라면 흘러간 그 시대 옛사람들의 손길을 통하여 무엇인가 우리 겨레끼리만 공감할 수 있는 따뜻한 민정(民情)을 느끼게 한다. 길이 곱게 든 반질반질한 윤광, 자그마한 형태, 매끈한 선, 부드럽게 넘어간 전(판의 모서리), 다리의 만곡, 높이와 반폭(盤幅)의 균형 잡힌 안정감, 풍만한 곡선의 부조나 투각 등은 고요한 한민족성의 한 부분을 더욱 강조하여 주는 것 같다.

배만실 교수(이화여대)는 그의 저서 '이조 목공 가구의 미'에서 이렇게 말하고 있다. 직선을 많이 사용한 해주반(海州盤), 통영반(統營盤), 번상(番床) 등을 보면 그 선의 교차 부분이 비록 각을 이루었음에도 불구하고 부드러운 원미를 풍기고 미끄럽게 잘 넘어간 것을 볼 수 있다.

이를테면 각의 날카로움을 교묘하게 다듬어 시각적인 자극을 없애고 온화한 맛을 풍기게 하는 점이다. 더욱이 각(脚) 부분에 가서 직립된 원주형이나 죽절형의 모양 등은 판의 전과 조금도 다름없이 부드러운 감각을 느끼게 해 준다. 흔히 소반의 다리는 동물의 사지를 연상케 하는 형이 재미있다. 즉 개 다리, 호랑이 다리, 고양이 다리 등의 모양이 반면(盤面)과 균형을 이루고 유선의 멋을 나타내고 있다.

이와 같은 동물의 사지형은 직선 그대로 내려온 것보다 대개가 비스듬히 외면하여 다시 구부러져 있어 한층 반에 안정감을 주게 한다.

더구나 나주반(羅州盤)에 흔히 보는 호족(虎足)의 코끝이 살짝 들리어 족대에 주저앉은 모양은 마치 한식 건물의 날아갈 듯한 처마와 흡사하기도 하다. 또한 여인들의 긴 스란치마 사이로 보일 듯 말 듯한 버선코같이 예쁘고 날씬한 매력을 느끼게 한다.

소반은 식기를 받치는 하나의 기물로서 반(盤)과 각으로 구성되어 있다. 흔히 다리를 가진 식반을 식탁, 식상이라 칭하고 짧은 다리나 혹은 다리가 없는 식반을 쟁반 '분(盆)'이라 한다.

현대에 와서 상(床), 식상(食床)이라 하는 것은 비교적 겸상 이상의 치수와 일반형의 모양을 말하는 것 같고 소반 혹은 반상이라 하는 것은 소규모의 것이나 옛 기본형을 말하는 것 같다. 지방색이 현저한 대표적인 소반은 경남 통영반, 전남 나주반, 황해도 해주반 등이 있다.

조선시대의 공예품으로 어느 곳에서나 공통적으로 볼 수 있는 문양이 소반에서도 많이 사용되었던 것 같다. 반면 중앙에는 흔히 '복(福)'자 혹은 '수(壽)'자, 쌍희문양(雙喜紋樣)을 많이 썼다. 수복강녕의 문양이 많은 것은 그대로 우리 겨레의 염원을 반영한 것이라고 할 수 있다.

십장생, 사군자 등의 장수 문양은 어디에나 눈에 띄는 문양이다. 반(盤)의 초엽이나 각부 등의 조각과 장식 문양을 보더라도 용(龍), 어(魚), 나비, 새, 만자, 태극, 불로초, 목단, 아자문(亞字文), 뇌문 등이 주를 이루고 있다.

옛 소반을 보노라면 단출하고도 아담한 맵시와 그리움을 느끼게 한다. 손때가 묻은 나뭇결, 수복 문양의 염원이 잠들어 있는 소반을 대하면 어느 새 절로 모정을 느끼게 되고 어머니의 음식 솜씨를 생각하게 한다.

이제 옛 소반에서 우리는 무엇을 보는가. 소반 위에 있는 음식을 대하기 위해 근면한 생활을 해 오던 선인들의 삶이 아로새겨져 있는 듯하다.

생활 속에서 우러나온 삶의 미각, 철학이 보이지 않게 놓여 있는 것이 아닐까……

화로

온돌방과 화로-.

춥고 긴 겨울을 보내야만 했던 우리 겨레에겐 없어서는 안 될 난방 장치와 기구였다. 좌식 생활을 해 온 우리 겨레에게 화로는 곧 방의 온기를 유지해주는 정의 용기로서 따뜻함을 잃지 않았다.

끼니 때마다 부녀자들은 화로에 잿불을 소중히 담아 놓았다.

화로가 없는 방은 무언지 서운하고 썰렁했다.

방문 밖에서 눈보라가 몰아치는 한국의 겨울밤. 천지도 분간할 수 없이 밀림같이 눈발이 내릴 때, 온돌방의 화롯가에 둘러앉아 옛날 이야기를 나누는 정경이야말로 겨울밤이 아니면 맛볼 수 없는 재미이다.

화로 속에 고구마나 밤을 묻어 놓고 우리네 강산에서 자연과 더불어 생활을 영위해 왔던 선조들. 꾀 많고 구수하고 또한 기상천외한 이야기를 꽃피우며 겨울밤을 지내 왔다.

화롯가에서 꽃피던 이야기 속에는 한국의 인정과 지혜와 강산의 아름다움이 끝없이 펼쳐지며 듣는 이의 가슴을 훈훈히 적셔 놓았다.

질화로엔 잿불이 담기고, 부손이 꽂혀 있다. 할아버지는 장죽으로 잿불을 헤치면서 담뱃불을 붙이신다. 겨울의 한랭한 날씨와 살을 에는 추위를 녹여 주는 용기로써 화로는 가정의 필수품이었다. 질화로를 바라보면 잿불의 다정함이 전해 와 절로 마음이 훈훈해짐을 느낀다.

화로를 보면 선조들의 손길, 담배연기 자욱한 방 안에서 꽃피던 민중의 질박한 이야기, 주름살 사이로 퍼지는 웃음, 궁둥이에 전해 오는 온돌방의 따뜻함과 문풍지를 울리는 스산한 바람을 느낄 수 있다.

마치 잿속의 불씨처럼 우리의 가슴 어디에 오래도록 깊이 감추어 두었던 얘기들을 끄집어내는 듯한 친밀감을 느끼게 된다.

할아버지의 체취, 한국방의 온기, 선조들의 생활을 그대로 느끼게 해 주는 화로의 불씨들은 이제 아득한 기억이 되어 꺼져 버린 지 오래다.

오늘날처럼 여러 가지 편리한 난방 기구가 발달하지 않았던 옛날에 화로는 난방뿐만이 아니라 의생활에도 없어서는 안 될 기구였다.

안방의 화로에는 언제나 부젓가락과 인두가 꽂혀 있었다.

인두는 옷고름이나 깃을 펼 때, 섬세하고 깨끗하게 아름다운 곡선을 만들어 주는 기구로서 가정의 필수품이었다. 화로 속에 인두를 묻어 두고 동정 깃을 펴는 아녀자들의 표정은 진지하고 순수한 아름다움이 깃들어 있다. 불기를 받아 불그레 상기된 얼굴로 인두질을 할 때 우리네 여인들은 소박한 기구(祈求)를 드리고 있었는지 모른다.

장에 간 남편이 늦게 돌아오시는 겨울밤에는 밥그릇을 온돌방 이불 밑에 묻어 두고 식은 된장찌개는 뚝배기에 담아 화로의 삼발이 위에다 얹어 놓았다. 뚝배기의 된장찌개가 보글보글 끓어오르고 김이 솟는 방 안의 정경을 상상해 보라.

　구수한 된장찌개 맛과도 같은 아내의 갸륵한 사랑은 바람 소리 속에도 남편이 돌아오는 발걸음 소리에 귀 기울이게 하고 그 정성의 따뜻함을 화로에서 느낄 수 있다. 화로는 한국인의 마음을 담아 두던 정의 그릇이었다고 할까. 마음까지도 따뜻이 녹여 주던 추억 어린 물건이 아닐 수 없다.

　나그네나 손님이 찾아올 때는 가장 따뜻한 데를 골라 앉으라고 자리를 내주고 화로를 내주는 것은 그대로 하나의 인정이요, 손님을 맞는 접대 절차 중의 가장 처음 행하는 일이기도 했다.

　서민들의 질화로에 비해 중산층 가정에서는 놋화로를 사용했다. 아낙네들은 틈나는 대로 놋화로를 반짝반짝 윤이 나도록 닦았다.

　화로에는 한국의 겨울이 담겨 있다. 무명옷으로 겨울을 지내야만 했던 겨레의 마음이 담겨 있다. 솔가지 군불로 방안은 따뜻해져도 역시 화로가 있어야만 담뱃불을 붙이고 군밤이며 고구마를 묻어 놓아 겨울밤의 별미를 즐길 수도 있었다. 각양각색의 난로가 있어 실내의 온도를 조절할 수도 있고, 또 스팀 시설로서 계절에 관계없이 쾌적한 생활을 할 수 있는 오늘날에 화로는 한낱 선조들의 옛 유물로서 자취 없이 사라져 버린 지 오래다.

　하나의 질화로−.

　한국인의 생활과 피부에 따뜻이 느껴져 오는 선조들의 체취를 간직하고 있는 그릇이다. 이미 꺼져버린 잿불 속에 담겨 있는 인정의 그 그릇을 대하면 생면하지 못하였던 할아버지의 얼굴과 수염과 담뱃대가 떠오르는 것 같다.

한지

　희끄무레한 여명이 창호지 방문을 밝힐 때, 새소리와 함께 선명히 드러나는 새벽-.

　새벽빛 같은 창호지의 희고 담담한 한지를 바라보면 마음은 말할 수 없이 밝고 정한해진다.

　유리창처럼 그대로 속이 훤히 드러나지 않아도, 반추상화를 대할 때처럼 더욱 깊은 생각을 일으킨다.

　밤 사이에 이슬을 맞으며 별들을 바라보면서 명상에 잠기던 산의 고요로운 마음이 창호지에 물들어 있다.

　우리 겨레는 빛을 머금고 있는 은은한 모습의 창호지 방문을 사랑하

였는가 보다.

달빛이 물든 창문, 밖에선 국향이 스며 오고, 창문 곁에서 들리는 귀뚜라미 소리를 듣길 좋아하였는가 보다.

순수하고 담백한 맛을 주는 백의(白衣)나 백자(白磁)를 좋아하던 우리 겨레의 마음을 한지에서도 그대로 느낄 수 있다.

사실 종이처럼 인간 생활과 밀접한 관계가 있는 것도 드물다.

사람들은 매일 종이와 함께 생활한다고 해도 과언이 아니다. 출생 신고에서부터 사망 신고에 이르기까지 인간사의 모든 것을 기록하며 화폐, 각종 고지서, 출판물, 서류 등이 종이로 되어 있다.

종이는 바로 역사를 기록할 수 있게 한 도구였고, 문화를 창조하는 매개체였다. 한지를 만들어 사용하던 우리 겨레에겐 이에 알맞은 한지빛의 문화를 창조하였을 것이다.

동양화의 유연성과 여백성이 그러하고 서양에는 없는 서예라는 예술을 창조할 수 있었던 것도 한지가 가지는 특성 때문이 아닐 수 없다.

화가가 그의 심의에 의해서 사군자, 화조, 산수를 그리거나 서예가가 일필휘지(一筆揮之)할 때 그것을 종이 위에 뜨게 하지 않고 종이 속으로 흡수하게 함으로써 더욱 예술적 깊이를 낳게 하는 것도 한지가 가지는 개성이다.

한지의 특질은 곧 한국인의 정서에 알맞고 생활 양식에 적합하다고 볼 수 있다. 그럴 수밖에 없는 것이, 그것은 곧 한국인의 생활 필요에 의해서 만들어진 종이이기 때문이다.

'용제총화'에 이런 말이 있다.

세종조(世宗朝)에 조지서(造紙署)를 설치하여 표전자문지와 인서제색지(印書諸色紙)를 만들었다. 이밖에 그 품종이 적지 아니하여 고정지, 유목지(柳木紙), 의이지, 마골지, 순왜지(純倭紙) 등이 있었는데 모두가 품질이 좋아서 책을 찍기에 알맞았다.

그러나 지금은 오직 고정지, 유목지만이 남아 있고 자문표전에 쓰이는 종이도 옛것의 정밀함에 비길 수 없다.

조지서는 세종 2년에 설치되었다.

조지서가 설치되기 이전의 기록을 보면 태종 12년 신득재라는 기술자를 평안도 숙천에서 발탁했다는 기록이 있으며, 그는 중국 종이와 맞먹는 종이를 만들었다고 한다.

그 이전에는 주로 전주 남원에서 생산되는 종이가 보통 관용으로 쓰인 것으로 알려지고 있다. 그 뒤 세조 10년에는 명의 사신, 김식이 왔을 때 황지(黃紙), 상피지(桑皮紙)의 제작법을 물어서 시험해 봤고 성종 6년에는 박비라는 기술자가 사은사(謝恩使)를 따라 중국에 가서 마지, 주목지(奏木紙), 책지(冊紙) 뜨는 법을 배워 왔다고 한다.

우리 나라 종이는 보통 닥나무 껍질로 만들었다.

지장(紙匠)들은 먼저 닥나무를 베어 큰 솥에 삶아 껍질을 벗긴다. 그 껍질을 맑은 물에 1~2일간 헹군 다음 발로 밟아 볕에 말린다.

그런 뒤 다시 그 껍질은 물에 불려 목탄즙이 든 솥에 넣고 한 시간 가량 끓인 뒤 더운 물이 가시기 전에 맑은 물에 빨아 이틀쯤 말려 곰배로 찧어 가지고 고해한다. 그 다음 기틀에 물을 부어 펄프가 된 닥을 넣고 닥풀을 섞어서 휘저은 뒤, 대로 만든 발로 물질을 하여 지액에서 종이를 떼어낸다. 축축한 종이를 한 장 한 장 돌려 물기를 뺀 뒤 다시 볕에 말린다.

이런 과정을 거쳐서 종이는 만들어졌다.

질기고 두터운 장지에 찍은 책은 쉽게 찢어지는 중국의 죽지에 비교될 수 없었고 임진왜란 전의 종이치고 좀이 슨 것은 찾아보기 힘들었다.

보존력에 있어서 월등한 우리 닥종이의 전통은 지금 양지의 수요에 밀려나고 있다. 오늘날 우리가 실생활에서 필요로 하는 종이는 양지로서 한지의 수요는 거의 제한되어 있는 것이다.

그러나 아무래도 동양화나 서예의 용지로는 한지를 쓰지 않을 수 없고 한식 가옥의 창문은 역시 창호지를 발라야만 제 맛이 나기 마련이다.

한지 빛 창문은 그대로 깨끗하고 밝은 방 안의 분위기를 만들어 준다. 이 한지 빛 창문에는 한없이 정한하고 사려적인 선적 세계가 깃들어 있다. 한국인의 사상이나 문화도 아마 이런 창호지에 투영되는 빛깔처럼 은은하고 담담한 마음의 바탕에서 이루어졌으리라.

몇 해 전 어느 여류 시조시인에게서 한지로 찍은 그녀의 시조집을 받은 적이 있다. 우리 민족의 전통적인 시인 시조와 한지와의 만남은 훨씬 한국적인 시정을 느끼게 해 주었다.

양지로서는 느낄 수 없는, 달빛의 눈부시지 않은 밝음을, 그 지혜를 한지는 느끼게 해 준다.

표주박

초가 지붕 위에 얹혀진 하이얀 박덩이ー.

요즘은 사라져 볼 수 없으나 불과 10여년 전만 해도 농촌의 흔한 정경이었다.

산 위에 떠오른 보름달처럼 지붕 위에 박덩이를 올려 놓고 달빛 같은 평화를 생각한 것일까. 소박하고 자연미를 즐길 줄 알았던 겨레의 생활 미학이 눈에 보이는 듯하다. 머리에 꽃을 꽂은 모습과도 같이 지붕 위에 순백의 박꽃을 피우고 달 같은 박덩이를 얹어 놓은 것은 곧 생활을 미와 멋으로 단장할 수 있었던 미의식(美意識)이 아닐 수 없다. 박꽃이 피는 시골은 바로 황토내가 풍기는 한국인의 고향이다.

밤중에 남몰래 초가 지붕 위나 언덕배기에 핀 박꽃은 청상과부와도 같은 가련미를 느끼게 한다. 무서움증이 들도록 처연하리만큼 순백한 박꽃—.

농부는 박을 따내어 바가지를 만든다.

바가지는 우리 민족이 수천 년 동안 대대로 사용해 온 생활 용구—.

그대로 솔직 소박하고 은근한 정감을 느끼게 한다.

항아리에 길어 둔 맑은 샘물을 표주박으로 떠서 마실 때, 그 상쾌한 물맛은 요즈음의 플라스틱 바가지로 수돗물을 마시는 기분과는 도저히 비유할 바가 아니다. 바가지에 담겨진 샘물에 맑은 하늘이 내려와 비치고 농부의 정성과 마음씨가 배어 있는 바가지의 따스한 정의 온기는 맑은 즐거움을 선물한다.

우리 겨레에게 바가지만큼 다양하게 쓰여진 용기도 없을 듯하다. 곡식을 퍼내고 생활용품을 담아 두는 그릇으로 제격이었다. 또한 가면극의 탈을 만드는 데에도, 주술이나 금기의 대상으로 사용하기도 했다.

우리 나라 문헌에 바가지가 나타난 가장 오랜 기록으로는 '삼국사기' 『신라본기』에 "진한(辰韓) 사람들은 표주박을 박이라 하였는데 혁거세가 난 그 알의 모양이 표주박과 같이 생겼으므로 이를 인연으로 하여 '박'으로서 성을 삼았다." 하였다.

이로써 볼 때, 우리 나라 사람이 바가지를 사용한 것은 삼국시대 초기하고 생각된다. 바가지는 한국 가정에서 생산이 용이하였으므로 자연히 필수적인 도구였다. 수천 년 동안 우리는 이 바가지로 물을 떠먹었으며, 간단히 곡식이나 과실을 담아 나눠 먹기도 했다.

이렇듯 대대로 정을 통하여 온 바가지이기에 이에 따른 민속도 많다.

혼인 때, 신부의 가마가 신랑 집 문전에 다다르면 바가지를 통째로 가져다 깨뜨리며, 납채(納采)를 할 때는 바가지를 엎어놓고 발로 밟아 깨뜨려 소리를 냈다.

또 병액을 구축하는 굿이나 고사를 지낼 때는 세거리 목에 식칼을 꽂고 엎어놓았다. 그리고 가정에서는 밥상 위에 바가지를 올려 놓지 않으며 바가지의 파편이 아궁이에 들어가 불에 타는 것을 불길하게 여겨 깨어진 바가지 쪽은 아궁이에 넣어 태우지 않았다.

이와 같은 한국의 민속 신앙에는 바가지가 실용의 한계를 넘어 금기와 주술에 적용되어 왔음을 말해 준다.

한국인과 바가지-.

참으로 오랜 인연을 맺고 있다. 보기만 해도 할머니와 같은 친근감이 든다. 가난한 흥부집에 행복을 가져다 주었던 박씨 하나. 초가 지붕에 박줄기를 올리고 박이 익는 가을까지 우리네 선조들은 흥부의 박처럼 막연히 복을 염원하였는지 모른다. 그냥 곱게 박이 익어 그 속에 금은보화가 실제로 쏟아지는 걸 생각하는 게 아니라 박을 타는 즐거움을 그려 보는 행복이었으리라. 요즈음 초가집은 이미 볼 수 없고 박도 재배하는 이가 드물어 바가지도 찾아보기 어렵게 되었다.

옹달샘터에 누군가 물을 떠 마시도록 갖다 놓은 표주박 하나에서 시골의 고운 인심을 느끼고 철따라 삶은 옥수수, 감자, 고구마, 과실을 담아 내놓던 바가지-.

이제 바가지는 현대화의 물결에 밀려 멀리 사라져 간다.

박꽃 피는 우리의 고향, 바가지의 소박한 친근미와 따스한 인심은 찾을 수 없다. 마음마저 시원히 적셔 주던 바가지의 그 물맛이 그립기만 하다. 초가 지붕 위에 얹혀진 하얀 박덩이. 이는 잃어버리기 아까운 우리 겨레의 토속미의 한 장면이며 향수가 아닐 수 없다.

다도

　작설차는 속세의 맛이 아니다. 쓴맛도 같고, 신맛도 같은 이 맛은 속인의 혀로는 감정하기 어려운 선미(禪味)가 있다. 고고하면서도 삽상하고 무미하면서도 맛이 있다. 차 그릇도 범속한 것으로는 격에 맞지 않는다. 조선 백자나 고려 청자가 아니면 제 맛이 나지 않는다.

　송엽차(松葉茶)는 담담한 차다. 설탕을 넣지만 단내가 없다.

　식혀서 먹는 것이기 때문에 청신한 맛을 준다. 빛깔도 없다. 맛도 약간 다를 뿐 냉수 맛 그대로이다.

　화려하지 않고 속되지 않으면서 격이 높고 향취가 있다.

　인생의 쓴맛 단맛을 본 사람이라야 맛을 감득할 수 있지 초심자나 풋내기는 그 떫은 맛 속에 담긴 오묘한 맛을 모른다.

　이는 정재호 시인의 '수필의 맛'에 나오는 한 대목이다.

　차의 맛을 알려면 십 년쯤 공을 들여야 그 진미를 알 수 있지 한두 잔으로는 어림없는 경지라고 한다.

　오늘날의 차는 일상 음식물로서 누구든지 집이나 다방에서 즐겨 마신다. 그러나 옛사람들은 결코 차를 음식처럼 마시지 않았다.

　일본의 다도라는 것은 사실상 삼국시대 우리 나라의 다도가 일본으로 건너가 발달된 것이다.

　다도란 무엇인가. 차를 끓여 마심으로써 정신을 맑게 하고 몸을 수양하는 것을 말한다.

　한국에선 다도가 아닌 차례(茶禮)라는 말을 사용해 왔다. 그것은 맛의 결정이요 심오한 향기가 아닐 수 없다.

　맛으로서 선(禪)의 경지에 도달하는 열반의 경지가 바로 차의 세계이다.

　서양의 식도락이 도저히 범접하지 못할 다도는 맛의 예술, 맛의 극치이다.

　한 잔의 차를 마셨다는 것은 우주의 시간을 토막내어서 입에다 집어넣고 음미한다는 뜻일 수 있다.

　선인들은 차를 오감(五感)으로써 즐겼다고 한다.

　눈으로 차의 빛깔을 즐기고, 코로 향내를 즐기고, 혀로 차의 맛을 즐기고, 귀로 차솥에서 물 끓는 소리를 즐기고, 손으로 차기(茶器)를 어루만지는 촉감을 즐겼다.

　오감으로 즐겼던 차의 세계. 실로 예술로 승화된 맛의 극치를 선인들은 즐겼던 것이다.

차를 끓이는 소리, 차기를 바라보고 만지는 즐거움은 고고한 도(道)의 세계에만 머무르지 않고 마침내 미를 추구하고 감상하는 경지에까지 이르렀다.

차를 마시면서 우주의 신비를 생각하고 인생의 맛을 생각했다. 거기에서 멋이 우러나오고 고요한 달빛과도 같은 여유와 철학이 생겨났다.

'차례'라는 말은 자연스런 차의 맛봄을 말한다.

차(茶)의 예(禮) 즉 다례가 곧 차례인 것이다.

이 차례는 어디까지나 사리(事理)의 순서, 우주의 법칙을 뜻하는 말로 생각된다.

한 잔의 차로써 우주를 느끼고 사리의 순서를 생각하는 것은 바로 깨달음의 이치요, 도가 아닐 수 없다.

한국의 차례는 사상이나 철학을 말하는데 있는 것이 아닐 듯싶다. 멋의 함축이 아닐까. 멋은 말로 표현하는 것이 아니라 행동이다.

차를 마시는 사람은 침묵을 중요시하며 자기의 행위를 차의 맛, 이를테면 우주의 법칙에 맞춘다. 그것이 곧 멋이요, 미의 세계이다.

대체로 삼국시대의 용감한 투사들이나 충신들은 차를 즐겼다.

그들은 물 좋고 공기 좋은 산천을 찾아다니면서 차를 끓여 마셨다.

차를 끓여 마시는 모임을 통해 화랑 국사의 심오한 사상을 듣고 교훈으로 삼았으며 일단 나라를 위협하는 일이 생기면 말로써가 아니라 실제로 행동으로써 실천에 나섰다.

화랑들이 목숨을 초개같이 생각하여 나라를 위해 죽었던 것은 바로 맛의 이치이며 멋의 실천이다.

차의 미는 색향미(色香味)에 있다. 이것을 살리는 것은 도자(陶磁)이다. 도자는 오감(五感)으로 총괄적으로 감상해야 하는 것이다. 끓는 석정(石鼎), 다탕(茶湯)의 소리에서 송뢰의 소리를 들으면서 더욱 감각의 경지를 초월하여 화적의 경지에 들려 한다. 화적의 경지란 즉 종교적 경지이고 다도는 선(禪)과 부합된다. 선은 다도에 의하여 볼 수 있고 다도는 선에 의하여 생각할 수 있다.

미술사가(美術史家) 고유섭 씨는 그의 저서 『고려 · 청자』에서 갈파하고 있다. 다도의 오묘한 세계야말로 영원한 맛의 신비요, 정신을 맑게 해 주는 향기가 아닐 수 없다.

속담

"가랑비에 옷 젖는 줄 모른다."

조금씩 젖는 줄도 모르게 옷이 젖듯이 재산이 없어지는 줄 모르게 조금씩 줄어든다는 말이다.

"뚝배기보다 장 맛."

겉보기보다 내용이 좋다는 멋들어진 말이다.

"호랑이도 제 말하면 온다."

마침 이야기하고 있는 중에 장본인이 나타났을 때 하는 말로 그 자리에 없다고 해서 남의 흉을 봐선 안 된다는 뜻을 내포하고 있다.

오랜 세월 동안 민족의 생활 감정을 표현해 온 속담.

"속담은 말의 꽃"이라고 말하고 있다. 한민족의 이야기를 꽃피울 때 전설이 생겨나고 한민족의 말을 꽃피울 때 그것은 속담으로 형성된다.

속담은 오랜 세월 동안 민중의 생활 속에서 발생되어 구성되고 구전(口傳)되어 왔다.

거기에는 민족의 마음이 담겨 있다. 민중의 삶이 아로새겨져 있다. 생활 철학과 슬기와 해학과 아이러니가 별빛처럼 영롱하게 반짝거리고 있다. 따라서 "낫 놓고 기역자도 모르는 무식꾼"으로부터 "하나를 들으면 열을 아는 식자"에 이르기까지 마음속에 어필하여 폭넓게 사용되어 왔다.

속담은 문자가 생기기 이전부터 한민족의 일상 생활 속에서 움터 오랜 세월 동안 구전되면서 갈고 닦아져 가장 간결하면서 깊은 의미를 지닌 촌철살인적(寸鐵殺人的) 명언 경구(警句)로 꽃피워진 언어이다. 겨레가 피워낸 말의 꽃-.

그것은 민족과 함께 호흡하면서 민족의 앞날의 지표가 되어 주는 민족 언어의 꽃인 것이다.

"가는 세월 오는 백발."

세월이 가면 사람이 늙기 마련이라는 뜻이다. 불과 8자로서 만감을 표현하고 있지 않은가. 이 이상의 말은 군더더기가 아닐 수 없다.

"식은 죽 먹기."

아주 쉬운 일이라는 뜻으로 쓰는 말이다. 따로 설명이 필요하지 않다. 한 마디로서 온 겨레의 공감을 불러일으키는 말의 꽃. 말뜻이 지니는 깊은 의미는 꽃향기처럼 마음에 여운을 남겨 놓는다. 우리 조상들의 생활 체험과 삶의 철학이 그대로 숨쉬고 있는 말들……

그 속에는 한국인의 지혜와 의식이 석류알처럼 박혀 있다. 석류 한 알을 입에 넣고 깨물면 온 입안에 청신한 맛이 가득 괴듯 한마디 속담이 인생의 깊은 의미를 깨우쳐 준다.

속담은 말의 꽃인 동시에 지혜의 샘이다.

음미할수록 무릎을 치고 싶은 말의 의미. 그것은 겨레의 가슴에서 우러나온 슬기의 소산인 까닭이다. 풀면 풀수록 새로워지는 샘물처럼 지혜의 샘이 넘쳐흐르고 인정과 유머가 깃들어 말의 맛을 느끼게 만든다.

짧은 한 마디의 속담 속에 용해되어 반짝거리고 있는 지혜의 가르침은 옳고 그름을 판단해 주게 하고 대화의 윤활유로서 기쁨을 선사하기도 한다. 속담은 오랜 세월 동안 민중이 갈고 닦아 오는 동안 가장 간결한 몇 마디 표현으로서 천언만구(千言萬句) 이상의 효력을 나타낸다.

그 속엔 기막힌 표현의 비법이 함축되어 있다.

"가랑비에 옷 젖는 줄 모른다"는 말은 얼마나 실감 있는 비유인가. "사또 떠난 뒤에 나팔 분다"는 속담은 은근히 꼬집는 풍자의 묘미를 보여 주며 "한 가지를 가르치면 열 가지를 안다"는 또 얼마나 깊은 함축성을 내포하고 있는가.

과거 속에서 탄생되어 왔지만 은근한 말의 고전(古典)으로서 현대인의 생활 속에서도 이를 더욱 활용한다면 빛나는 말의 꽃이 되리라고 본다. 현대의 젊은이들이 외래어 및 은어를 남용하여 우리말에 대한 애정을 깊이 못 느끼고 있는 것이 오늘날의 실태이다.

우리 겨레가 수천 년 동안 생활 체험 속에서 꽃피워 온 표현의 결정적 속담. 이 속담을 현대 생활 속에서 두루 활용하는 지혜야말로 우리의 말을 더욱 윤택하고 아름답게 살리는 일이 아닐까 한다.

조상들의 숨결이 묻어 있는 말. 속담 속에 깃들어 있는 우리의 언어 생활 속으로 말의 보물 상자인 속담을 끄집어내어 빛을 내어야겠다.

속담 속에 깃들어 있는 지혜를 생활 속에 담아 보아야 하겠다.

등

　어둠을 밝혀 주는 등은 우리들에게 빛과 평화를 가져다 준다.

　모든 물체는 빛으로 그 실체를 드러내고 아름다움을 부각시킨다.

　어둠 속에선 진실을 알 수 없다. 등은 인간의 눈을 대신해 온 광명의 상징이요, 믿음이기도 했다.

　어둠은 죽음 바로 그것이요, 빛은 곧 생명을 나타낸다.

　일찍이 '아시아'의 황금 시대에 빛나던 등불의 하나!

　한국!

　그 등불 켜지는 날에는

동방의 빛이 되리라.

인도의 시성(詩聖) '타고르'가 일제 암흑기의 우리 민족을 등불로 상징해서 노래한 시이다.

등불은 희망이요 새 생명이었다. 그래서 모든 의식에는 촛불이나 등불이 사용되었다. 실내를 밝혀 주는 등잔의 자리는 방의 중심이었으며 정신과 생각의 초점이 되었다. 때문에 등불은 하나의 세계와 또 하나의 세계를 영적으로 이어주는 신비를 가졌다.

한국의 등잔은 접시형의 용기에 기름을 담고 그 기름을 빨아들이는 심지를 만들어 놓았다. 심지에 불을 붙이면 서서히 태우며 타 들어간다. 실내는 그 빛으로 하여 정숙하고도 은은해진다.

그 불빛 아래서 정신을 모으고 선비는 낭랑히 글을 읽으며 한국의 여인들은 긴 밤을 지새기도 했다.

희미한 불빛 아래 바늘귀에 실을 꿰며 한 땀씩 정성스럽게 바느질을 하기도 하고, 마치 애타는 가슴을 가만히 있질 못해 '토닥토닥' 두드리면서 고운 곡조로 가라앉히는 다듬이질을 하기도 하고 길쌈을 매기도 했다.

구례 화엄사의 사자탑 앞에 놓인 석등(石燈), 해인사 · 통도사 등의 석등은 훌륭한 예술품이다.

지대석(地臺石)에 아름답게 안상(眼象)을 새겼으며 지대석 위에 연화형 함석(蓮花型 艦石)이 놓여 있다. 다시 그 위로 긴 등신(燈身)이 아름답게 새긴 연화·함석을 떠받들고 다시 그 위로 육모꼴 또는 팔모꼴의 화등석을 얹어 놓았다. 이 화등석은 불을 밝혀 두는 곳으로, 유려한 솜씨로 사천왕의 상(像) 등을 새겨 놓았다.

옛 조상들은 한 개의 석등에도 이렇게 미를 찾고 정성을 들였다.

조선시대에 들어오면서부터 등에도 여러 가지 종류가 많아졌다.

혼례 때 신부 집에서는 횃불을 문 앞에 밝히고 신랑집에서는 두 개의 홍초를 촛대 위에 켜 놓는다.

신랑이 말을 탈 때에도 촛불로 앞을 밝히고 신부 집으로 향할 때는 초롱이 길을 밝혔다.

등에도 헤아릴 수 없이 많은 형태가 있다.

수박, 마늘, 호박, 석류, 연꽃 등의 모양을 본뜬 것이 있는가 하면 병, 항아리 등 주방기구를 모방한 것도 있다.

인간의 길흉을 상징하는 칠성등(七星燈), 오행등(五行燈), 누각(樓閣), 학, 잉어, 거북 등을 본뜬 갖가지 등이 수없이 많다.

용도로 보면 장등(長燈), 좌등(座燈), 제등(提燈)이 있다.

장등에는 외형이 사각, 육각, 팔각 등이 있으며 무늬를 새겨서 아름답게 꾸민 것도 있다.

좌등은 걸지 않고 놓이게 되는 것으로 나무로 네 기둥을 세운 등신에 직경 10cm, 15cm의 둥근 구멍이 뚫린 천개가 덮여 있고 사면에 엷은 갑사(甲紗)로 씌워져 있다.

제등은 손잡이로 드는 등으로 초롱이 이에 해당된다.

이 도령이 날 저물기를 기다렸다가 춘향이를 찾아갈 때 방자에게 들리우고 간 것도 청사초롱이다.

당시에는 단순히 휴대용 조명 기구라기보다 일종의 장식적인 멋으로 들고 다니기도 했다.

조부등(照賦燈)은 오늘날의 '플래시'를 연상시키는 것으로 안은 나침반 같은 회전 초꽂이가 장치되어 등을 움직여도 초는 언제나 수평을 유지하여 뚫린 구멍으로 앞을 비추게 되어 있다.

등잔에 쓰이는 기름은 콩기름, 목화씨기름, 돼지기름, 아주까리기름 등이었지만 냄새가 좋은 참기름은 상류 귀족 사회에서 사용한 기름이었다.

심지에는 한지(韓紙) 또는 삼심을 알맞게 꼬아서 썼다.

등-.

우리 인간의 생활에 없어서는 안 될 반려자-.

밤을 꿰뚫으며 밝히는 그 빛이 있기에 인간의 생각은 지혜로웠으며 진실은 더 또렷해지고 역사의 새 장은 쓰여졌다.

등불! 그것은 언제까지나 우리에게 광명이요 희망이며 나아갈 길을 밝혀 주는 가르침이다.

조선시대의 등잔을 보고 있노라면 한과 기다림의 심지를 태우던 여인의 모습이 방문에 '실루엣'으로 투영되어 나타나는 듯하고 우리 선조들의 삶이 연민의 정으로 희미한 등불 빛으로 느껴져 온다.

도장

　동양화의 여백 속에 붉은 색채미를 드러내는 낙관-.

　이 낙관(落款)이 없는 서화는 어쩐지 끝마무리가 되지 않은 듯한 느낌을 준다.

　낙관이 있어야만 완벽한 조화를 얻을 수 있고 화면 구도에도 통일성을 가져오는 것만 같다.

　화가들은 그림을 그려도 마음에 들지 않으면 낙관을 찍지 않는다. 낙관이란 자신의 그림에 대해 책임을 진다는 표시이기 때문이다.

　서화의 낙관뿐만 아니라 어떤 서류의 도장이라도 그것은 중요한 의미를 지닌다.

도장은 그 사람을 대변하는 얼굴이요, 인격이다.

붉은 인주를 묻힌 도장을 자신의 이름 밑에 꾹 눌러 찍을 때 그 사람의 결정과 선택은 끝나는 것이다.

그가 찍은 도장의 의미, 그 결정으로 인해서 죽음을 맞을 경우도 생길지 모르는 일이며 하루아침에 빈털터리가 될 수도 있는 것이다.

우리 나라 속담에 "돈은 빌려 줘도 도장은 빌려 주지 말라"는 말이 있다.

도장을 빌려 준다는 것은 그 사람의 운명을 타인에게 맡기는 것과 같다는 것이다.

도장은 운명적인 요소를 내포하고 있다. 한 번 자신이 찍은 도장에 대해선 책임져야 할 의무가 있으며 또한 변명의 여지도 없다.

BC 300년경에 벌써 중국에서 도장이 사용되었다는 설이 있으며 우리 나라에서는 삼국시대 중기부터 쓰여졌다고 보고 있다.

우리 나라에서 인장에 대한 기록이 최초로 나타난 것은 '삼국사기'로서 국왕이 바뀔 때마다 명당에서 국새 인수식이 있었다고 적혀 있다.

또한 '고려사' 백관지를 보면 인부랑이란 벼슬이 있어 왕부의 인장을 맡아보았다는 기록이 있다.

한 개의 도장, 사실 오늘날에도 우리는 하루라도 도장이 가지는 의미의 범주 밖을 못 벗어나고 있다.

출생 신고서에 도장을 찍는 것에서부터 인생은 시작되고 사망 신고서에 도장이 찍힘으로써 한 사람의 생애는 끝나는 것이다.

또한 매일 직장의 출근부에 도장을 찍음으로써 생활을 유지하고 있다.

현재 국립박물관에는 역대 왕들이 사용하였던 인장들이 여러 종류

보관되어 있는데 그 중에는 단종의 인으로서 순정안장경순돈효대왕지
보(純定安莊景順敦孝大王之寶)라는 것이 있고 단종왕비의 것으로 단량
제경정순왕후지보(端良霽敬定順王后之寶)가 있다.

구한 말에 사용하였던 순금으로 만든 제고지보(制誥之寶)와 대원사
보(大元師寶)도 있고 은으로 만든 칙명지보(勅命之寶)도 남아 있다.

조선의 국왕들은 수십 개의 인장을 가지고 장소와 서류의 종류에 따
라서 각각 다른 인장을 사용했던 것으로 보인다.

또한 각 관청에서는 제각기 관인이 있었고 관직의 높고 낮음에 따라
크기가 달랐다.

도장에는 호를 새긴 음각인과 양각인, 또 명문구나 제명을 새긴 것도
있다.

추사나 대원군, 안심전, 민영휘 등은 수십 개의 도장을 가지고 있었으며
중국의 오창석, 나진옥 등은 백여 개가 넘었다. 동양에는 도장의 아름다움
과 호나 이름, 서재명의 품위 때문에 도장을 찍어 모은 인보(印譜)도 일찍
부터 발전되었다.

중국에서는 송대의 선화인사와 고씨집 고인보(顧氏集古印譜)가 유명하
고 청대에는 오창석의 것이 널리 알려졌으며 우리 나라에서는 오경석의
왕죽재인보(王竹齋印譜), 오세창의 오위노인고3권(吳衛老印稿3卷), 이용문
의 전황당인보4책(田黃堂印譜4册) 등이 있다.

시인 최하림 씨는 말하고 있다.

중국과 한국의 인보를 비교하면 중국의 사인(私印)들은 사각형이 많
은데 한국에서는 원형이 많다.

도장의 재료로서는 목제(木製), 동제(銅製), 석제(石製)뿐만 아니라 청자 인장까지 있으며 상아와 최고급품으로는 전황석(田黃石)을 들 수 있다.

한 사람의 이름자-.

불과 3자밖에 되지 않는 그 글자는 사람의 운명을 좌우한다.

바로 동양의 성명 철학이다.

때문에 사람의 이름은 곧 자신의 모든 것을 나타내는 얼굴이 된다.

사람의 이름을 새긴 도장에는 그 사람의 얼굴이 새겨져 있다.

둥글한 도장, 네모난 도장, 온갖 모양의 도장에는 하고많은 글자 중에 사람들의 이름자가 새겨져 숨을 쉬고 있다.

꽃 모양, 새 모양으로 전자체로 새긴 이름들-. 동양화의 여백 속에 찍어 놓고 간 그 이름들-.

도장은 서양의 사인과는 달리 하나의 미로 승화된 이름의 예술이 아닐 수 없다.

자신의 이름자를 새기고 남겨 놓는 일을 조금이라도 소홀히 할 수 없는 노릇-.

옥새의 행방에 따라 왕조의 흥망이 달려 있었던 것을 보면 도장이란 나라의 운명까지도 좌우하는 신비한 힘을 지녔다고 해도 과언이 아니다.

선인들이 남긴 도장을 보노라면 문득 그 도장이 찍힘으로써 이루어 졌던 역사와 문화가 생각되어 깊은 감상에 사로잡히게 한다.

반닫이

선조들의 손때가 묻은 반닫이-.

반닫이에 수놓아진 목리문(木理紋)의 아름다움 속엔 산그리메의 고요한 맛이 깃들어 있다.

산그리메가 이끌고 오는 산의 명상처럼 반닫이의 목리문은 깊은 감동을 일으키게 하는 미를 안고 있다.

반닫이의 미는 바로 나무의 미라고 할 것이다. 나무의 일생을 마음속 깊이 아로새겨 놓은 것이 나무결이다.

그것은 나무의 일생을 한 장의 추상화처럼 목리문으로 남겨 놓은 것이다. 그 속에는 한국의 햇빛과 새 소리가 들어 있다. 소나기와 바람 소리가 젖어 있다. 이 땅에서 자란 나무이기에 은연중, 한국의 마음을 느끼게 만든다. 반닫이를 보면 한국의 마음을 느끼게 된다.

눈에 띄게 화려하거나 번쩍거리지 않고, 순진하고 순수한 맛, 한국인의 가슴 속에 잠재된 가식 없는 자연미를 느끼게 해 준다.

눈에 거슬리지 않고 단순 소박한 듯하면서도, 볼수록 깊은 정감과 애착이 가게 하는 맛. 이것이야말로 높은 차원의 표현이요 예술의 경지가 아닐 수 없다.

조선의 목공예는 거의 목리문의 아름다움을 최대한으로 살려 완성한 것이지만, 반닫이에선 더욱 그러한 느낌을 받는다.

인간은 돌과 금속보다는 나무나 흙에서 보다 따뜻한 친화력을 가진다.

반닫이는 소박하고 검소하게 구성되어 있으나 자연미를 그대로 드러내 주는 나뭇결은 형언할 수 없는 감동적 언어인 것이다.

반닫이는 장방형의 궤로서 가정에서 하나 이상씩 구비하였던 생활필수품이었다. 앞면 상반부를 문짝으로 만들어 상하로 개폐하도록 한 기구이다.

서민층에서 장이나 농 대용으로 많이 썼으며 제주도와 같은 도서지방에는 의류뿐 아니라 귀중 문서를 보관하기도 하던 가구이다.

높이는 보통 80cm 내외로 앞면에 금속 장식을 부착시켰고 위에는 이불을 얹어 놓고 쓰도록 견고하게 만들어졌다.

조선시대 장인들이 생활 경험에서 우러나온 천성적인 미의식으로 나뭇결을 잘 살려 반닫이의 전면 목판과 앞 널이 서로 잘 어울릴 수 있게 하였다.

표면 처리로서는 목재의 나뭇결을 살리기 위하여 자연 그대로 사용

하거나 투명한 식물성 유지를 그대로 도장하는 경우가 대부분이었다.

또한 반닫이는 장롱보다 장식문양면(裝飾紋樣面)에서 다양한 면을 보여 주고 있다. 자개 · 화각(華角) · 죽재(竹材) 등의 재료를 부착하거나 조각하지는 않았지만 금속 장식은 다양하게 부착시켰다.

연한 나무의 표면을 보호하고 각 부분의 구조적 결함을 보강하며 돋보이게 하기 위하여 금속 장식을 표면 가득히 사용한 것이다.

이들 장식은 고리, 자물쇠 등 기능적인 것과 귀장식같이 모서리의 손괴를 막아 주기 위한 보강 기능을 지니고 있다.

장식의 형태도 다양하다. 제비추리장 경첩을 위시하여 불로초, 운문(雲紋), 호리병자경첩 등 여러 모양이다.

반닫이는 산지에 따라서 평양(박천), 개성, 경기(서울), 경상도, 전주, 반닫이로 나눠진다.

평양 반닫이는 크며 커다란 장식 금구를 앞면에 가득히 달고, 특히 붕어

남대문 장식이 눈에 뜨인다.

경상도 반닫이는 대체로 작으며 필요한 장식 금구만을 달아 목리문이 드러나게 한 소박한 형태이다.

전라도 반닫이는 주로 제비추리 경칩을 달고 내면 상부에는 3개의 서랍이 달려 있다.

서울 반닫이는 조촐한 장식이 알맞게 갖춰져서 퍽 아름답다. 대체로 평양 반닫이와 경주 반닫이는 거멍쇠 장식을 많이 썼으며 서울을 중심으로 한 경기 반닫이, 개성 반닫이는 거멍쇠 외에도 백통과 놋쇠 장식을 많이 사용하였다.

배만실 교수는 그의 저서 '이조 목공가구의 미'에서 이렇게 말해 주고 있다. 최근 우리의 반닫이 등 조선의 목공예품이 국내외에서 인기를 끌고 있다.

'부드럽고 섬세한 목리문은 자연의 다정함을 마음 깊이 간직하여 온화한 느낌을 준다. 또한 앞면을 장식하는 다양한 문양의 금구는 단조로운 구성을 커버하고 있다.'

반닫이를 바라보면 반닫이가 놓였던 방의 분위기가 느껴진다.

그을음 오르는 조선의 등잔 불빛이 떠오르고, 옷 한 벌이 귀중하던 그때의 의생활이 생각되어진다.

오랜만에 고향의 친척을 대하는 듯 어딘지 정감을 느끼는 것은 우리 선조들의 손때와 마음이 스며 있기 때문일 것이다.

떡살

우리네 식생활에서 떡처럼 즐거움을 주는 음식도 드물다.

남녀노소를 막론하고 즐겨 먹는 음식이요, 신성한 음식물이기도 하다. 관혼상제 등 가정의 대사에 빠져서는 안 될 것이 음식이요, 조상의 제상이나 신에게 제하는 의식에는 떡이 있어야만 했다.

철 따라 명절이나 즐거운 일이 있을 때는 "철거덕 철썩" 떡메질 소리에 분위기는 더욱 고조되었다.

잘 찧어진 떡을 떡판에 옮겨다 놓고 할머니를 비롯한 온 식구들이 부지런히 손을 놀려 떡을 빚는다.

한국의 맛을 빚는다. 기쁨을 빚어낸다. 참기름을 손바닥에 묻혀 흰떡

을 손으로 죽죽 펴놓으면 어머니는 수복강녕(壽福康寧)의 자문양(字紋樣)이나 혹은 길상(吉祥) 무늬의 백자 떡살을 들고 이리 찍고 저리 찍어 나간다.

삶의 철학이 찍혀지고 맛에다가 한국인의 염원을 찍어 놓는다.

떡살 무늬가 찍어진 떡을 고모가 알맞게 빚어 놓으면 누이는 하나씩 토막을 낸다.

소금을 솔솔 뿌려 간 맞추고 하나 덥석 입에 물면 참기름의 고소한 냄새가 입안에 퍼진다.

우리의 혀끝에 친숙해진 맛-. 구수하고 짭짤한 맛의 뿌리……

이 떡을 만들어 잔치나 제사에 쓰고 나면 이웃집에 목판이나 행담에 담아 돌리는 인심을 베푼다.

여인들이 안방에 모여 떡을 만들 때야말로 가장 즐거운 순간이었을 것이다. 입맛을 다시는 아이들의 반짝거리는 눈동자를 바라보면서……

도란도란 정담(情談)을 나누는 여인들의 손길은 다듬고 누르고 자르고 칠하기에 바쁘다.

삼국시대 분묘 중에는 부장(副葬)된 토기 중에 떡시루가 발견되기도 한다.

　이로 미루어 우리 겨레는 삼국시대 혹은 그 이전부터 떡을 만들어 먹었음을 알 수 있다.

　떡을 만드는 시루는 둥글게 제조되는 형태가 보통이다.

　둥글다는 뜻은 여럿이 모여 앉아 먹을 수 있는 음식을 만드는 기구라는 의미가 있을지도 모르겠다. 떡을 하면 아직도 과식하지 않고 여럿이 나누어 먹는다. 만일 옛날 주거지(住居地)에서 보듯이 커다란 한 공간에서 세대가 동거하고 있었다면 시루의 떡을 가운데 놓고 둘러앉아 먹기엔 아주 적합한 음식이었을 것이다.

　오밀조밀한 반찬이 발달되기 이전에는 떡을 주식으로 꿩, 산토끼, 노루, 멧돼지의 육물과, 조개, 생선 등의 어물을 반찬처럼 먹었을지도 모르겠다.

　밥을 지어 먹을 때 필요로 하는 여러 도구가 아직 개발되지 않았을 즈음에는 그 편이 편리하고 합리적이었을 듯하다.

　‘민학’ 제1집에서 주도준 씨는 이렇게 말하고 있다. 하여튼 떡은 우리 겨레가 가장 오래 전부터 만들어 즐겨 온 음식임에는 틀림이 없다.

　수집가들이 모은 수많은 떡살을 보면 떡이 우리네의 생활과 얼마나 친밀한 유대를 맺고 있는가를 새삼 느끼게 한다.

　떡살의 종류와 문양은 그야말로 다양하

고 변화가 많다.

자문양이 있는가 하면 사선과 교차선의 대칭 조화로써 오묘한 입체감과 변화미를 만든 것도 있다. 또한 직선과 곡선으로 결구한 무늬, 꽃·새 등 자연을 도안한 것도 있다. 태극·일월 등 우주 철학을 담은 것도, 소박한 기원을 담은 온갖 길상 무늬의 떡살도 있다.

떡살은 보통 나무나 도자기로 만들어졌다. 나무로 된 것은 무늬를 하나씩 놓거나 긴 나무토막에 여러 개의 무늬가 연속 무늬를 이뤘다. 도자기는 개개의 각기 다른 문양을 새겨 놓았다.

떡살은 문양을 새긴 판과 손잡이만으로 구성된 극히 간략한 도구이나 우리 겨레의 맛과 멋이 어우러져 오늘날까지 따뜻한 정감을 느끼게 한다.

다만 배를 채우는 음식으로만 그치지 않고 인간의 소박한 염원과 오묘한 우주 철학까지도 떡살 무늬에 함축시켜 놓았다. 신이나 조상에게 제를 드리고 또한 길상 무늬를 그저 바라보는 것만으로도 정신적인 즐거움을 얻을 수 있게 만든 것이다.

떡살을 바라보면 오래오래 전하여져 오는 이야기가 가슴에 와 닿는다. 잔칫날의 풍악 소리, 웃음소리가 들려 오고 눈 오는 겨울밤 화롯가에서 떡을 구우며 할머니의 이야기를 듣고 자라던 한국인이 떠오른다.

떡살무늬로 남아 있는 형언할 수 없는 즐거움의 언어들이 눈을 뜨는 것 같다. 맛에 부여하는 정신적인 멋인 떡살무늬-. 이는 훈훈한 정의 미학이 아닐 수 없다.

맛으로서 느끼는 생활의 철학이 떡살무늬인지도 모른다. 떡살로 찍혀지는 맛의 미학, 생활의 철학을 본다.

토기

흙으로 소박하게 빚은 그릇—.

무덤 속에 수백 년, 아니 수천 년 동안 잠자는 듯 파묻혀 있다가 출토된 토기. 그 토기엔 그을음 오르는 등잔불 같은 빛살과 화로에 담긴 재속의 불씨 같은 따스함이 남아 있다.

가만히 모르는 체할 수 없는 애정을 느끼게 된다. 무엇 때문일까.

그냥 멋부림도 없이 담담히 빚은 이 흙그릇. 한국의 원초적인 흙내음을 맡게 한다. 만물에게 생명의 근원이 되는 흙이 토기라는 형상의 생명으로 태어난 신비를 본다.

토기엔 순박하고 솔직한 옛 임들의 생활 감정과 양식이 그대로 담겨 있다. 옛 임들은 흙으로 돌아갔지만 임들이 빚은 토기는 그대로 남아 있다. 하늘이 담겨 있고 풀꽃내와 노래가 담겨 있다.

그 당시의 조상들은 영겁의 세월 속으로 얼굴을 묻어 버렸지만 토기는 흙의 생명이 되어, 조상들의 솜씨가 되어 우리들 눈앞에 변함없는 모습을 보여 준다.

태초의 흙냄새를 풍기는 토기. 그 토기가 우리 나라에 나타나기는 신석기 시대부터이다. 우리 나라 초기의 토기에는 후육무문(厚肉無紋), 즐목문, 단도마연토기(丹塗磨研土器)로 나눠진다.

후육무문토기는 우리 조상들이 언덕 지대를 생활 무대로 하였을 때 사용한 것이다. 두껍고 질이 거친 이 무늬 없는 토기는 태초에 석영 · 장석 · 운모 가루 등이 많이 섞여 흡수성이 많다.

즐목문 즉 빗살무늬토기는 선사시대의 사람들이 사용하던 것으로 표면에 기하학적 무늬의 선을 그렸다. 단도마연 토기는 채색 토기로서 표면을 갈고 닦아 산화철인 붉은 단(丹)을 발랐다. 삼국시대로 접어들면서 토기는 각각 특색을 지니고 발달하였다.

1세기에서 4세기 경에 걸쳐 남쪽 해안에서 '터널' 식 요지(窯地)를 사용하여 경질의 회청색 토기를 만들게 되었다. 그 중 가장 발달한 곳은 신라이다.

신라 토기의 종류는 대략 무덤에서 수없이 발굴된 것만 보더라도 잔, 도가니, 주발, 반, 완, 병, 독, 술통 등이 있다. 신라 토기는 무늬 없는 무문의 것이 많으나 토기의 도가니 등에는 무늬를 눌린 것이 있으며 받침 붙은 도가니 또는 목이 긴 도가니가 있다.

토기는 인간이 최초로 만들어 낸 담을 수 있는 용구, 물을 담아 둘 수 있었고, 사랑과 생각을 담을 수 있게 되었다. 그뿐 아니었다. 술을 담그고 차를 끓일 수 있게 되었다. 무엇이든 담아 둘 수 있다는 건 지혜와 여유를 말하는 것이 아닐 수 없다. 담아 둘 수 있었으므로 바라볼 수 있게 되었고, 어떤 조형물을 바라보는 데서 감상과 창조라는 미의식이 싹틀 수 있었던 게 아닐까.

도자기는 부드럽고 윤택하며 선이 섬세하고 미끈해서 세련된 감각을 느끼게 한다. 그러나 토기는 어디까지나 텁텁하고 질박하며 투박하다.

지금도 경주나 삼국·가야 문화권의 산야에는 토기의 파편이 수없이 흩어져 있는 곳이 많다. 대부분 옛 무덤 속에서 나온 것들이다.

토기를 무덤 속에 함께 넣은 것은 단순히 제사 지낼 때 사용하던 제기(祭器)였기 때문이었을까―. 아니면 토기엔 실로 변하지 않는 어떤 생명력의 신비가 감추어져 있다고 믿었던 것일까.

흙으로 항아리나 그릇을 빚던 우리 선조들의 빗살 무늬로 남아 있는 언어·조형미 속에 숨쉬는 마음을 본다. 수천 년이 지난 오늘날에도 무엇인가 태곳적 마음이 담겨 있을 것만 같은 토기, 무언가 핏줄처럼 짜릿하게 전해 주는 토기.

쇠로 만든 것은 녹슬고 돌로 된 것은 마멸되어 원형을 찾기 어려우나 토기만은 그때의 자태·체취를 그대로 보여 준다. 생명을 유지시켜 주며, 음식을 담아 두고 정을 주고받을 수 있었던 그릇이기에 더욱 아련한 정감을 느낀다.

인간이 흙과 가장 가까이 생활했던 때의 토속과 자연과 노래가 꾸밈 없는 마음으로 담긴 것이 토기이다. 손가락 끝으로 퉁겨 두들기면 쟁쟁하는 소리를 내며 태곳적 음성을 들려 주는 토기야말로 최초의 그릇이며 사라지지 않는 신비이기만 하다.

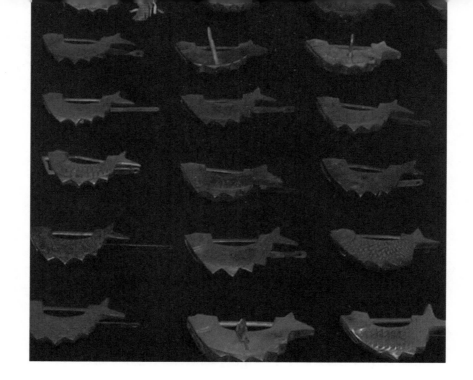

붕어 자물쇠

붕어 자물쇠는 주로 곡식을 넣어 두는 뒤주에 사용하는 자물쇠이다.

양식을 저장하는 뒤주에 왜 붕어형의 자물쇠를 사용하였는지 뚜렷한 사실적 뒷받침은 없다.

그러나 붕어는 예로부터 다산(多産)을 의미하는 '다산유복(多産有福)'이라는 선조들의 뿌리 깊은 의식을 그대로 표현해 준다.

조선시대에 식량 사정은 좋지 않았고 거의 자급자족하던 그 시대에 식량을 넣어 두는 뒤주에 자물쇠를 달아 놓은 것은 선조들이 얼마나 절미 정신이 강하였는가를 잘 말해 주는 것이라 하겠다.

한 알의 곡식도 중하게 여겼고 추수 후에도 서너 번 이삭줍기를 하였을 정도이다. 흩어진 곡식 낱알을 그대로 버려 두면 야단을 쳤고 흩어진 밥알도 꼭 주워 먹도록 자녀들에게 가르쳤다. 하늘이 주신 곡식을 그냥 버린다면 하늘의 노여움을 받으리라는 생각을 가지고 있었던 것이다.

우리 선조들이 얼마나 근검 절약하였는지를 붕어 자물쇠에서 넉넉히 짐작할 수 있을 것 같다.

우리 나라의 민담에도 식량으로 인한 그 당시 서민들의 애환이 많이 전해지고 있다.

옛날에 과거를 보기 위해 열심히 공부하는 선비가 있었다. 가난하기 이를 데 없어 그의 아내가 매일 피를 뽑아다 말려서 찧어 먹곤 하였다.

그러던 어느 날 피를 뽑아다 멍석에 말려 놓고 또다시 피를 뽑으러 나갔는데 마침 소나기가 내려 말려 놓은 멍석의 피가 떠내려갔다.

그런데도 선비는 공부만 하고 있었다. 그의 아내가 그 꼴을 보고 화를 내면서 집을 나가고 말았다.

그 선비가 과거에 합격하여 금의환향하는 것을 우연히 어느 시골에서 본 아내는 울며불며 애원을 했지만 선비는 듣지 않았다.

그리고 서숙을 쏟아 놓은 후 그것을 주워 담으면 용서해 준다고 하기에 열심히 주워 담았지만 그동안 선비는 떠나고 없었다.

아내는 그 자리에서 기절해 넘어져 끝내는 죽고 말았다.

이 민화(民話)에서 어려웠던 식량 사정과 식량으로 인하여 빚어진 갖가지 희비애락을 짐작할 수가 있다.

붕어는 재난을 제거하는 토속적인 신앙의 한 대상이 되어 왔다고 한다.

　사찰 지붕의 풍경에는 붕어가 달려 있다. 바람결에 조용히 흔들리는 모습을 보면 아늑한 평화를 느끼게 된다. 붕어가 있는 곳은 물이 있으므로 곧 화재를 예방할 수 있다는 생각에서일까.

　붕어 자물쇠를 보면 생활의 여유와 생동하는 기쁨과 미를 느끼게 된다. 낚싯대에 팽팽하게 당겨 오는 긴박감 속에서 이윽고 낚싯대를 치켜 올렸을 때 거기에 은비늘을 반짝거리며 한 마리 붕어가 퍼덕거리고 솟아오르는 광경에서 우리는 말할 수 없는 즐거움과 행복감을 맛 볼 수 있다.

　붕어 자물쇠를 보면 꼬리를 흔들며 물 위로 치솟아 오르는 생동감이 넘쳐흐르고 있다. 수면으로부터 금방 올라와 물방울이 뚝뚝 떨어질 것 같다. 뒤주의 자물쇠가 붕어형으로 된 것은 붕어의 생동감으로 하여 생활에 활력과 생명감을 주려는 것으로 풀이할 수 있다.

　붕어 자물쇠도 각양각색이다. 주석으로 된 것은 오래된 것으로 손으로 두드려 만든 것이고 연대가 낮을수록 주물로 된 것이 많다.

　주물로 만든 것은 비늘이 양각으로서 똑똑하게 부각되어 있으며, 주물이 아닌 것은 조각으로서 비늘을 표현했다. 또한 특이한 것은 붕어의 눈 부분에 민화에 나와 있는 용의 여의주와 같은 문양이 새겨져 있는 것도 있다.

붕어 자물쇠에 배 부분에 뚫려 있는 열쇠 구멍은 생식기를 표현한 것 같으며 재산의 융성, 자손의 번창을 의미한 것 같다.

붕어가 용이 된다는 민화는 거의 찾아볼 수 없으나, 몸 부분은 붕어인데 머리 부분은 용으로 그려진 민화가 있다.

용은 상상적 동물로서 인간이 이루지 못할 온갖 조화를 이룰 수 있으며 붕어에게도 그와 같은 능력과 꿈을 부여하고 싶은 생각에서이다.

꿈에 용을 보면 길하다고 전해 내려오지만 붕어 꿈을 꾸면 재수가 있다는 꿈풀이고 보면 용과 붕어는 확실히 민간 신앙의 한 대상이 되어 온 것 같다.

조선시대의 장식 중 그 형태나 문양은 자연이나 산에 대한 숭배 사상에서 비롯되었다고 보는 것이 일반적인 장식 개념이다.

조선시대 장식 문양이 품고 있는 내용 중 가장 두드러지게 나타나는 것은 장수를 기원하는 유형의 무늬와 행운을 바라는 길상 문양이 가장 많음을 알 수 있다.

이것은 표현하려고 하는 어떤 물체의 장식을 위한 미감을 충족시키려는 일이 아니라 인간의 정신적 염원을 충족시키려 하는 일종의 발현이라고도 해석된다.

금속 장식에 사용된 문양의 소재들을 살펴보면 크게 자연 문양, 기하 문양, 관념적인 문양 등으로 분류할 수 있다.

자연 문양 중에는 식물형인 망두, 난, 국화, 당초, 불로초 등으로 동물형은 제비추리, 박쥐, 나비, 거북, 붕어, 참새 등으로, 자연형에는 달, 남대문, 호패, 호리, 엽전 등으로 나타나고 있다.

동물형 중 어문이 특히 애용되었음은 목공예, 민화, 금속공예품 등의 여러 장식 문양에서 잘 드러나고 있는데 물고기 문양의 예는 이미 신라 금관총 출토 요대에도 나타나고 있고 조선시대 도자기, 분청사기 등에서 또는 사찰의 원청에서도 볼 수 있다.

'어변성룡' 이란 말이 있듯이 물고기가 용이 되는 것은 즉 출세를 의미하기도 하고 득남을 의미한다는 데서 문양으로 많이 채택된 듯하며, 특히 내실 가구에서 많이 쓰여진 것 같다.

자물쇠는 기능적인 면과 의장적 특질을 동시에 나타내고 있는 것이라 여겨진다. 다분히 장식적인 미를 고려한 것이지만 단순히 시각적인 미감뿐만 아니라 그 문양의 내용성과 장식성이 너무나 그 시대 사조에 충실해 왔다고 볼 수 있다.

주로 붕어 자물쇠를 사용한 뒤주는 쌀 뒤주와 잡곡 뒤주의 2종이 있다. 상부 앞면을 뒤로 젖혀 열도록 되었으며 경첩이 없이 뚜껑을 떼어낼 수 있도록 되어 있다.

쌀 뒤주는 보통 1~2가마를 넣을 수 있도록 크기가 크며 잡곡 뒤주는 쌀 뒤주와 같은 형태로서 그보다 훨씬 작다.

뒤주는 괴목 뒤주가 상품이고 잡곡 뒤주는 소나무 제품이 많으며, 보통 찬마루나 대청마루에 놓인다. 털털하고 우둔스럽게 보이면서도 친근감을 주는 맛은 역시 함지박과 같은 소박미에서일 것이다.

사실 조선시대 물물교환의 경제 구조 아래에서는 쌀은 바로 화폐의 기능을 가진 모든 생필품의 가치를 정하는 척도로 통용되었다. 그러므로 쌀은 양식이라는 의미를 초월하여 가장 소중한 재산으로서 부의 척도를 나타내는 기준이 되기도 하였다.

가정에서 뒤주의 열쇠를 가지고 관리하는 시어머니는 바로 경제권을 갖고 있음을 뜻한다. 밥을 지을 때는 언제나 경제권을 쥔 시어머니가 열쇠로 자물쇠를 열고 일일이 그날의 형편에 따라 식솔들의 식량을 고려

하여 양식을 내게 하였다. 누구나 함부로 쌀 뒤주를 열 수 없었음은 물론이다.

뒤주의 열쇠를 애지중지하였음은 말 아니해도 알 만해진다. 그 열쇠는 가정의 살림살이를 맡은 여인네의 정성과 애환과 희비가 배어 있다.

조선의 여인들은 뒤주의 붕어 지물쇠를 조석(朝夕)으로 여닫으면서 과연 무엇을 느꼈을까.

그들은 곧잘 푸른 하늘을 바라보며 시절이 좋아 풍년이 들길 기원하였을 것이며 근면과 절약으로 가정이 부유해지길 빌었을 것이다. 무한대로 알을 낳는 붕어처럼 뒤주에 항상 곡식이 가득가득 채워져 있길 바랐는지도 모른다.

유교적인 사회 관습과 윤리관으로 일관하여 온 조선시대에, 아이와 여인들은 항상 한이 많았다.

식사 때는 밥을 푸는 순서로부터 밥상을 받는 서열까지 엄격히 지켜졌고 쌀과 잡곡을 섞는 비율도 가정에 따라 적절히 조절되어 있었던 것이다.

뒤주의 자물쇠 열쇠를 가진 여인의 절미 정신은 뼈에 사무치는 한이 되어 있었다. 무엇으로 가족들의 배를 든든하게 만들어 놓는단 말인가.

'보릿고개' 라는 것이 있었다. 식량이 거의 바닥이 나는 춘궁기를 말하는데 쑥이며 산나물로 연명하기도 하였다.

요즈음 보리는 수익성이 없어 농사를 짓기도 꺼려한다고 하며 가축의 사료로 쓰인다고도 하니 격세지감을 느끼지 않을 수 없다.

우리는 옛 선조들이 뒤주에 채워 둔 붕어 자물쇠에서 검소한 절약 정신을 되살려 생활해 나가야 할 것이다.

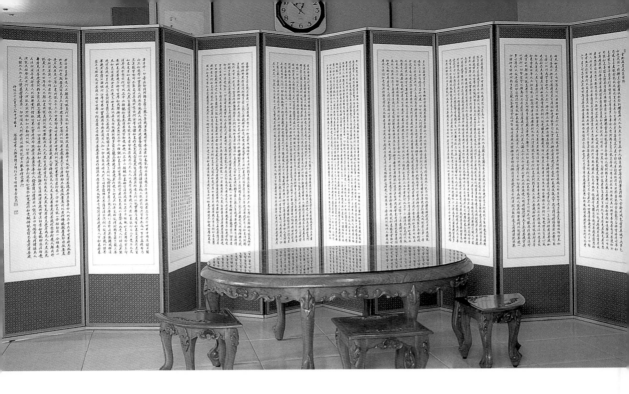

병풍

한옥의 방 안에 들어서면 병풍이 있어야만 제 멋이 있다.

10폭 산수화 병풍을 둘러친 방 안.

첩첩 산중의 절경을 혼자 감상하기가 아깝다. 계곡으로 떨어지는 폭
포수의 소리가 들리는 듯하고 풋풋한 산내음이 옷깃에 묻어온다. 노송
(老松) 아래 신선(神仙)이 동자를 데리고 거닌다.

방 안에 펼쳐진 산, 산의 마음, 산의 명상과 마주 앉는다. 나무 잎새
를 흔드는 바람이 갈매빛을 머금고 지나치고, 풀벌레 소리를 산의 적막
이 품어주고 있다. 방 안에 와서 숨쉬는 산, 병풍이 펼쳐 놓은 경이다.

병풍으로 말미암아 우리는 자연을 방 안까지 초대하고 감상할 수 있

다. 병풍을 펼침으로써 시·공간을 초월하는 새로운 공간이 설정되며 평범한 환경이 정감 넘치는 미(美)의 장(場)으로 변한다.

병풍은 우리의 가장 눈부신 미의식의 한 광채를 보여 주는 것이요, 생활공간을 가장 미로 치장해 주는 장치이다. 어느 곳에서나 마음대로 펴고 오므릴 수 있는 병풍은 우리네 좌식(坐式) 생활에서는 안성맞춤의 장식이 아닐 수 없다.

단순히 장식에만 그치지 않고 바람막이의 기능, 또한 의식용으로 쓰여 병풍이 우리 생활에 폭넓은 효용성을 보였음을 드러낸다.

대례식(大禮式)에는 모란도(牧丹圖)의 대례병(大禮屛)이 있어야 했고, 신방에도 화사한 화조도(花鳥圖) 병풍이 있어야만 분위기가 한결 살아났다. 우리 겨레의 정감과 미의식을 생활에다 적용시켜 실용성 있게 창출해 낸 것이 병풍이 아닐까 한다.

대개 양반집이 아닌 여염집일지라도 민화병(民畵屛) 하나 정도는 지니고 있었음을 생각할 때, 우리 겨레는 미의 영혼을 지닌 민족임을 느끼게 한다.

신방은 화조도 병풍으로 치장되고 분위기가 무르익는다. 일 년 사계절을 상징하는 꽃나무에 새가 짝 지어 앉아 행복을 속삭이고 꽃향기는 방안에 가득 흘러 넘쳐 꿈 같은 아름다운 환상의 세계로 젖어들게 만든다.

첫날밤을 엿보려고 방문에 구멍을 내어 들여다보는 짓궂은 시선을 봉쇄하고 둘만의 세계로 만들 수 있는 것도 병풍의 덕이다. 병풍으로 타인의 시선을 차단하고 난 다음, 신랑은 신부의 저고리 옷고름을 풀었을 것이다.

병풍 속의 아름다운 모란꽃은 환상적인 자세인데, 신부의 저고리를 벗기는 신랑의 손이 사뭇 떨리고 촛불도 황망히 몸둘 바를 몰라 떨었을까. 한옥에 병풍이 있음으로 우리의 생활은 향기를 머금을 수 있었고, 미를 펼칠 수 있었다.

병풍으로 인해 공간 개념은 무한대로 확산되었다. 방이 곧 산중(山中)일 수 있었고, 염원의 세계일 수도 있었다. 방안에 앉아 꽃과 새와 나비를 만날 수 있는 것도 병풍이 지닌 시·공간을 뛰어넘는 예술성 때문이리라. 병풍에 표현된 우리 겨레의 마음-.

그 마음을 느끼며 우리는 안식을 찾고 내일을 꿈꾸었다. 병풍은 우리 겨레가 표현한 예술의 한 진면목을 보여 준다 할 것이다. 시(詩), 서(書), 화(畵)의 백미별(白眉篇)이 병풍으로 남겨졌고 민중 의식과 정감으로 구체화된 민화도 병풍으로 오늘에 남겨진 것이 많다.

우리 겨레처럼 미의식이 뛰어난 민족도 없으리라. 방 안에 병풍을 쳐 시와 글씨와 그림을 감상하며 살아왔다는 것만으로도 능히 문화적인 깊이를 가늠할 수 있다. 어느 민족이 방의 한 쪽 벽면을 채우고도 남을 미술품(병풍)을 펼쳐 놓고 생활해 왔단 말인가.

병풍-.

거기에 겨레의 예술이 피어 있다. 미의식이 담겨 있다. 오래도록 생활 터전에서 싹터온 민족 정서의 뿌리가 묻혀 있다. 미는 어쩌면 꿈꾸는 것이 아닐까. 우리 겨레는 어떤 고난과 슬픔이 닥칠 때에도 내일을 꿈꾸며 자신을 위로해 오지 않았던가.

오래도록 병풍을 보아오면서 생활하던 옛날과는 달리 지금 우리 겨레의 마음은 훨씬 삭막한 감이 없지 않다. 병풍을 친 방에서 벗을 맞고 대화를 나누던 그 멋과 미의식이 아쉽다. 방 가장자리에 사방탁자 하나가 놓이고 문갑 위에 문방사우(文房四友)가 얹혀 있는 곁에 난분이나 하나 놓아 두고 병풍을 쳐놓는다면, 그 이상 무슨 장식이 더 필요할 것인가.

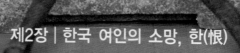

제2장 | 한국 여인의 소망, 한(恨)

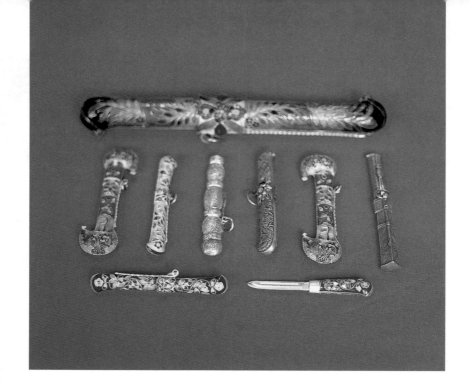

은장도

은장도-.

은장도가 조선 여인과 만나게 될 때 그것은 영롱한 정신 세계를 지니게 된다. 은장도는 저고리의 겉고름이나 안고름 또는 치맛자락에 차는 여인의 장신구인 노리개의 일종이다.

단순히 하나의 노리개라기보다 조선 여인의 영혼을 번쩍이게 하는 유물이 아닐 수 없다.

은장도에 번쩍이고 있는 한국 여인의 마음. 얼음처럼 차가운 표정 속에 따뜻한 정의 그리움을 간직하고 있는 설중매(雪中梅)의 향기를 머금고 있다고나 할까.

은장도-. 그것은 한국 여인의 순수와 결백의 상징이다. 달 밝은 밤에 임을 그리워하며 일편단심의 사랑에 눈물지을지언정 조금도 잡념을 갖지 않는 여인의 정절이 아로새겨져 있다.

날카롭고도 한없이 부드러운 마음과 굳게 다문 입술에 의지가 엿보이는 여인의 모습이 은장도에 어려 있다. 장식품이긴 하나 여인이 칼을 패용한 것은 무엇 때문일까. 조선 여인들은 딸이 출가할 때 대대로 전해 온 은장도며 노리개를 물려주었다.

깨끗하게 정절을 지키는 아리따운 그 마음을 물려주는 것이 아니었을까. 쪽빛 하늘 같은 한국 여심의 맑은 정화수(井華水)가 은장도에 잠겨 있다. 임진왜란 때 진주성이 적에게 함락되어 진주의 여인들은 왜군에게 몸을 더럽히게 되는 것보다는 차라리 죽기를 결심하고 은장도를 꺼내들고 분연히 자결해 일생을 마치기도 했다. 어찌 임진왜란 때 진주의 여인들뿐이었으랴.

외적의 침략을 많이 받아 온 우리 겨레는 자신들의 죽음보다 죽음으로 얻어지는 명예와 책임을 오히려 더 중히 여겼다.

옛 우리네 여인들에게 있어서 순수와 정절은 곧 생명이었다. 한 번 몸을 더럽히는 것은 생명을 잃는 것과 다름없이 생각했다.

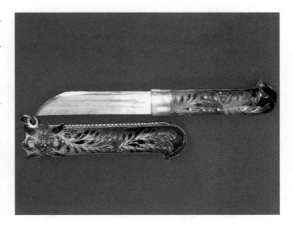

은장도는 순수와 정절을 지키는 최후의 수단이요 보루였다.

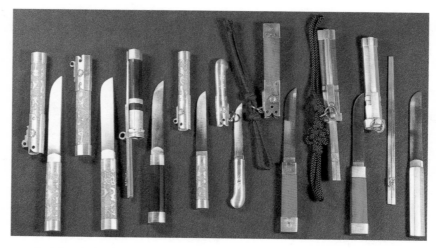

　지금은 많이 달라져 순수니 정절은 한낱 구시대의 유산이라고 돌려
버릴지 모른다. 그러나 유교적인 도덕률과 생활 습관 속에서 가정을 지
키며 본분을 다해 온 우리네 여인들의 정신은 국화꽃처럼 향기롭다 하
지 않을 수 없다.

　누가 은장도를 함부로 대할 수 있으랴. 비록 한과 눈물의 고행을 치
르는 한이 있더라도 애오라지 일편단심의 곧은 절개만은 버릴 수 없었
던 우리네 여인들의 숭고한 정신이 서려 있는 은장도를⋯⋯.

　은장도를 지닌 조선의 여인들이었기에 그 보이지 않는 힘은 가정과
나라를 충효로 이어지게 하고 질서와 평화를 유지하여 온 바탕이 되었
다.

　은장도는 그 형태와 패용법을 보아 몽고풍이라고 보는 이들이 많다.
남녀 간의 장도의 패용은 고려 후기부터이며 조선에 들어와서 그대로
성습된 것으로 보고 있다.

　여인들이 장도를 호주머니 속 아니면 노리개에 찼는데 노리개에 찬
것을 패도라 하고 호주머니에 지니는 것을 낭도라고 하였다.

장도의 칼자루 및 칼집의 재로는 우골, 흑각, 침향, 대추나무, 산호, 금구, 호박, 대모, 비취, 옥, 일화 등인데 노리개용으로 흔히 사용된 것은 이 중에서 옥석과 보패류였다. 나중에는 은 또는 백동, 도금 등으로 사용하였음이 유물로 남아 있다.

칼자루와 칼집의 모양은 4각 원통형·8각 을자꼴 등 여러 가지가 있다.

장도에는 은 젓가락이 달려 있는 경우가 있는데, 이것은 외부에서 식사하는 경우 젓가락으로 사용도 하고 음식 중의 독의 유무를 분별하는 데 쓰기도 하였다.

옛 유물이 되어 버린 은장도-.

현대의 여성들은 은장도를 보고 과연 무엇을 생각할까. 은장도에 번쩍이고 있는 조선 여인의 눈매와 입술이 삼삼히 떠오른다.

매(梅) 란(蘭) 국(菊) 죽(竹)의 사군자(四君子)가 지닌 정신과 향기는 선비들만이 간직한 것이 아니고 우리네 여인들의 가슴 깊이에도 지니고 있었음을 보여 주고 있다.

옷 매무새를 고쳐 잡고 단정히 정좌한 여인들의 우아하고 품위 있는 자태가 은장도에 어려 있는 것이다.

은장도-.

거기엔 한국 여인의 고결한 향기가 있다. 모든 잡념과 유혹을 극기하고 마침내 하나의 지순한 사랑의 승화를 이뤄낼 의지가, 함부로 짓밟을 수 없는 엄숙한 순수의 노래가 있다.

은장도야말로 하나의 노리개라기보다 한국 여인의 순수한 결백의 상징으로, 한국인의 정신 맥락 속에 찬연히 빛나고 있는 유물인 것이다.

인두

　인두-.

　이제는 하나의 구시대 유물이 되어 녹이 슨 채 모습조차 찾아볼 수 없다. 그러나, 어찌 그냥 잊을 수 있으랴.

　어머니의 손때가 묻은 물건을……. 여인들의 섬세하고 고운 마음결이 검고 차가운 인두에 담겨 있는 것을-.

　50년대만 하여도 인두를 사용하는 가정이 더러 있었다. 옷이나 천의 구김살을 펴는데 쓰이는 기구로 없어서는 안 될 가정의 필수품이었다.

　가족들이 다 잠든 밤, 희미한 등잔불 아래서 바느질을 하며, 우리네 여인들은 그렇게 시름을 달래며 한평생을 지내왔다.

깊은 밤 귀뚜라미 소리를 들으면서 가족들의 깃이나 동정을 깨끗하게 펴기 위해 인두질을 하며 여인들은 무엇을 생각했을까.

휘영청 밝은 달빛이 방문을 물들일 때 문득 친정집을 그리기도 하고, 불에 달군 인두가 지나갈 때마다 여인의 곱고 아름다운 마음이 선으로 펼쳐지는 것을 보며 인생을 생각했을까.

검고 차가운 느낌을 주는 인두건만 옛 여인들의 정한이 어려 있는 물건이기에 인두를 보면 작은 구김살도 반듯하게 펴려는 그 꼼꼼한 마음을 느낄 수 있다.

화로를 옆에 두고 인두질하는 여인의 정경이 눈에 선히 떠오른다. 바로 우리 겨레를 키우고 길러 온 우리의 할머니와 어머니의 모습이다.

그래서 인두를 보면 그냥 딱딱한 무쇠가 아니요, 봄 햇살보다 더 부드럽고 섬세한 마음을 느끼게 한다. 옛 여인들의 인생, 풀벌레 소리가 들리는 고즈넉한 여인들의 밤을 생각하게 한다.

바느질 솜씨에 따라 옷맵시가 다르던 옛날엔 옷맵시를 보면 그 집 안주인의 품위를 짐작하게 했다. 바느질을 하는데 있어서도 깃과 동정을 다는 일이 가장 어렵고 중요한 일이었다.

깃과 동정을 반듯하게 펴기 위해선 인두질을 하지 않으면 안 되었다. 한국 옷맵시와 선의 아름다움을 나타내 주는 인두질-.

옛 여인들은 인두질을 하며 마음의 시름이나 구김살까지 반듯하게 폈을까. 할머니는 인두질하면서 얼굴의 주름살까지 펴졌으면 하고 바랐는지 모른다.

모성의 체취와 그리움을 간직하고 있는 인두에서 옛 여인들의 마음 속으로 젖어 들던 달빛과 애환을 느낄 수 있다. 인두에 감추어져 있는 은근하고 깨끗한 마음씨-. 꼼꼼하고 빈틈없는 솜씨. 이러한 손재주가 한국인의 탁월한 예능의 뿌리와 바탕이 되었으리라.

여인들의 섬세한 손재주, 그 마음에서 길러져 온 겨레의 미의식과 감각이 우리 문화의 바탕이 되었을 것이다.

오늘날 우리 나라가 세계기능올림픽을 제패할 수 있는 그 손재주야말로 모성적인 영향을 많이 받았다고 할 수 있다.

동트기 전에 자리에서 일어나 물 긷고 밥 짓는 일부터 시작해 논밭에 나가 남정네처럼 농사일을 돌보아야 했던 옛 여인들의 생활은 노동의 연속이었다. 노곤한 몸을 쉬지도 못하고 밤이면 베를 짜고 바느질을 해야만 했던 여인들-.

그 여인들의 인생과 사랑을 짐작하게 해 주는 인두엔 여인들의 따뜻한 마음이 아직도 남아 있는 듯하다. 두견새 우는 한밤중에 서방님의 옷을 인두질해 나갈 때 인두질에 눌려 곱게 퍼지는 선을 보며 여인들은 사랑을 생각했으리라. 끝없이 펼치고 싶은 그리움이 동정 따라 맴돌았을 것이다. 가족들이 바깥에 출입할 때 어엿한 옷맵시를 보여 주려는 여인들의 정성이 인두에 고이 담겨 있다. 마음껏 나타내 주던 물건을-.

눈에 아름답고 우아한 예술품들만 중히 여기고 소장하려는 이는 많아도 서민들의 애환이 깃든 민속품에 관심을 가지는 사람은 드물다.

비록 눈에 띄는 아름다움은 없다고 할지라도 그 속에 깃든 민중 의식과 안으로 보이지 않는 마음의 아름다움을 지닌 민속품의 진가를 알아야 할 것 같다. 하나의 인두에도 여인들의 인생과 애환과 사랑이 스며 있어 무언지 모르게 모정과 섬세한 손길을 느끼게 한다.

세계에 자랑하고 있는 우리 한복의 우아함, 선과 리듬의 조화를 보여 주는 의상도 인두에 의해 더욱 두드러지게 표현되었던 것을 생각하면 인두는 미와 정을 펴는 기구라고 할 것이다.

치마 저고리

분홍색 회장 저고리
남 끝동 자주 고름
긴 치맛자락을
살며시 치켜들고
치마 밑으로 하얀
외씨버선이 고와라
멋들어진 어여머리
화관 족두리
화관 족두리에 황금 용잠 고와라

은은한 장지 그리매
새 치장하고 다소곳이
아침 난간에 섰다.

신석초 시인의 「고풍
(古風)」이란 시이다. 이 시
를 읽으면 우리네 여인들
의 어여쁜 자태가 눈에 삼
삼히 떠오른다.

땅에 닿을 듯한 긴 치맛자락, 하이얀 외씨버선이 사뿐사뿐 걷는 모습
은 실로 우아하고 황홀하기까지 하다.

그만큼 우리네 여인들의 고유 의상인 치마 저고리의 미는 빼어나다
고 할 수 있다.

오늘날에도 치마 저고리는 유행에 관계없이 세계 속에 한국 의상미
를 유감없이 나타내 주고 있다.

치마야말로 부풀 대로 부푼 가슴을 조이도록 여미고 그 위에 가볍게
떠올리듯 정갈하게 받쳐 입은 저고리.

흐트러질 것만 같은 여체의 풍만함을 곡선으로 표현해내고 있는 어
깨와 배래기며 수런거리는 여심을 절제와 단아함으로 묶고 있는 옷고
름.

여유로움과 품위를 돋보이게 하는 치맛자락의 주름들–.

치마 저고리의 미는 부드럽고 섬세한 곡선미에 집약된다. 자기를 들
추어내려는 의식보다 오히려 미를 숨겨 두려는 은근함–.

그래서 피부에 착 달라붙는 체온보다 가슴에 포근히 닿아오는, 마음

에 은근히 부딪쳐 오는 신비의 촉감을 갖게 한다.

한국 여인이라야만 멋이 우러나오는 치마와 저고리.

치마 저고리는 삼국시대부터 우리의 의상으로 내려왔다고는 하나 지금의 모습을 갖추게 된 것은 고려 때라고 보는 사람들이 있고, 또한 조선 초라고 보는 사람도 있다.

어쨌든 치마 저고리는 오랜 세월 동안 다듬고 매만져 오는 관습이 깃들어 있는 때문인지 몰라도 입는 데나 짓는 데 이렇다 할 격식이 없는 데도 양장보다 오히려 까다롭다.

옷감의 선택은 물론 마르고 꿰매는 과정에서도 세심한 주의가 필요하다.

여성의 바느질 솜씨를 보고 그 가문을 따지고 옷 입은 양을 보아 품격을 평하는 것도 그런 까닭이다.

저고리는 깃과 옷고름이 조화를 이뤄야 한다. 치마 밑으로 속바지가 조금이라도 드러나게 해서는 안 된다. 찰찰 끌리는 치마폭 사이로 발걸음을 옮길 때마다 버선코가 아른거려야 한다. 손끝으로 치마귀를 휘감아 잡되 허리띠를 매면 촌스럽고 속치마를 겹겹이 입어 볼륨을 살리되 풍정을 잃어서는 안 된다.

치마가 풍성하여야만이 부잣집 맏며느리다운 후덕함이 보이지만 저고

리의 안존함이 없이는 조선 여인의 최고의 미덕인 절제와 안온한 맛은 사라지는 것이다.

사실 한복의 모든 치장은 어깨에 걸쳐진 작은 저고리에 집중된다고 해도 과언이 아니다. 동정의 정갈한 선과 삼회장의 분명한 윤곽, 배래기의 풍부한 선은 한국미의 대표적인 곡선미를 십분 표현해 주고 있으며 배래기에서 버선코에 이르는 전 부분에서 일어나는 곡선의 미는 한국미의 정수라고 해도 과언이 아닐 지경이다.

시인 최하림 씨가 지적하고 있듯이 치마 저고리는 곡선을 살린 한국미의 조화라고 해도 좋을 것이다. 한복의 멋은 눈부시게 흰 빛을 발하는 동정과 옷고름에서 더욱 두드러진다. 옷고름은 짧은 저고리와 긴 치마를 조화시켜 준다.

한국 여인들이 외국으로 나갈 때 꼭 준비해 가지고 가는 옷이 치마 저고리라고 한다. 사실 한복만큼 우아하고 화려한 복식도 없다.

파티나 예식에도 어울리는 예복으로 갈수록 예술성과 감각이 풍부한 의상이란 칭송을 듣고 있는 것도 결코 과찬만은 아닌 것이다.

한복을 가장 맵시 있게 입을 줄 아는 여인이야말로 한국적인 미인이라 해도 좋을 것이며 한국미를 표현할 줄 아는 여인이라 해도 무방하리라.

요즘 한복을 입고도 옷고름 대신 브로치를 사용한다든지, 구두를 신는다든지 격에 어울리지 않는 복식 차림을 하는 여성들도 있다.

그러나 어디까지나 한복은 한복으로서의 고유미를 살린 그 조화의 미를 이해하고 또한 그 미를 살려 나가기 위해 본래의 제멋을 살릴 줄 알아야 한다고 본다.

베갯모

선조들이 남긴 민예품 중 어느 한 가진들 만든 이의 정성과 얼이 담기지 않은 것이 있으랴.

어느 것이든 손수 정성껏 만들었기에 똑같은 모양이 있을 수 없고 어딘지 모르게 마음이 끌리고 애착이 가기 마련이다.

베갯모만 해도 그렇다. 인간에게 가장 포근한 휴식과 위로를 가져다 주는 것이 베개이다.

베개처럼 다정하고 평안한 게 따로 있을 수 없다.

베개는 아무도 모르게 임 그리며 흘리는 눈물이나 시름겨워 잠못 드는 마음을 가장 잘 이해해 주는 반려이다.

　아무리 고단해도 베개를 베고 누우면 무겁던 몸도 풀리고 가난한 마음도 행복의 꿈속으로 빠져들곤 한다.

　삶을 위해서는 충분하고 평온한 휴식이 필요하다. 이 휴식을 위한 필수적인 침구가 이불과 요, 그리고 베개이다.

　베개는 머리를 편안히 해 주는 기구이기에 무엇보다 정성을 기울였다.

　그것은 베갯모의 다양한 문양으로 또한 이를 정성껏 수놓았던 꼼꼼한 솜씨로써 알 수 있을 듯하다.

　'수복강녕(壽福康寧)'을 수놓은 베갯모엔 인간의 소박한 염원이 그대로 표현되어 있으며 행복을 추구하는 마음이 담겨 있다.

　베갯모의 종류도 다양하다. 원앙침, 수예침(壽禮枕), 수복다남침(壽福多男枕), 봉침(鳳枕), 금슬종고락침(琴瑟鐘鼓樂枕), 쌍룡침(雙龍枕), 십장생침(十長生枕), 칠보침(七寶枕), 송죽침(松竹枕), 매화침(梅花枕), 호문침(虎文枕), 목단침(牧丹枕), 태극침(太極枕), 가사 일월광침(日月光枕) 등이다.

　또한 소재도 많아서 궁(宮)이나 양반집에서는 화각(華角), 옥석(玉

石), 목각(木刻), 자수 등의 화려한 것을 사용하였다. 보통 여염집에서는 베갯모 옆에 다는 깃에는 헝겊을 썼으나 궁에서는 노루 가죽을 깃으로 대어 썼다.

일반 가정에서 혼인할 때 금실 좋으라고 쌍원앙침 등을 마련하지만 그 이외에는 자기 나름대로 만들었다.

베갯모에 즐겨 그린 자연이나 동식물의 도안은 학, 봉(鳳), 공작, 거북, 토끼, 파랑새, 벌, 나비, 박쥐, 구름, 해, 물, 산, 사군자, 불로초 등이다. 또한 생활 주변에서 흔히 볼 수 있는 꽃이나 들꽃의 도안도 많았다.

해당화, 민들레, 패랭이꽃, 벚꽃, 백일홍, 포도, 인동풀, 단풍, 갈대 등 참으로 다양한데 이런 것들은 부녀자들이 직접 생활 주변에서 스케치하여 소재로 삼은 것들이다.

시골 처녀들이 장독대 옆에 핀 화초나 들판에서 본 풀꽃들의 인상과 느낌을 그대로 수틀에 옮겨본 것도 있을 것이요, 그냥 의미에 따라 수(壽) 복(福) 등을 정성껏 도안하기도 했다.

조선의 베갯모에는 그야말로 우리 마음이 그대로 담겨 있다고 해도 과언이 아니다. 영원한 염원인 양 아름다운 색깔의 도안으로 수놓아져 있다.

조선의 베갯모를 보노라면 소나무 가지에 걸린 달이 떠오른다. 베갯모에 감추어진 조선의 밤은 아련한 꿈속에 빠져 있는 것인가. 소나무에 학이 앉아 있는 베갯모를 베고서 꿈속에서 학의 비상을 보며 잠이 들었으리라.

베갯모는 여인들의 섬섬옥수로 정성껏 만들어진 것. '복(福)' 자 하나에 쏟아 넣은 그 모성애로 어두운 밤은 평화가 깃들고 잠든 이의 얼굴은 맑아졌으리라. 객지에 나가서 홀로 잠자리에 들 때도 베개를 베면 문득 어머니의 얼굴이 떠오르고 그 어머니의 마음이 바로 베갯모에 표현된 염원의 문양임을 느끼게 된다. 누구나 어머니의 자장가처럼 귀뚜라미 소리가 다정히 들리는 밤에 베개를 베고 책을 읽다가 그만 잠든 경험을 가지고 있으리라.

베갯모는 베개를 장식하는 의미도 있는 것이지만 의식적인 희구 이전에 조상들의 소박하고 꾸밈없는 애정의 표현이요, 미라는 생각이 든다.

'음식은 가려 먹지 않아도 잠은 가려서 잔다.'는 우리 나라 속담은 음식보다 잠에 매우 중요한 의미를 부여하고 있음을 뜻한다.

'잠'은 인간 생활의 절반을 차지한다. 따라서 베개는 인생의 절반 동안 가장 가까이 대하는 기구임을 새삼 깨닫게 된다.

베갯모가 훌륭한 예술품일 수는 없다. 다만 우리 겨레의 염원이 수놓아져 있다는 점이다. 여기서 한국의 마음, 겨레의 미의식을 느낄 수 있다.

그대로 베갯모의 그 마음이 평화가 되고 꿈이 되는 느낌은 베갯모가 정의 미학이요, 속삭임이기 때문이다.

어머니의 염원이 수놓아진 베갯모를 베고 잠드는 한국인. 잠 속까지 향기를 뻗는 애정의 뿌리를 본다.

모시

    풀을 빳빳하게 먹여 잠자리 날개같이 산뜻한 모시 옷-.

    모시 옷 차림으로 대청마루에 화문석을 깔고 태극선이라도 솔솔 부치고 있다면 무더위도 그만 무색해지고 만다.

    여름의 가혹한 더위 앞에서 여인의 살빛보다 더 하이얀 빛깔의 섬세한 세모시에는 한적하고 고요초롬한 아름다움이 깃들어 있다.

    무어라 말할 수 없이 우아하고 티 하나 묻지 않은 결백미가 어려 있다. 섬세하고 정한(靜閑)한 모시 옷-. 여름을 지내는 우리 겨레의 여유와 정신이 거기에 스며 있다.

    모시옷을 입고 하루만 외출을 해도 이내 구겨지고 더러워지므로 몸가짐을 여간 조심하지 않으면 안 된다.

여인들은 온갖 정성을 다하여 베를 짜고 옷을 지은 후에도 이를 잘 빨고 다듬어 풀을 먹여야 했다. 그래야만 모시날이 빳빳해지고 그 백색이 지니는 여유와 정결한 품격은 바로 한국의 정서라 해도 좋을 것 같다.

여인의 섬세한 마음이 올올이 짜여진 모시. 여름에 기막힐 정도로 가장 적합한 옷감이 있다면 바로 모시일 것이다. 그대로 바람이 살 속으로 파고드는 옷의 촉감은 훨훨 날고픈 날개옷의 촉감이라고나 할까……

'옷이 날개'라는 말이 있지만, 모시옷을 입은 사람은 어딘지 모르게 귀티가 나고 품위가 있어 보인다. 싫증이 나기 쉬운 비단에 비해 소박하면서도 절제된 미의 세계를 보여 준다. 녹음이 짙은 정자나무 아래서 한가로이 모시옷 차림으로 돗자리를 펴놓고 차를 마시고 바둑을 두는 재미야말로 신선이 된 느낌이 아니고 무엇이랴.

흥부전에서 흥부 부부가 타는 몇 번째의 박에선가 '길주 명천 가는 베, 횡령 종성 고운 베, 강진 해남 곡세목, 가는 모시 굵은 모시, 임천 한산의 극세저'가 더럭더럭 쏟아져 나온다. 흥부 마누라는 좋아서 이리 뛰고 저리 뛴다. 지금까지 소원 속에서만 존재했던 각도(各道) 명산(名産) 모시들이 그들 앞에 산더미처럼 쌓이는 것이다.

이 대목에서 예전엔 모시가 얼마나 귀중품이었으며 일반 서민들이 소원하던 옷감이었던가를 짐작할 수 있다.

요즘 현대 여성들은 모시옷의 참 멋과 진미를 알 턱이 없을 것 같다.

얼마나 지극한 정성으로 밤을 새며 모시를 짰을까……. 옷을 지은 뒤에도 한 번 나들이를 위해 풀을 먹이고 다림질을 하면서 얼마나 정성을 쏟았을까. 비로소 깨끗하고 날렵한 모시옷을 입고 나서는 옛사람들의 마음을 넉넉히 짐작할 수 있을 것 같다.

모시옷은 입은 뒤에도 자칫하면 무엇이 묻을세라, 구겨질세라 세심한 주의를 기울이지 않으면 안 된다.

베를 짜는 과정과 입을 때까지의 정성이 이렇듯 세심하고 까다로운 절차를 요구하는 모시옷은 결코 서민적인 옷이 될 수 없다.

우리 겨레가 직조한 가장 사치스러운 옷감인 모시-.

여름의 무더위를 담백한 백색의 여유와 결백미로 올올이 짜 놓아 그 정갈하고 단아한 모습 앞에서 그만 물러가게 만들어 버린다.

아무리 현대에 섬유 제품이 많다고는 하지만 모시처럼 시원하고 마치 학(鶴)의 느낌이 드는 듯한 옷감은 찾아볼 수가 없다.

단순히 기계의 힘에 의해 대량 생산으로 쏟아져 나온 옷감이 아니고 여인들의 정성과 아름다운 꿈이 한데 어울려 짜여진 옷감이기 때문이다.

바다로 산으로 몰려다니는 오늘의 피서법은 오히려 심신의 피로를 가져올 때가 많다. 그냥 모시 옷 차림으로 부채나 한 개 들고 대청이나 정자나무 그늘에서 한가로이 벗과 한담을 즐기는 맛, 이것이 예로부터 즐겨 온 우리 겨레의 납량법이 아니고 무엇이랴.

시간에 쫓기어 각박하게 돌아가는 현대 사회구조하에서 모시는 시대에 맞지 않는 옷감일지도 모른다. 한 번의 나들이를 위해 너무나 많은 정성과 시간이 소요되는 까다로움뿐만이 아니라 선미(禪味)의 백색(白色)을 간직할 수 있는 여유가 없기 때문일 것이다.

자신의 몸을 너무 노출시켜 시원함을 얻으려는 현대의 여름 의상과는 달리 학처럼 단아한 자태를 간직하면서도 마음 속까지 시원함을 즐길 수 있었던 모시. 이제 점점 사라져 가고 있지만 여름이면 잊혀지지 않는 한국인의 미(美)요 향수가 아닐 수 없다.

동경(銅鏡)

예나 지금이나 여인에게 가장 큰 관심사는 자신의 얼굴이다.

하루에 수십 번 쳐다보아도 싫증이 나지 않는 것이 얼굴이 아닐까.

여인은 거울에 비친 자신의 얼굴을 쳐다보고 임을 생각하고 행복을 그렸다. 거울에 비친 얼굴을 바라보고 스스로 황홀감에 빠지기도 하고 한숨을 내쉬기도 했다. 여인들에게 있어서 얼굴은 바로 그 여인의 미를 나타내는 생명이요, 운명이기까지 했다.

얼굴처럼 깊은 감동과 생각을 불러일으키는 것도 없다. 여인들은 거울을 들여다보며 어쩌면 자신의 운명을 생각해 보는 것인지도 모른다.

남들에게 예쁘게 잘 보이려고 하는 마음은 인간의 소박한 본능이 아닐 수 없다. 얼굴 생김새에서 우선 그 사람의 모든 것을 짐작하며 첫인상은 우리들의 뇌리에서 잘 사라지지 않는다.

관상가가 얼굴을 보고 그 사람의 운명을 예언하는 것은 무엇을 말하는 것일까. 동서고금을 막론하고 얼굴이 그 사람의 전부를 표현하고 있다는 것이 하나의 통념으로 여겨져 왔다.

날마다 거울에 비춰 보는 얼굴이지만 자신의 얼굴은 잘 알 수 없다. 그만큼 얼굴은 불가사의한 일면을 간직하고 있다고 할까.

얼굴의 표정은 시시각각으로 변한다. 마음의 동요에 따라서 조그마한 감정의 변화에까지 물결이 이는 얼굴의 표정이다. 거울이 없었던 태초의 원시인들은 자신의 얼굴이 흐르는 시냇물이나 고여 있는 호수에 비치는 것을 보고 멋을 부렸다. 자신의 모습을 비춰 봄으로써 미에 대한 확신과 긍지를 가질 수 있었고 멋의 창조가 가능해지지 않았을까.

우리 나라는 부족 국가에서 점차적으로 벗어나서 낙랑의 한사군 설치가 있은 후 중국의 고도화된 청동기 문명이 들어오면서부터 동경이 부녀자들 사이에 많이 쓰이게 되었다.

이른 아침 자리에서 일어난 여인은 먼저 몸단장하여 남편에게 아름다운 용모를 보이기 위해 거울 앞에서 머리를 빗는다. 동경이야말로 부녀자들의 몸에서 언제나 떠날 수 없는 용품이었으며 이것은 허리나 가슴에 차는 하나의 장식이라기보다 미를 표현해 주는 소중한 귀중품이다.

고대에는 거울을 신비시하였으며 모든 물체를 반영하는 마력을 가진 것이라고 신성시하였다. 따라서 매우 소중히 보관되었고 거울을 잃거나 깨뜨리는 것은 불길한 징조로 여겨져 왔다.

거울 앞에서 다듬고 치장하는 것은 삼국시대의 부녀자들이나 오늘날의 여인에게나 한결같은 습속이다. 멋은 여인들로부터 풍겨 나오고 그 나라의 아름다움은 곧 여인들에게서 가장 잘 드러난다. 거울이야말로 미와 멋을 창조하는 신비한 마력의 물건이 아닐 수 없다.

동경에는 조동(鳥銅)으로 만든 것과 청동(靑銅)으로 만든 것이 있다.

고려 동경에 있어서는 그 종류와 형태가 복잡하다.

둥근 것이 있는가 하면 네모난 사각형이 있으며 꽃잎처럼 생긴 것, 또한 여덟 개의 잎, 혹은 여섯 개의 잎을 그린 것이 있다.

구리 거울은 대개 표면을 말끔히 가다듬고 정성껏 손질하여 반짝거리도록 수은을 입혀 예쁜 여인의 모습이 비치게 하였으며, 뒤쪽에도 갖가지 무늬를 양각하여 모양을 어여쁘게 꾸몄다.

무늬에도 '관세음보살'이 새겨져 있는가 하면, 인(仁), 수(壽), 부(富), 귀(貴) 등의 문자경(文字鏡), 단순한 선을 살린 무늬, 그 밖에 청룡, 백호(白虎), 현무(玄武), 주작(朱雀) 등의 사신도가 있는가 하면 십이간지상(十二干支像) 등의 무늬도 있다. 풀 무늬로는 불로초, 파초, 수초(水草) 무늬가 있으며 나무 무늬로는 대, 솔, 포도, 버들 등이 있다.

여인에게서 거울은 영원한 신비의 세계이며, 동경의 대상이다. 꽃처럼 아름다운 자태에 스스로 황홀해 하기도 하고 거울을 바라보며 임과 인생을 생각하기도 한다. 어찌 그뿐이랴. 시름에 젖어 한숨을 내쉬기도 하고 어느덧 주름진 얼굴과 흰 머리카락에서 인생의 무상함을 느끼기도 한다.

푸르죽죽하게 녹슨 하나의 동경—. 그 동경을 보노라면 눈매 고운 옛 고려의 여인을 보는 듯하다. 지금 그 아리따운 자태를 비춰 보던 거울의 임자는 어디로 갔을까. 온갖 희비애락이 비춰졌던 동경.

여인의 아름다움이 창조되고 가꾸어졌던 동경은 잠자는 듯 말이 없다. 영원한 신비의 세계, 미의 세계를 가슴에 안고—.

동경에는 영원한 미의 세계, 미를 끝없이 추구하는 발견의 세계가 담겨 있다. 문화가 아무리 발달된다 할지라도 인간은 거울을 떠날 수 없으며 거울 속의 자신을 확인하며 살아가고 있다.

매듭

　한국 여인의 정과 섬세한 마음이 올올이 짜여 있는 매듭-.

　매듭은 실의 올을 꼬아서 끈을 만든 다음 그 끈목으로 여러 가지 맺음을 함으로써 어떤 형태를 이루는 것을 말한다.

　이 매듭은 옷의 장식용으로 쓰이며 미적 효과를 위하여 다른 장식에도 쓰였다. 장도 끈에도 매듭이 쓰이고 바늘겨레에도 파리매듭이 쓰였다.

　이 매듭만큼 일상 생활에 있어 다양하게 쓰이는 것도 없을 성싶다. 부녀자들이 옷고름을 매는 것도 신랑이 대님을 매는 것도 오늘날의 넥타이도 이 매듭의 일종이다.

　옛사람들은 나서 성장하고 죽을 때까지 모든 생애의 전과정을 하나의 인연으로 생각했다. 보이지 않으나 숙명이라는 실로 얽혀져 있는 인연, 이는 전생(前生)과 내세(來世)를 믿는 불교적 신앙의 뿌리에서 형성된 의식이다.

혼인할 때 신랑 집에서 신부 집으로 보내는 납채엔 청실홍실을 넣는다. 부부란 연(緣)을 맺는 것을 매듭으로 표현하는 것이다.

우리 인간은 어쩌면 이 매듭, 즉 맺음 속에서 살고 있는지 모른다. 벗을 사귀고, 사랑을 나누고 사회 생활을 하는 그 모든 것이 서로 연을 맺고 그 결과는 맺음을 잘하기 위한 것이라 할 수 있다. 이렇게 생각한다면, 옛 여인들이 남긴 매듭은 하나의 장식품이기 앞서 정신적인 미의 추구로 생각된다.

옛날 투호(投壺)삼작, 노리개삼작, 호리병삼작, 귀주머니, 염낭, 금사(金紗), 향감 등의 끈에는 빠짐없이 매듭이 사용되었다.

매듭에 많이 쓰이는 실은 명주실이다.

흰 명주실을 빨강, 노랑, 분홍, 남연두, 보라, 초록, 자주 등 여러 가지 색깔로 곱게 물들인 다음 볕에 말린 후 끈목을 꼬아 매듭을 만든다. 평범하기 그지없는 하나의 실로써 짜여지는 미의 세계가 바로 매듭이다.

출입이 자유롭지 못하던 조선의 여인들은 등잔불 아래 골무를 끼고 바느질하면서 아름다운 꿈에 젖어 보기도 하고 때로는 한과 시름을 달래기도 하였듯이 또한 매듭을 어루만지며 떠나간 낭군을 생각하고 친정을 그리며 눈물짓기도 했다.

매듭은 실로 올올이 정과 사랑으로 얽어 꼰 것이기에 그 속에는 이심전심으로 통하는 사랑과 추억과 그리움이 있다.

때문에 부녀자들은 노리개나 바늘겨레에 달린 매듭을 바라보며 어루만지며 정을 쏟았고 이를 죽을 때까지 소중히 간직한 후 무슨 가보(家

寶)처럼 물려주기도 했다. 매듭은 전승(傳承)되는 부녀자들의 정성 어린 하나의 소품이기도 하다. 그 종류를 헤아리면 약 30여 종이 넘는다.

외귀매듭, 이귀매듭, 파리매듭, 나이매듭, 매화매듭, 소차매듭, 대차매듭 등으로 나눌 수 있다. 여러 가지 매듭이 쓰이는 곳이 일정한 것도 있지만 거의 모든 기물의 장식에 이 매듭을 사용하여 아름다움을 나타내었다.

납폐에 쓰이는 실, 또는 죽은 이의 몸을 씻긴 후 옷을 입힐 때 띠를 매듭처럼 두 고를 내고 맞춰서 매는 매듭을 '동심결' 이라 한다.

이 동심결의 큰 매듭은 우리 민족 고유의 매듭이다.

또한 짚단으로 손에 침을 발라 가며, 사랑방에 모여 구수한 이야기를 나눠 가면서 꼬는 새끼도 투박하지만 하나의 매듭이 아닐 수 없다.

매듭, 그 자체를 우리 조상들은 하나의 연(椽)이라 생각했던 것일까─. 매듭에는 서로 연을 맺음에 있어 아름다움으로 승화하길 바라는 염원 · 미의식이 담겨 있음을 보게 된다.

조그마한 것, 단순한 물건이라도 미를 생각하고 생활을 창조하려는 여인의 고운 마음씨가 스며 있다. 매듭은 색의 다채로움과 형태의 다양함에 있어 확실히 자랑할 수 있는 우리 조상들의 유산이 아닐 수 없다. 손끝에서 손끝으로 전승되어 온 매듭의 미, 안방에서 안방으로 전해진 여인네들의 고운 정이 어린 매듭─. 매듭을 보면, 동경을 보며 삼단 같은 머리채를 빗는 조선 여인의 모습이 보이는 듯 삼삼하다.

그녀들은 매듭에다 평생의 꿈과 추억과 인연을 맺어 두고 가버렸는가. 매듭을 보노라면 너무나 섬세하고 부드러운 조선 여인의 눈매와 섬섬옥수를 느끼게 된다.

자수

한국 여인들의 감정을 가장 잘 전해 주고 있는 것 중의 하나가 한국 전통 자수라고 해도 좋을 것이다.

등잔불 아래서 밤 깊은 줄 모르고 한 올씩 수를 놓아 가는 여심, 섬세하고 꼼꼼한 솜씨는 감탄을 발하게 한다.

옛 여인들은, 가사는 물론 농사며 길쌈 등으로 일에서 헤어나지 못하는 생활을 영위했다.

고단하고 바쁜 생활 속에서도 섬세하고 반짝거리는 생각들을 수틀에다 옮겨 짜 놓은 한국의 자수들ㅡ.

거기서 한국 여인들의 아름다운 손길을 의식한다. 아이를 낳아 기르며 옷을 해 입히던 그 따사로운 어머니의 손길, 일 속에 파묻혀 생활하느라고 손은 거칠어졌으나 원래 희고 부드러운 섬섬옥수가 아니었던가.

옛 여인들이 손에 바늘을 쥐면 간혹 환상에 빠져들었던 것은 아니었을까. 어떤 아름다움을 빚어내고 싶은 강렬한 욕망과 미의식의 결부가 자수라는 형태로 발전되지 않았을까 생각된다.

옛 여인들은 수틀 앞에 앉아 바늘을 쥐면 시인이 되고 화가가 되었다. 그녀들의 가슴에 맺힌 한과 그리움과 행복에 대한 소망은 자수라는 표현 양식으로 빚어졌던 것이다.

여인들이 수를 놓을 때야말로 그들이 가진 가장 고요롭고 행복을 느끼던 순간이었을 것이다.

가장 아름다운 색채로 화조, 산수 등을 수놓아 갈 때 그녀들은 고단함도 시간이 흐르는 것도 잊어버렸다.

바늘의 예술, 오로지 여인들만의 예술인 자수의 세계에 탐닉하여 수실로 짜여지는 꽃의 색채는 그녀들의 마음을 향기롭게 물들여 놓았다.

한국의 전통 자수는 우리네 여인들의 섬세하고 아름다운 마음이 빚어낸 예술품-.

어떤 표현 양식보다 색채의 미를 잘 살리고 있는 것이 특징이다.

옛 여인들은 예술 감각이 뛰어난 회화성을 띤 자수 병풍도 남기고 있어 자수를 예술의 깊은 경지까지 이끌고 가려 한 노력이 엿보인다. 하나의 자수 병풍을 완성하기 위해 얼마나 많은 밤을 지새웠을까. 바늘로 한 올씩 수를 놓아 가며 어떤 때는 손을 찔리기도 했으리라.

한국의 여심이 올올이 맺혀 있는 자수들. 조선의 밤이 묻혀 있고 여인네들의 사랑이 꽃으로 피고 또한 새가 되어 날고 있다.

한국 자수의 특징은 그림으로 표현하기 힘든 것일지라도 자수로는 표현이 용이했다는 점이며 자수처럼 아름다운 색깔이 여태껏 남아 있는 것을 어느 예술 작품에서도 찾아볼 수 없다.

자수는 그림처럼 단숨에 그려진 것이 아니요, 바늘로써 오랜 시간 동안 한 올씩 정성을 다해 짜 놓은 것이기에 무엇보다 수를 놓던 여인들의 숨결이 아직도 들리는 듯 따스한 체온을 느끼게 해 준다.

그러기에 하나의 자수 작품에선 무언지 모를 모성적인 정과 그리움을 자아낸다.

자수는 중국에서 최초로 시작되었지만 1700년대부터 우리 나라에서도 고유의 자수 기법으로 표현되었다는 기록이 있다.

표현 기법에 있어서도 중국의 기법에서 탈피하여 빠른 기간 내에 한국화를 시도한 것으로 짐작하고 있다.

고려 때의 한국 자수는 감상용 자수로 시작되어 주로 병풍류가 성행되었고 얼마 후 자수가 응용 미술인 불교 미술로 발전해 불교 자수가 되었으며 고려 말엽에는 회화적인 자수가 되었다. 불교 자수에는 5가지 기법이 있는데 가장 어려운 기법이 사용되어 이는 한국인들이 단순한 것을 싫어해 개성 있는 것을 추구하는 것으로 보인다.

한국 전통 자수 수집가인 박영숙씨는 지적하고 있다.

한국의 자수는 다분히 신앙적인 면을 엿보게 한다. 자수하는 행위 자체부터가 출세, 부귀, 영화, 장수를 기원하는 의도가 강하게 작용하고 있으며 이 모든 것이 여인들의 소망을 기원하는 행위였다.

자수는 생활의 필요에 의해서 자연스럽게 발전된 훌륭한 전통 예술품이다. 그러나 남존여비의 사상 때문에 여성 특유의 예술 행위가 바른

평가를 받지 못하고 그늘에 파묻혀 있었던 것은 안타까운 일이 아닐 수 없다.

회화성 높은 병풍에서부터 신앙적인 차원까지 끌어올린 불교 자수, 그리고 생활 자수 등에서 한국 여인들의 예술성과 어여쁜 마음씨는 유감없이 발휘되고 있다.

하나의 주머니를 만듦에 있어서도 꽃으로 수를 놓고 매듭으로 장식을 했던 우리네 여인들의 미의식은 바로 한국의 예술을 낳게 한 마음의 바탕이 아닐 수 없다.

오늘날 차츰 전통 자수에 대한 인식과 평가가 새로워져가는 것은 뒤늦은 감이 있지만 반가운 일이 아닐 수 없다.

다듬이

    고요한 밤중에 들려 오는 다듬이질 소리–.

    달 밝은 가을밤, 귀뚜라미 소리와 어울려 들려 오는 소리는 가슴을 뭉클하게 하는 그리움을 담고 있다.

    똑딱똑딱……

    맞다듬이질 하는 여인들은 악기를 연주하는 듯……. 청량하고도 은은한 정감을 자아낸다.

    다듬이질 소리를 자장가 삼아 아이들은 꿈속으로 빠져들고 선비들의 글 읽는 소리도 낭랑하기만 한데 그때 여인들은 무슨 생각에 잠겼을까.

    똑딱똑딱……. 그리움의 향수를 펼치는 소리, 한국의 모정이 듬뿍 담긴 그 음률은 좀처럼 잊을 수 없다.

때때로 다듬이 소리가 잠시 멈추곤 하는데 이것은 어떤 이웃 여자가 다듬이질을 끝내고 여인들에 흔히 있는 남의 뒷공론을 하러 왔다는 것을 나타낸다. 조선의 여인들처럼 은둔 생활을 하는 여인들에게 있어서 남의 흥을 보는 일이란 매우 중요한 일이다.

구한 말에 우리 나라를 방문하였던 H·N·알렌씨는 그의 저서 『조선견문기(朝鮮見聞記)』에서 다듬이질에 대해 이런 견해도 적고 있다.

다듬이질할 순간이야말로 이야기로 주고받아도 당사자들 외에는 누구도 엿들을 수 없는 여인들만의 시간이 아닐 수 없다.

그래서 집안 이야기며 서방님의 이야기가 자연히 화제에 오르기 마련이었으리라.

옛 우리네 의·식생활은 여인들을 노동으로부터 조금도 벗어나지 못하게 했다. 낮에는 들에 나가 농사일을 거들고 밤이면 베를 짜야만 했다. 손으로 실을 뽑아 베를 짜고 팔이 아프도록 다듬이질을 했다.

명주에도 좋은 풀을 먹여 그늘에 널어서 물기를 없앤 후에 다듬이질을 하기까지의 공정이란 현대 여인들이 도저히 상상할 수 없을 정도로 많은 시간과 정성을 쏟아야만 했다.

밤이 으슥하도록 다듬이질로 명주의 빛깔을 내는 여인들. 명주에 윤을 내고 매끄럽게 다듬어내는 그 섬세한 마음은 바로 한국인의 마음이 되었으리라.

명주는 아무리 헌 옷일지라도 다듬이질해서 입으면 새 옷같이 빛이 난다. 다듬이질로 다듬은 우리네 옷에는 경결함을 추구한 여인들의 정

성이 배어 있기 때문이다.

　하나의 다듬이-.

　어찌 하나의 단순한 돌로만 여길 수 있으랴. 딱딱하고 차가워 보이는 다듬이엔 따뜻하고 부드러운 여인의 마음이 스며 있다.

　가슴에 맺힌 슬픔도 한도 그 리드미컬한 다듬이질의 음률에 잊혀져 갔다.

　옛 우리네 여인들은 다듬이질로써 모든 근심이나 번뇌를 물리쳤는지도 모른다. 방망이를 두들기면서 미움도 한도 오히려 그리움으로 빚어낼 수 있었다.

　옛날의 다듬이는 집집마다 없어서는 안 될 생활 필수품-. 가을밤 집집마다 다듬이질이 일제히 시작되면 마을은 여인들이 연주하는 음악(다듬이질 소리)에 묻혀 버리고 만다.

　집집마다 울려오는 다듬이질 소리-. 그 소리가 화합하여 이뤄내는 것은 사랑이었으리라. 지금은 쓸모 없는 하나의 돌공예품에 불과하지만 불현듯 모정의 그리움을 따뜻이 느끼게 해 준다.

우리네 여인들은 얼마나 많은 밤을 바느질이며 다듬이질로 보내었을까. 다듬이질로 빛이 나는 명주와 함께, 여인들의 상상은 날개를 펼쳤을 것이다.

다듬이는 이제 하나의 유물이 되어 사라지고 있다. 그러나 다듬이는 우리 겨레에게 잊을 수 없는 정(情)의 유물이 아닐 수 없다.

가을밤에 국향(菊香)이 묻어나는 듯한 다듬이질 소리를 이제 어디서 들을 수 있으랴.

한국인의 영원한 추억이 되어 멀리 사라져 버렸다. 다듬이를 볼 때마다 할머니와 어머니를 떠올리던 우리들은 다듬이를 통해 달을 보며 귀뚜라미 소리를 듣던 여인상을 느낀다.

다듬이질로써 이뤄낸 의생활은 이제 끝났건만 다듬이는 한국의 어머니들이 한숨과 슬픔을 함께 나누던 대상이었고, 일생 동안 대화를 나누어 온 반려였기에 더욱 짙은 정감을 느낀다.

가을밤의 정취를 불러일으키던 다듬이질 소리……. 고향집을 생각하게 하는 잊을 수 없는 향수요 모정의 그리움이다. 이제 그 소리를 들을 수 없는 것이 못내 서운하다.

반짇고리

옛 여인들의 소중한 반려인 반짇고리-.

영원한 모성의 고향을 느끼게 한다. 할머니로부터 어머니로 대대로 이어 오는 모성의 체취가 가슴에 파고든다. 한과 그리움의 손때가 묻은 따뜻한 정의 그릇, 한국 연인들의 사랑과 인생이 소롯이 담겨 있다.

달빛의 고요 속에 임 그리며 바느질하는 여인의 사랑이 올올이 한숨으로 맺혀 있다. 등잔 불빛 아래 밤 깊은 줄 모르고 섬세한 마음을 옷에 담아 정성껏 지어내는 여인의 손길은 바로 겨레를 키워낸 손길이 아닐 수 없다. 마음을 다독거려 주는 포근한 감촉의 어머니 손길, 그 은근한 시선이 거기에 담겨 있다.

어찌 아녀자들의 하나의 손때 묻은 물건이라고만 할 수 있으랴.

한국의 곱고 섬세한 여심을 차곡차곡 담아 둔 그릇을-. 반짇고리는 여인들의 우주라고 해도 좋으리라. 여인들은 바늘귀로 세상을 들여다보며 감긴 실꾸리에서 시름을 풀어내고 한 땀씩 바느질하며 그렇게 인생을 살아왔다.

하루도 떨어질 수 없는 다정한 벗인 반짇고리.

선비들의 정신적인 반려가 문방사우(종이, 붓, 먹, 벼루)라면 여인들의 반려는 반짇고리였다. 시름겨운 일이 있을지라도 골무를 끼고 바늘을 쥐면 근심이 사라졌고 마음의 평온을 되찾을 수가 있었다.

반짇고리를 애지중지한 우리네 여인들은 「조침문」과 같은 문학 작품을 남겨 놓았다.

오호 애재라, 바늘이여, 금년 시월 초십 일 술시에 희미한 등잔 아래서 관대 깃을 달다가, 무심중간 자끈동 부러지니, 깜짝 놀라와라. 아야 바늘이여, 두 동강이 났구나. 정신이 아득하고 혼백이 산란하여 마음을 빻아내는 듯, 두골을 깨쳐내는 듯, 이윽토록 기색 혼절하였다가 겨우 정신을 차려, 만져 보고 이어 본들 속절없고 하릴없다.

조선시대 유씨 부인의 작품으로, 하나의 바늘을 부러뜨린 슬픔을 제문의 형식을 빌어 "네 비록 물건이나 무심하지 아니하면, 후세에 다시 만나 평생 동거지정을 다시 이어, 백년 고락과 일시 생사를 한 가지로 하기를 바라노라. 오호 애재라, 바늘이여"라고 애통해 하는 마음을 마치 남편과 사별한 슬픔인 듯 표현하고 있다.

여인에게서 한 개의 바늘은 바로 여인의 모든 것일 수 있음을 보여 준다.

물질문명으로 치닫고 있는 오늘날에는 상상도 못할 노릇이다.

하나의 바늘로써 우주를 생각하고 무한한 대화를 나눴던 옛 여인들의 마음은 달빛 같은 은근함으로 차 있었던 것일까.

이상케도 만들었네 입 끝이 날카로우니 촉 바른말 할 것이요.
몸뚱이가 곧곧하니 마음조차 곧겠구나.
귓구멍이 뚫렸으니 옳은 말도 듣겠구나.
빡빡한 걸 잘 뚫으니 쓸개조차 있을 게요
바른길로 찾아가니 그른 짓은 안 할 게요
꼬박꼬박 절을 하니 예절을 배웠는가
떨어진 걸 잘 기우니 인정편도 있을 게요
부러지기 일쑤하니 결단성도 있을 게요
실과 손이 함께 하니 의논성도 있을 게요
오장육부 없다해도

경북 안동 지방에 구전되어 오는 「바늘 요(謠)」의 일절에서 보는 것처럼 바늘에 대한 이해가 이토록 자상한 것으로 미루어 옛 여인들은 바늘과는 뗄 수 없는 마음으로 맺어져 있음을 알 수 있다.

한국 여심의 고향, 반짇고리-

모든 희비애락을 등잔불 아래서 바느질로 빚어내는 여인들의 인생사가 고이 담겨 있다. 한과 원을 한숨으로 내쉰들 무엇하랴.

바늘에 실을 꿰어 한 올씩 바느질을 하다 보면 마음은 무아지경이 되고 밤은 깊어 간다. 그렇게 세월은 흘러갔고 곱던 얼굴에 하나씩 주름살도 잡혀갔다. 홀로 바느질을 하며 사랑을 꿈꿨고 상상의 날개를 펼쳤다.

옛 여인들은 바느질 솜씨가 큰 자랑거리였다. 치마, 저고리, 두루마기, 버선 등 의복의 맵시를 창조하는 그 손길에는 무한한 미의 신비가 깃들어 있다. 여인만이 가질 수 있는 신비이다.

옛 여인들은 시집갈 때 일생 동안 입을 옷을 만들어 가기도 했다. 이 옷들을 지으면서 처녀들은 무엇을 생각했을까.

오늘날처럼 기성복이나 맞춤옷을 입는 현대인에게 반짇고리는 이미 아득한 여인들의 유물로서 관심 밖으로 사라져 버렸다. 그렇다. 옛 여인네들이 그렇게 애지중지하며 한평생의 반려로 삼아오던 반짇고리도 이제 산 넘어가는 노을이 되어 사라져 가고 있다.

장독대

　우리네 가정에선 볕 바르고 남의 손길이 미치기 어려운 데를 골라 장독대를 마련했다.

　시골집에서는 몸채 부엌과 이웃한 뜰에 보통 자리잡았으며, 도회지에서는 대청과 마주 보는 꽃담에 기대어 높직이 장독대가 마련되었다.

　큰 독, 중두리, 작은 독, 항아리, 단지 등 질그릇들이 올망졸망 모여 있는 장독대—.

　장독대 옆에 쳐다만 보아도 입 안에 군침이 괴는 석류가 터져 진주알을 보이고 맨드라미, 분꽃, 봉선화 사이로 닭들이 놀고 있다. 전형적인 한국 가정의 평화로운 한 풍경이다. 크고 작은 장독들은 그대로 하나의 옹기,

질그릇이라기보다 한 식구처럼 친근하고 따뜻한 정감을 느끼게 한다.

한국의 맛, 겨레의 미각을 담고 있어서일까. 장독대야말로 우리 겨레의 맛의 고향이요, 터전이 아닐 수 없다.

민족의 체질 속에 배어 있는 독특한 맛!

간장, 고추장, 된장 ,김치, 젓갈의 맛, 이 맛이 지니는 미각은 곧 민족의 기질이 되고 그 맛이 우러나와 우리의 문화가 이루어진 것이 아닐까.

서양의 문화가 버터 치즈의 문화라면, 우리의 문화는 김치의 문화라고 해도 무방하지 않을까. 그 겨레의 미각은 곧 그 겨레가 지닌 자연 환경과 생활 터전에서 획득한 것이요, 오랜 생활 체험 속에서 터득한 것이기에 맛은 문화의 일부분이라 해도 좋을 것이다.

아녀자들은 하루에 몇 번씩이나 장독대에 드나들며 장독의 먼지를 씻어내리는 일을 게을리하지 않았다. 항상 장독들이 정갈하게 반질거리는 것이 부녀자들의 소임인 양 여겼다.

장독대엔 한국 부녀자들의 알뜰한 정성이 소롯이 담겨 있다. 한 집안의 안살림을 다스리는 안주인은 장의 간을 알맞게 가꾸려고 간장, 된장, 고추장이 든 독이나 항아리를 그날 그날의 날씨와 기후에 따라 뚜껑을 열기도 하고 닫아 두기도 한다.

햇빛과 바람과 이슬을 고루 받아서 덥고 추운 기온의 숨결 속에서 천천히 간이 알맞아지기를 기다렸다. 예로부터 그 가정의 살림을 알려면 간장 맛을 보라는 속담이 있는 것은 그 까닭이다. 간장이야말로 한국의 맛의 원천이며, 어떤 음식이든 들지 않는 데가 없다. 간장 맛은 곧 그 집의 음식 맛을 표현하고 있는 것이다.

정성껏 맛을 가꾸던 옛 부녀자들은 장을 담그는 일을 가정의 큰 행사로 쳤으며 길일(吉日)을 택하여 담갔다.

육갑으로 병인 날과 정묘 날, 정월 우수 날, 입동 날, 황도 날과 길한 신(神)이 든다는 날들을 택하였다. 다만 삼복에 장을 담그면 벌레가 꾀고 해돋이 전에 담그면 벌레가 꾀지 않으며 그믐날 얼굴을 북으로 두고 장을 담그면 벌레가 없다는 속신도 있다.

『규합총서』라는 책에는 장 담그는 법이 소상히 기록되어 있다.

장 담그는 물은 특별히 좋은 물을 가려야 장맛이 좋다. 여름에 비 갓 갠 우물물을 쓰지 말고 좋은 물을 길어 큰 시루를 독에 앉히고 간수 죄 빠진 좋은 소금 한 말을 시루에 붓고서 물은 큰 동이로 가득히 되어서 부어라. 그러면 티와 검불이 다 시루 속에 걸릴 것이니 차차 소금과 물을 그대로 되어서 메주의 다소와 독의 크기를 짐작하여 소금을 풀어라. 큰 막대로 여러 번 저어 며칠 덮어두면 소금이 맑게 가라앉아 냉수 같아진다.

장 담근 독은 볕 바르나 그윽한데 놓되 여름 땅에 괸 빗물에 무너질 염려 있으니 터를 가려 놓아라. 독이 기울면 물이 빈 편으로 흰 곰팡이 끼이니 반듯하게 놓아라.

장독이 더러우면 맛이 사나우니 두 번씩 냉수로 정히 씻기되 독전에 물기 들면 벌레 나기 쉬우니 조심하여라. 장 담근 지 세 이레 안에는 초상난 집을 통하지 말고 아기 낳은 곳과 몸 있는 여자와 낯선 집사람을 가까이 들이지 말고 자주 살펴 넘기지 말라.

이렇듯 장 담그는 아낙네 정성은 지극하였다. 집안마다 정성과 솜씨에 따라 장맛이 다르고 된장 속에는 더덕, 콩잎, 깻잎, 풋고추를 박아서 밑반찬으로 쓰기도 했다.

우리 겨레의 혓바닥에 익어온 맛. 그것은 우리네 부녀자들의 정성과 끈기와 슬기가 우러나온 고유한 맛이다. 제아무리 외국에 나가 생활한다고 해도 한국인이라면 어찌 고추장, 된장, 김치의 맛을 잊을 수 있겠는가. 민족의 역사와 함께 맛들여 온 한국의 맛을…….

장독대를 생각하면, 곧 고향집을 떠올리게 되고, 어머니가 손수 끓이시던 된장, 나물 무치던 손을 생각하게 된다. 음식마다 모정과 정성이 듬뿍 들어 있는 음식들의 맵짭짤한 그 맛…….

오늘날엔 도시에서 장독대가 점차 자취를 감춰 가고 있다. 자손대대로 생활 터전이었던 가옥이 핵가족 시대인 오늘날에는 시대 감각에 맞지 않을지 모른다.

아파트가 늘어남에 따라 장독대를 만들 공간이 없어졌으며 간장, 된장, 고추장 등도 모두 공장에서 대량 생산하게 된 세상이 되고 말았다.

현대의 한국인들은 장독대를 잃고부터 간장, 된장에서 우러나는 한국의 참맛도 함께 잃어가고 있는 것이 아닌지 모른다. 어머니, 아내의 정성이 밴 맛을 알지 못한 채 편리한 인스턴트 식품, 가공 식품에 젖어 가고 있는 것이다.

요즘 20대 젊은이들이 과연 한국의 음식, 어머니의 손에서 빚어내는 한국의 맛을 알까. 인공 조미료와 단순히 쇠고기 맛에 길들여 있는 그들로서는 알지 못할 것 같다.

장독대를 바라보면 맛의 향수와 함께 장독대를 닦던 어머니의 모습이 선히 떠오른다. 장독대 옆에 심어졌던 봉숭아, 맨드라미, 분꽃 등 오래오래 정들었던 꽃들도 찾아보기 힘들어졌다. 우리네 가정에서 장독대라는 공간이 점점 사라지고 있다는 것이 여간 서운하지 않다.

분합(粉盒)

고려 때의 청자 분합을 보면 절로 마음까지 향기로워진다. 영혼까지 번지는 듯한 그리움의 꽃내음……. 동경(銅鏡)을 들여다보며 정성껏 화장하는 여인의 그 얼굴이 화사하게 떠오를 듯도 하고 얼굴에서 마음으로 흐르는 봉숭아꽃빛 웃음이 보일 듯도 하다.

참빗으로 곱게 빗어 내린 머리, 아침 풀이슬 같은 눈매의 여인이 분합을 앞에 놓고 앉아 있을 것만 같다.

분합을 보면 설중매의 향기를 느끼고 난향(蘭香)을 느낀다. 여인의 하이얀 살결과 섬세한 마음씨가 가슴에 닿아 오는 듯하다.

수백 년이 지난, 옛 여인들이 쓰던 한낱 화장구에 불과하건만 이렇게 애틋한 정감을 느끼는 것은 무엇일까. 옛날 우리네 어머니의 어머니들이 사용하던 소중한 유물이기 때문일 것이다.

분합은 가장 여성적인 체취가 풍기는 유품이 아닐 수 없다. 거기엔 미와 정이 담겨 있다. 여인들의 소망과 노래가 담겨 있다. 그래서 무심코 그냥 보아 넘길 수 없고 아직도 코를 찌르는 분향기가 은은히 퍼지는 듯한 착각을 느낀다. 어쩌면 분합을 사용하던 여인의 사랑이 수백 년간이나 고이 담겨 있어 그 향기를 느끼게 하는 것이 아닐까.

여인이 몸을 꾸밀 때 얼굴을 단장하는 일은 가장 중요하고 정성을 들이는 일이다. 그중에서도 분을 바르는 것은 얼굴이 곱게 보이는데 직접적인 관계가 있다. 여인들이 동경 속의 자기 얼굴을 들여다보면서 정성껏 분을 바를 때야말로 가장 행복한 순간이었다. 좋은 분을 곱게 개서 바르면 피부가 희고 고와 보인다.

남들에게, 특히 사랑하는 사람에게 아름답게 보이려는 것은 인간의 본능이 아닐 수 없다. 여인들은 얼굴에 분을 바르면서 여인의 행복과 기쁨을 느꼈을지 모른다. 분을 담아 두던 분합이나 분을 개는 데 쓰던 분접시는 고려시대 유물에서부터 볼 수 있다. 분합은 뚜껑이 달린 납작한 합을 말한다.

고려시대 청자로 만든 이러한 합은 상당수가 전해지고 있다. 형태도 크고 작은 여러 가지가 있지만 표면의 장식도 흑백의 상감 문양에 진사(辰砂)를 곁들인 사치스러운 것도 있다. 귀족층에서 사용한 분합일 것이다.

그 중에는 큰 합 속에 다시 작은 합을 여러 개 담게 된 모자합도 있다. 표면의 장식은 고려 청자에서 가장 많이 사용되던 운학(雲鶴)과 국화문(菊花紋)이 가장 많고 당초(唐草)나 연화문을 곁들이는 수도 많다.

특히 진사(辰砂)로 점을 놓아 장식할 때에는 더욱 우아하고 화려해 보인다. 분을 바르는 일 자체가 곧 미의 창조이지만 분을 담아 두는 그릇인 분합은 그대로 빼어난 예술품이라 해도 좋다. 분 접시는 얇고 얕은 접시인데 원형 방형 화형(花形)의 여러가지가 있다. 문양도 음각 또는 상감으로 국화 모란 당초 등이 시공되었다.

이와 같은 고려 청자의 분합은 모두 작고 예쁘게 문양도 세밀하고 정교하다. 여성적인 취향이 그대로 잘 반영되었다. 여인들이 가장 소중히 아끼는 물건이었기에 섬세하고 예쁘게, 여성적인 감각을 최대한으로 살려서 만들어졌다.

오늘날 우리들이 고려시대 분합을 보고 형언할 수 없는 미적 상상을 불러일으킬 수 있듯이 그 당시의 여인들은 우아한 문양의 청자 분합을 바라보는 것만으로 임과 마음의 대화를 주고받을 수 있었으리라.

무덤 속에서 수백 년간 잠자는 듯 파묻혀 있다가 출토된 고려시대의 청자분합 -. 박물관 유리 진열장 속에 놓여 있는 것을 보고 있노라면 샘물을 긷는 고려 여인의 얼굴이 떠오른다. 여인의 치맛자락은 풀이슬에 젖고 산도라지 향내가 묻어나고 있을까.

조선시대에도 분합이나 분접시는 계속 사용되었다. 조선 여인들은 소탈하고 담백한 맛을 즐긴 탓으로 이 시대 분합들은 고려 청자에 비하여 둔하고 투박하다. 또한 문양도 정교하지 않을 뿐아니라 운치도 적은 편이다.

오늘날 현대 여성들은 휴대하기 편리한 콤팩트를 애용하고 있지만 고려 청자 분합보다 훨씬 미적 운치가 덜하다.

운학(雲鶴)과 연화문(蓮花紋)이 상감된 청자 분합은 무한한 미적 감동을 불러일으키는 예술품이기 때문이다.

옛 분합에서 한국 여인의 미의식과 체취를 느낀다. 분합의 형태미에 깃든 내재율(內在律)의 여심을 느낀다. 분합에는 미를 추구하려던 우리네 여인들의 사랑의 노래가 담겨 있다.

제3장 | 불교와 겨레의 마음

범종

범종(梵鐘) 소릴 듣는다.

한없이 낭랑하고 마음이 맑아지는 종소리−.

순간에서 영원으로 이어지는 영혼의 소리이다. 거짓이 없는 순수의 음성이요 가장 맑은 생명의 언어이다.

범종 소릴 듣는다.

어디서 울리는 것인가. 열려진 마음과 마음을 이어 주는 설법의 소리. 절로 마음이 경건해지고 옷깃을 여미게 한다.

범종 소리는 기독교 교회당의 종소리와는 사뭇 다르다.

교회당의 종소리는 뾰족한 종탑에서 그야말로 경쾌하고 은은한 소리를 낸다. 그 소리는 마치 하느님을 찬양하고 하늘로 퍼져 오르는 소리이다.

산 속에 묻혀 있는 절의 범종은 이와는 딴판으로 마치 땅으로 꺼지는 듯한, 소리 속에 은근함을 지니고 있다.

하늘로 날아오를 듯이 경쾌한 교회당의 종소리가 아니요, 땅으로 꺼질 듯한 묵상의 소리이다. 그것은 자아의 문을 여는 겸허한 소리이기도 하다.

종은 종교적인 차원에서 만들어졌기 때문에 지극한 정성과 마음으로 제작되었다. 그 순간의 소리가 아닌 영원의 소리로서, 물리적 음향이 아닌 영혼의 소리로서 시공간을 초월하여 들을 수 있도록 지혜와 정성을 다 모았다.

그래서 종은 비록 인간의 손으로 만들어졌기는 하나 소리만은 하느님의 음성이요, 부처님의 설법이 아닐 수 없다.

한국 범종의 우수성은 세계적으로 인정받고 있다. 그 중에서도 강원도 오대산에 있는 상원사 종은 형태의 아름다움이 한국 범종의 표준이라 할 만하고 제작 연대도 가장 높다.

종에 새겨진 명문에 의하면 신라 성덕왕 13년(725)에 조성되었고 유명한 봉덕사의 에밀레종은 그 뒤 45년이 지나서 조성된 것으로 밝혀지고 있다.

두 종의 우수성에 따라 국내 사찰의 범종 주조에는 반드시 두 종의 구조와 기능을 표준으로 삼고 있다.

오대산 상원사 종은 높이 1.7m로서 상하대의 문양은 모두 당초문(唐草文)과 반원(半圓) 속의 천인상(天人像)으로 되어 있고 종신(鐘身)에는 연화문당좌와 나란히 앉은 주락비천상(奏樂飛天像)이 나타나 있다.

이 종신의 우아한 선, 각부의 조화, 그리고 당초문(唐草文), 비천상(飛天像)들의 흐르는 것 같은 율동적인 선들은 신라 종의 완성된 전형을 보여 주고 있다.

'에밀레종'이라고 불리는 봉덕사 종은 높이가 3.78m, 구경이 3.27m나 되는 거종(巨鐘)이며 사랑하는 자식을 끓는 쇳물 속에 집어던져 만들었다는 애끓는 전설을 간직하고 있다.

지금까지 주조된 범종들 중에는 아직 한 번도 상원사 종이나 에밀레종 같은 우수한 종은 나와 본 적이 없다고 한다.

그때보다 품질 좋은 재료가 풍부하고 시설 면이나 과학적인 처리 방법이 월등히 발달되었음에도 어찌하여 삼국시대에 만들어진 이 종들에 도저히 따를 수 없는 것일까.

그 당시의 범종은 과학이니 기술이니 하는 것에 앞서 종교적인 숭고한 신앙심과 정신적인 집념에서 주조되었기 때문일 것이다.

일체의 사념과 욕망을 버리고 종의 주조에만 매달렸다. 완전한 종을 만들기 위해 자식까지도 쇳물 속에 던져 넣었다는 에밀레종의 전설은 종을 만드는 데 얼마나 지극한 집념과 정성을 쏟았는가를 알려준다.

통일 신라 시대의 대표적인 공예품은 아마 동제(銅製) 범종일 것이다. 단순한 공예품으로서만이 아닌 우주 공간적인 깊이와 영속성의 의미를 주조하고자 했고 진리의 복음을 담으려고 했다. 그 속에는 인간의 염원이 깃들어 있다.

광복절이면 종로에 있는 보신각 종을 쳤다. 이 종소리를 들으며 우리 겨레는 자유와 해방의 기쁨을 맛보았던 것이다.

이처럼 종은 모든 이에게 마음의 평화를 전해 준다. 새벽 절간에서 울려오는 범종 소리는 밝아 오는 여명을 맞아들이고 어스름을 물리치는 신비의 음성이다.

요즈음 범종 소리를 듣기란 어려운 일이다. 혼탁한 마음에 정화수(井華水)와도 같은 쇄락한 맑음을 전해 주는 범종 소리가 그리워진다.

늘 마음이 맑게 깨어 있는 사람이라면 자아의 문을 열어 성찰의 세계로 들 수 있고 마음의 평화를 얻는 범종 소리를 들을 수도 있으리라.

한국 범종은 과학이 발달하지 못했던 신라시대에 극치를 이루었고 고려 중기 이후에는 그 수준이 기울어져 갔다. 아마 과학과는 무관한 정신적인 차원에서만이 평가될 수 있는 공예품인 것 같다.

상원사 종이나 에밀레종을 보는 이들은 그 정교한 조화와 우아한 선에 감탄한다. 외형이 이처럼 한국의 미를 한몸에 간직하고 있는데 하물며 속마음은 얼마나 아름다우랴.

그 소리, 한 번 울려 천 년의 신비가 깨어나고 신라 정신의 빛 부심이 맑게 번져 흐른다. 범종 속에 깃든 한국의 깊은 명상이여, 고요하고 은근한 정신의 깊이를 무슨 수로 헤아릴 수 있을 것인가.

한국의 범종 속에는 진실한 마음을 가다듬는 한국인의 영혼, 어둠을 물리치고 광명을 바라는 염원이 담겨 있다.

관등놀이

음력 4월 8일은 석가모니 탄생일이다.

이날은 '부처님 오신 날' 또는 '욕불일(浴佛日)'이라 부르기도 하고 민간에서는 흔히 '초파일'이라고 한다.

초파일에 불교 신자들은 새 옷을 갈아입고 사찰을 찾아가 재를 올리고 등을 달고 불을 밝힌다.

또 이날 저녁을 '등석'이라고 하여 저녁이 되면 집집마다 등을 켜 달아서 밝게 한다. 이는 벌써 며칠 전부터 집집마다 등대를 세우고 등대 위쪽 끝에다 꿩의 꼬리를 묶고 물들인 비단으로 기(旗)를 단다. 또 꿩의 꼬리가 없는 집에서는 등대머리에 소나무 가지를 맨다. 그리하여 그 집

안 자녀의 수대로 등을 켜달아서 불을 환하게 밝혔다.

문헌에 의하면 신라시대에는 정월 대보름에 간등을 한 사실이 있고, 고려시대에도 이를 계승하여 오다가 8대 현종 때 이르러 2월 보름에 연등회(燃燈會)를 거행하게 되고 이후 이것이 4월 연등회로 관례가 되었다.

조선 왕조에 들어와서는 그 초기에 왕가에서 연등회를 베푼 사례가 있기는 하였으나 고려시대처럼 공의(公儀)로서의 연등회는 정파(停罷)되었고 다만 민간의 세시풍속으로서 전승되어 오늘에 이르러 있다.

현재 불탄일을 4월 8일이라 하여 연등놀이를 거행하는데 이와 같은 4월 연등은 고려 중엽인 고종 때에 이미 있었고 이때부터 고려 말엽까지는 한 해에 두 번 연등회가 거행되었다.

그 후 민간에 전승된 것은 4월 연등뿐이고 이를 보통 파일놀이라고 한다.

연등은 불자들이 불탄(佛誕)을 기려 등을 공양하는 것으로 '마음의 어두움'을 밝히기 위한 하나의 의식이다.

이날 밤, 연등은 연꽃을 본뜬 연화등을 비롯, 수박등, 일월등, 거북등, 오리등, 학등, 잉어등, 항아리등, 칠성등, 마늘등 등이 있다.

등 공양의 유래는 '아사세' 왕이 부처를 궁중에 초대하여 설법을 들은 후 부처가 돌아가는 길을 등불로 밝혔다는 데서 시작된다.

'아사세' 왕이 이렇게 공덕을 짓자 한 노파가 크게 감격하여 돈 두 푼을 구걸하여 기름을 샀다. 기름집 주인 역시 노파의 정성에 감동하여 기름 2홉을 주고 다시 3홉을 시주했다.

등 공양을 받은 부처가 날이 새어 목련존자로 하여금 불을 끄게 했으나 등불이 다 꺼져도 노파의 등불은 더 환하게 밝혀졌다. 목련존자는 가사 자락으로 불을 끄려 했으나 안 되어, 신통력까지 발휘해 강풍을 몰아 봤으나 실패했다.

이 전설이 '빈여일등(貧女一燈)'의 일화이다. 이 전설은 등 공양의 정성을 말해 주고 있다.

연등에 대한 관심은 예로부터 매우 높았다. 이 점은 왕건의 '훈요십조'에 나타난 연등 행사의 기록으로도 알 수 있다. '훈요십조' 중 육 조에는 이렇게 기록되어 있다.

"짐이 지극히 바라는 바는 연등과 팔관에 있노니 연등은 불을 섬기는 것이요, 팔관은 천령(天靈)과 오온 및 명산대천(名山大川)과 용신(龍神)을 섬기는 바다. 후세에 간신히 가감을 건의하는 일이 있더라도 그것을 꼭 금지 시켜라."

연등회는 4월 8일 석가 탄신일에 거행되는 거대한 국가적 제전으로서 이날에는 궁중, 대사원, 민간 부락 등에 큰 잔치가 베풀어졌다. 이날 밤 왕도 개성에는 물론 각 지방의 사원은 사방 5리에 빛이 가 닿도록 호화로운 등 혹은 제등(提燈)을 켜고 그 불빛 속에서 문무백관(文武百官)으로부터 서민에 이르기까지 관등의 흥을 즐겼다.

연등 행사는 그 이튿날인 9일에 그치는데 사치하는 집에서는 큰 대를 수십 개씩 얽어매어 쓰기도 하고 혹은 해와 달의 형상으로 만들어 꽂아서 바람에 따라 굴러 돌게 하기도 하였다. 혹은 굴러 돌아다니는 전등(轉燈)을 매달아서 그 등이 왔다갔다하는 것이 마치 탄환이 달아나듯 하였다.

그리고 종이에다 화약을 싸서 이것을 노끈 또는 새끼에 얽어매어 불을 당기면 터져서 꽃불같이 비 오듯 하기도 하며 혹은 종이로 용을 만들어 바람에 날려 띄우기도 하였다.

이와 같이 고려, 조선시대의 4월 초파일 연등 놀이는 호화롭고 다채로웠다.

그러나 왕조의 몰락과 더불어 옛날의 성의(盛儀)는 사라져 갔다. 그리하여 점점 일반적인 민중 놀이에서 벗어나 주로 사원 중심의 행사로만 남게 되었다.

어두운 마음을 밝혀 세상에 밝은 빛을 보이려는 연등 행사-.

불자들이 정성껏 다는 이 마음의 등으로 인해 서로의 마음과 마음이 환하게 이어지고 마침내 이 사회가 자비의 빛으로 가득해 주었으면 싶다.

팔만대장경

고려 팔만대장경(八萬大藏經)―.

그 앞에 서노라면 겨레의 무한한 정신의 깊이를 느끼게 된다.

해인사 대장경각 속에서 한밤중 달빛 같은 적(寂)의 세계에 잠겨 있는 경판들……. 거기엔 무엇이 새겨져 있을까. 푸르죽죽한 우리 나라 하늘의 말씀. 선조들의 뼈가 묻힌 황톳빛 땅의 말씀이 눈을 끔벅거리고 있다. 무명의 풀에서 소나무에 이르기까지 그 뿌리가 땅 속에 얽히듯 그렇게 겨레의 마음이 대장경 속에서 합장하여 만나고 있다.

한국인의 영혼, 그 맑은 향기가 아로새겨져 있다. 한도 슬픔도 부처님 앞에 두 손 모아 빌고 빌면 어느덧 입가에 미소 띠우는 마음이 되는

가. 그 지극한 마음이 모여 피운 꽃봉오리가 팔만대장경.

실로 겨레의 숭고한 정신이 빚어낸 결정이요, 신앙의 꽃이다.

시공을 초월하여 일심으로 만나는 조상들의 얼. 불심으로 마음을 모아 국난을 물리쳐 보자는 지극한 염원이 깃들어 있다. 겨레의 무궁한 생명의 힘줄, 평화의 노래, 지혜의 바다, 피어나는 긍지가 거기에 있다.

"언어의 길을 넘어선 제언어(諸言語)의 원천, 일심으로의 복귀를 목표로 삼은 불교 수행자들의 길이 바로 이 경전들 속에 명시되어 있다." 고 불교학자 이기영 씨는 말하고 있다.

고려대장경이 보관되어 있음으로해서 해인사는 법보(法寶)의 사찰이라고 불린다. 실로 고려대장경처럼 가치 있는 법보가 해인사에 이만큼 고스란히 간직되어 있는 곳은 다른 곳에서 찾아볼 수가 없다.

원래 법보라고 하면 불교의 교리 내지는 세계관, 인생관의 바탕이 되는 부처님의 가르침을 집대성한 불전을 말한다. 고려대장경의 제1차 조조는 고려 현종 때에 시작하여 선정 4년(1087), 흥왕사의 대장전이 낙성될 때까지 6대 76년에 걸쳐서 진행된 것으로 추측하고 있다.

그때 완성된 대장경의 규모는 5백 70질, 5,924권에 달했다. 그러나 아깝게도 대장경판은 몽고병의 방화로 불타버리고 말았다. 현재 해인사에서 볼 수 있는 대장경판은 고종 23년(1236)에 대장도감이 설치되어 조조되었다. 전장(全藏)이 완성된 것은 고종 38년(1251)이라 하니 이 대불사에는 16년이란 긴 세월이 걸렸다. 현존 경판의 종류는 1516종이요, 권수는 6,815권이며 경판의 수는 8만 1천 2백 56판이다.

경판의 나무는 백화이며, 일명 거제도 나무라고 한다. 이 나무를 베어 3년 동안 바닷물에 담갔다가 꺼내어 조각을 하고 다시 소금물에 삶은 뒤 그늘에서 말리고 대패질한 후 경문(經文)을 붓으로 쓰고, 그에 따라 새겨갔다. 그리고 두 끝에는 각목으로 마구리에 붙여 뒤틀리는 일이 없도록 하였다. 완성된 판 위는 가볍게 옻칠을 하고 네 귀에는 동제(銅製) 장식을 달았다.

경판(經板) 일면의 행수와 행당 자수는 대개 23행 14자 정도이다.

대장경 조조에는 나라를 지키고 외적을 물리치게 해달라는 간절한 민족의 염원이 서려 있다.

한민족의 염원, 마음의 뿌리가 얽히고 지극한 정성이 한데 어울려 있기에 전 세계에 힘을 뻗치던 몽고족도 우리 나라를 정복할 수는 없었다. 대장경의 조조에서 보여 준 겨레의 끈질긴 집념, 애국심, 겨레의 지극한 정성 위에 새겨진 그 글씨에 담긴 얼은 감히 그 신비와 위엄을 침범할 수가 없었던 것이다.

경판 위에 깊이 파진 칼자국만큼이나 깊은 마음, 이것이 고려대장경을 위대하고 존귀하게 만들었다. 진실로 대장경에 집약된 거룩한 겨레의 마음이야말로 민족 정신의 결정이 아닐 수 없다.

나라가 어려운 때일수록 고려대장경에 우리 겨레가 새긴 만고의 진리인 부처님의 말씀을 생각하고 자신보다도 먼저 호국안민(護國安民)의 길을 염원했던 그 정신과 지혜를 생각해 보아야 할 것이다.

해인사 대장경각 속에 보존되어 있는 팔만대장경-.

만백성이 화합하여 두 손을 모으는 마음의 일체감, 그 신비의 힘을 보여 주는 노래가 거기에 있다. 그러한 마음의 맥박을 이어 온 우리 겨레는 어떠한 국난이라도 이를 물리칠 수 있는 마음의 준비를 갖고 있다고 보아도 좋을 것이다. 나라의 평온을 비는 민족의 불심의 합창, 가장 슬기롭고 어여쁜 마음으로 아로새겨 놓은 겨레의 정화. 이는 우리 겨레가 영원히 간직해야 할 민족의 긍지요 보물이 아닐 수 없다.

134

탑파

심심산곡의 사찰 대웅전 앞뜰-.

청자빛 하늘을 배경으로 단아하게 선 탑파(塔婆)는 바로 한국미의 일면을 보여 준다.

지극한 정성과 마음이 모여 하늘로 솟은 그 모습. 여기에 고요하고도 간절한 한국인의 마음 깊이가 있다.

탑파는 겨레가 피워낸 정신의 꽃. 이것으로 우리 조상들은 지혜를 닦았고 신앙의 힘을 길러냈으며 천지와 더불어 한 몸이 되는 기쁨을 누렸다.

사찰의 탑파는 불상과 마찬가지로 신앙의 표적으로 신성시되어 왔다. 그러나 사찰이 점차 관광지화되면서부터 탑파는 하나의 관광물에 지나지 않는 느낌이다.

탑 앞에서 두 손을 모으고 복(福)을 염원하며 나라의 국태민안(國泰民安)을 비는 것은 우리의 고유한 신앙이었다.

나라 방방곡곡에 무수한 사찰들이 흩어져 있고 여기에 세워진 탑들도 많다. 그 탑 앞에서 염불을 외며 마음을 모으던 겨레의 신앙심은 마음의 평화뿐만 아니라 나라와 내세의 평화까지도 얻을 수 있었던 게 아니었을까.

'공든 탑이 무너지랴' 는 속담처럼 한국인의 의식 속에 자리잡고 있는 뿌리. 그것은 정신을 한 곳으로 집중시켜 쌓으면 마침내 그 정성이 하늘까지 닿아 소원 성취를 이루리라는 의식이었다.

우리 나라에 불교가 전해지면서 전래된 탑파는 삼국시대의 목조탑파가 가장 성행하였다.

그러나 오늘날에는 오직 석탑파가 남아 있을 뿐이어서 '석탑의 나라' 로 호칭되기에 이르렀다.

통일신라 석탑 중 형식적으로 가장 빠른 것이 의성군 탑리에 있는 높이 9.95m의 5층 석탑이다.

이 석탑은 여러 개의 작은 석재를 모아서 축조하였고 기단(基壇)이나 초층부(初層部)의 주형(柱形)이 위가 좁고 아래가 넓은 상촉하관(上促下寬)으로 되어 있어 목조 건축을 석재로 재현하려는 백제탑의 수법을 따르고 있다.

"우리가 이 탑에서 중요시하는 것은 단층이기는 하지만 기단의 형식이나 옥신, 옥개석의 형식, 또 기단 갑석 상면의 굄 등 완성된 소위 신라석탑 형식으로의 방향과 청사진을 만들어 놓고 있다는 점이며 이러한 점에서 이 의성 석탑은 그 뒤의 모든 신라탑의 출발점이 되는 것"이라고 김원용 씨가 『한국 미술사』에서 지적하고 있다.

신라 탑형은 백제 고구려의 영향을 받아들이면서 8세기 중엽에는 불국사의 다보탑과 석가탑을 만들어내었다.

다보탑은 사면에 돌층계가 있고 기단 위에는 중앙과 네 귀퉁이에 네모 반듯한 돌기둥을 세우고 그 위에 교차되는 받침을 얹어 갑석을 받고 있다.

갑석 위에는 네모진 난간을 만들고 그 위에 마디가 있는 대나무형 기둥 8개 속에 팔각 탑신을 두고 팔각 탑신 주위에는 팔각 난간을 둘렀다.

돌로써 만들었으나 마치 나무를 대패로 깎아 만든 듯 섬세하고 단려하다.

소설가 현진건 씨가 지적한 바와 같이 건너편에 있는 석가탑이 '수수하게 꾸민 담장의 미인'이라면 다보탑은 '능라와 주옥으로 꾸밀 대로 꾸민 성장 미인'이라고 할 수 있다. 다보탑이 기교적인 미를 중시한데 비하여 석가탑은 순박하고 담백한 미를 보여 준다.

이로써 신라인들이 추구한 미의식 속엔 섬세 유려한 면과 순박하고 간결한 면의 조화를 엿볼 수 있을 것 같다.

'만장의 기염을 토하고 있는 걸작'이란 평가를 받고 있는 다보탑에는 없는 전설이 석가탑에 전해 오고 있는 것을 보면 신라인들은 기교적인 면보다 순박성에 마음을 더 두고 있었던 것 같다. 석가탑의 전설은 바로 아사달과 아사녀의 애절한 사랑 이야기이다.

보고파라, 돌을 깨워 눈 띄운 신기한 증험!
십리 밖 아니라, 천리 만리 밖이라도

꽃쟁반 팔모 난간 층층이 솟아,
이제런 듯 완연하게
천년이 지난 오늘, 아니 오랜 훗날에도
내 이대론 잴 수 없는 수십의 그리움이기에
탑보다 드높은 마음, 옮겨다 비추는 거울이 되네.

김상옥 시인의 시조 「아사녀의 노래」 중의 일절에서 보는 것처럼 천년이 지난 오늘에도 이 석가탑에서 아사달 아사녀의 사랑은 그리움으로 만나고 있다.

한국인에게 탑의 의미는 무엇일까.

'민중 신앙의 표적'으로서 영원 불변성을 추구한 정신의 상징이 아닐까. 한국인은 가슴 속에 어떤 형이든 각자 탑을 쌓으며 살아가고 있는지도 모른다. 절대로 허물어지지 않고 하늘로 쌓아가는 마음의 탑.

자신의 복(福)보다 자손들의 길복(吉福)을 축원하는 마음의 탑이다. 이러한 미래지향적인 믿음의 탑이 마음 속에 있는 한 한국인은 어떤 일이 있더라도 좌절하지 않을 것이다.

돌을 다듬어 피워낸 신앙의 꽃인 탑파, 사찰 기와 지붕의 풍경 소리를 은은히 들으며 고요히 서 있는 탑파는 한국인의 영원한 마음의 터전으로서 자리잡고 있다.

석굴암 본존상

국보 24호의 석굴암-.

인류가 다듬어 만든 석굴 중 가장 정교하다 하여 혹자는 '한국의 지혜'라고 말하기도 했다.

토함산 동서 정상 가까이 기암 밑에 명당을 택하여 석굴을 만들고 동서남으로 문을 만들었다.

전방후원(前方後圓)을 기본으로 하였으며 인도나 중국과 달리 대소 석재를 모아 인공석감을 마련하였다. 중앙에 거대한 석불을 안치했으며 빙 둘러 제자의 입상을 새겼다.

석굴암 대불은 신라 경덕왕 10년, 재상 김대성이 이룩한 것으로 신라인의 깊은 명상과 염원이 담겨 있다.

이 위대한 한국의 예술품이 조성된 원인은 당시 신라를 괴롭히던 왜구를 불력(佛力)으로 막아 달라는 대원(大願)에서였다.

대불을 모셔 놓은 본존 후면에는 한국미의 극치를 표현하고 있는 십일면 관음보살과 문수보살 등 12제자의 부조와 사천왕상이 대불을 호위하여 동해를 바라보고 있다.

넓은 이마 밑에 두 눈썹이 두 겹의 반월형을 이루고 있으며 그 아래 반쯤 뜬 두 눈은 조용히 동해 바다를 바라보고 있다. 공연히 동해 바다를 내려다보고 있는 것이 아니다.

천 년을 지키신 침묵
만 겁도 무양쿠나
태연히 앉으신 자세
배움직함 많사이다

동해 바다 물결이 드높아
허옇게 부서져 사나우니
미소하여 누르시이다
천 년, 긴 세월을
두 어깨로 받드시이다
신라의 큰 공덕이 임 때문이시니라

아침에 붉은 바다에 소용돌이쳐 솟으니
서기(瑞氣), 굴 속에 서리우고

달빛 휘영청히 떠오르니
향연(香煙), 임 앞에 조용하다.
일대명공의 크나큰 솜씨에
고개 숙여 눈물겨워지옵네.

박종화의 시 「석굴암 대불」은 위대한 침묵으로 인하여 만 겁이 되어
도 끄덕없는 대불의 자세를 예찬했다.

동해 바다의 물결이 드높아서 침략자의 뛰어드는 악의 현상을 대자
대비한 너그러운 미소로 눌러 막아서 마침내 신라의 천 년 공덕이 이루
어진 것을 예찬한 것이다.

석굴 안에는 모두 딱딱한 돌로 된 조각 작품들뿐이건만 부드럽고 자
비스러운 표정 속에 깃든 따사로운 체온이 가슴에 느껴져 오는 것은 무
엇 때문일까.

탄력을 느끼게 하는 도톰한 육감이며 미소로 번져 오는 은은한 마음
의 향기까지 느껴져 그야말로 외형과 내면의 미를 융합한 최상의 종교
조각품임을 보여 주고 있다.

석가 여래의 좌상은 세상 만사에 달관한 듯, 여유로운 미소를 머금고
고요한 정밀의 심연 속에 정좌하고 있다.

당당한 체구, 비율에 조금도 결점이 없는 균형 잡힌 신체의 각부, 둥
글고 한없는 부드러움 가운데서도 힘이 넘쳐흐르는 얼굴, 뜻깊은 침묵
과 장중, 윤곽이 뚜렷한 입술은 불상 조각의 극치를 보여 준다.

소설가 현진건은 「불국사」라는 글에서 이렇게 썼다.

한 번 문 안으로 들어서매, 석연대 위에 올라앉으신 석가의 석상은 그

의젓하고도 봄바람이 도는 듯한 환한 얼굴로, 저절로 보는 이의 불심을 일으킨다. 한 군데 빈 곳 없고, 빠진 데 없고 어디까지나 원만하고 수려한 얼굴, 알맞게 벌어진 어깨, 수렷이 내민 가슴, 통통하고도 점잖은 두 팔의 곡선미, 장중한 그 모양은 정말 천추에 빼어난 걸작이라 하겠다.

석굴암 불상은 무한히 발산하는 혼과 힘을 가지고 있다. 이 무한대의 힘과 율동미, 그리고 숭고한 불후성은 불교 정신에서 오는 것일까.

석굴암은 좌우 직경 6m 70cm, 전후 6m 60cm, 입구의 폭 3m 35cm밖에 되지 않는 작은 규모이면서도 독특한 건축적 짜임새를 갖추었고 그 내부에 우아하고 섬세한 조각물을 마련한 것은 한국의 지혜이며, 세계의 자랑할 수 있는 한국 조각의 걸작품이다.

석굴암이 들어앉은 토함산의 지세는, 당시 해상 교통이 성행하여 신라의 관문을 이루던 감포 앞바다를 훤히 내려다볼 수 있는 전략상의 요새지이다.

해발 750m의 이 산은 안으로 서라벌 벌판을 에워싸면서 밖으로 감포 앞바다에 출몰하는 왜구의 적정을 환히 살필 수 있었다.

석굴 안의 본존불(本尊佛) 이마 한복판에 박혔던 백호(눈썹 사이의 털)에 햇살이 비쳐들면 산 밑 멀리까지 불그스레한 서광이 뻗쳐 나가 그 신통력이 두려워 왜구들이 감히 침범해 오지 못했다고 한다.

불교 신앙으로서 외적의 침략을 물리치고자 한 신라인들의 염원과 신앙을 짐작할 수 있다.

돌부처

오랜 세월 비바람에 깎여 형체조차 희미해져버린 돌비석이나, 무슨 뜻인지 모를 암각화를 보면 인생이란 언제 사라져 버릴지 모를 안개처럼 느껴진다.

돌에다 무엇을 쓰거나 그리려는 것은 누구인지 모르나 영원의 한 자락을 붙잡아 보려는 심사가 아니었을까.

돌에 남겨 시간의 침식에도 퇴색되지 않을 영원의 말은 무엇이었을까. 바위를 보면서 사람들은 불현듯 영원의 말을 새겨 생명을 불어넣고, 딱딱한 돌에 피를 돌게 하고 싶은 마음이 들었으리라 생각한다.

우리 나라는 질이 좋은 화강암이 나와 멀리 가지 않아도 손쉽게 돌 조각을 볼 수 있다.

구름당초나 연꽃 문양을 조각하거나 부처의 미소를 나타내는 솜씨는 비범을 넘어 신기(神技)나 다름없는 경지를 보여 준다. 가끔 사찰이나 여행길에서 석물(石物)과 돌 조각을 보면서 한국인이 꿈꾸던 영원을 생각해 본다.

산의 마음 한가운데 자리잡은 듯한 사찰에 가면, 대웅전 앞뜰에 석등과 석탑이 서 있다. 사찰이 산의 만년 명상 속에 들어앉아 만년 적막을 거느리고 있음직하지만, 하얀 석등과 석탑들로 인해 고요도 더 깊어진 것을 느낀다. 석등에 불이 켜지지 않아도, 언제나 마음 한가운데 영혼의 불이 타오르고, 석탑은 영원의 세계를 향해 기구하는 마음으로 두 손을 모으고 있다.

석등과 석탑은 마음 한가운데 세워 놓은 기구의 표정들로서 영원의 세계와 닿아 있음을 느낀다.

화강암 조각은 대리석처럼 매끈하지 않고 섬세하지도 않다. 석공이 정으로 수없이 쪼아 표면을 반듯하게 다듬어 놓았을 뿐이다. 석굴암의 본존불과 불국사의 다보탑과 석가탑은 우리 나라 돌 조각의 백미로서 고도의 정교함과 세련미를 보이고 있지만, 대개의 것들은 수수하고 소박하다.

여름철에 깨끗한 모시옷을 차려입은 듯 정갈하고 고결한 품위를 보이지만, 사치스럽거나 화려하지 않다. 때묻지 않은 마음을 나타내려는 겸허한 자세를 보여 주고, 웅대하거나 장엄하여 서민들에게 마음의 부담을 느끼게 하지 않고, 친밀함과 온유함을 보여 준다.

정교함과 섬세한 미로 찬탄과 경이의 시선을 모으려 하지 않고, 평이하고 소박하여 서민의 마음에 들도록 만들어 놓았다.

여기에 욕심, 과장, 허세도 없이 그냥 담담하게 진솔하게 마음을 깎아 탑을 세우고 등을 만들어 놓았을 뿐이다.

오랜 세월 동안, 비바람에 깎이고 씻겨서 점차로 돌 조각은 부드러워지고 온유해진 것이 아닐까 싶다.

석공은 딱딱한 바위를 쪼아서 피가 돌게, 물처럼 마음이 흐르게, 얼굴에 미소가 흐르게 정성과 솜씨를 다했을 테지만……. 세월이 흐를수록 조각들은 비바람과 세월에 깎여 눈에 보이지 않게 굴곡이 뭉개지고 마멸되어 윤곽이나 모서리가 완만해지지만……. 마음만은 깊어져서 자세나 표정이 점점 고요롭고 자비스러워진 게 아닐까 싶다.

석불만 해도 반쯤 내리깐 눈과 웃는 듯 우는 듯 알 길 없는 미소가 세월이 지나는 동안 비바람에 깎여 흐려졌지만……. 누구에게라도 마음이 통할 듯 넓어지고 깊어져서 대중적인 친밀감을 느끼게 한다.

아마도 세월에 뾰족한 마음의 모서리가 찾아볼 수 없게 다 깎여 한없이 부드러워져 자비로워진 게 아닐까 한다. 여기에다 수많은 사람들이 오랫동안 손을 모아 기구를 바쳐서일까, 돌부처의 표정은 점점 신비로워져 표정이 깊어졌으리라 본다.

서양의 대리석 인물상에서 보는 섬세하고 정교한 조각과는 달리 우리 나라 돌부처는 무덤덤하고 균형도 못 맞춘 듯 서툰 솜씨를 보여 준다. 온전하지도 마무리를 잘하지도 않은 채 끝내 버린 구석을 느끼게 한다. 왜 정교하게 균형미를 살려 완벽하게 만들어 놓지 못했을까. 얼굴 윤곽만 간단 명료하게 표현해 놓았을 뿐, 상체와 하체의 균형도 짜임새가 어설프다.

전체적인 완벽성을 꾀했다기보다는 마음의 표현에 치중한 것이 아닐까 한다. 그렇다고 우리 나라의 돌부처가 서양의 대리석 인물 조각에 비해 수준이 낮다는 말은 아니다. 서양의 조각품이 예술성의 추구에 있다면 우리 나라 돌 조각은 마음의 촉구, 민중의 마음을 위로하는데 두지 않았을까 생각한다. 수수하고 소박하되 깊고 비범하며, 간단 명료하되 오묘하고……, 무덤덤하되 친밀하고, 딱딱한 듯하되 부드러움이 넘치고, 투박하고 평범한 얼굴이면서 부드러움과 자비가 깃들고……, 슬픈 듯한 표정이지만 온유와 웃음이 담긴 표정을 어떻게 돌 조각으로 빚어 낼 수 있을까. 이것이야말로 정교, 섬세로서 구체적인 상(像)으로 나타내기보단, 애매모호한 추상성을 띤 표정에서 얻을 수 있지 않을까 한다. 어떤 명백한 표정보다, 사람마다 마음을 보태어 자신이 추구하는 마음의 상(像)을 각자가 완성할 수 있게 비워둔 게 아닐까.

말하자면, 이미 구상을 뛰어넘어 극도의 압축과 간결로써 보여 주는 추상의 세계가 아닐까 한다.

우리의 돌부처를 서양의 미의식으로 보지 말고, 우리 흙과 나무와 물의 영혼을 알고 서민의 마음으로 보아야 한다.

돌부처는 웃고 있지 않다. 반은 웃음이고, 반은 슬픔이다. 슬픈 자에게는 웃음을, 웃는 자에게는 겸손을 전해 준다. 두 마음이 한데 모여 담담해진 표정은 모든 게 마음 속에 있음을 가르쳐 주려 함인가.

황토 언덕 위에 선 돌장승들을 보면, 그 표정이 너무나 엉뚱하고 구수하다. 돌에다 서민의 마음을 담아 놓았기 때문이다.

우리 나라의 돌은 희되 빛나지 않고 달빛이 배인 듯한 화강암이다. 청산이 그냥 밋밋하지 않게 조화를 이루도록 곳곳에 절벽이나 바위가 놓여 있는데 이것들이 다름 아닌 화강암이다.

소나무 곁의 바위, 정자나무 밑에 쉬기 좋도록 놓여 있는 반반한 바위, 산 속에 거대한 뿌리를 묻고 일부분만 드러낸 바위는 우리 나라 산수와 절묘하게 어울려 조화의 미(美)를 얻고 있다.

바위는 딱딱하고 묵직한 성품으로 나무나 물에 어울리고, 침묵과 불변의 모습이기에 영원을 느끼게 해 준다. 돌은 오랫동안 비바람 속에 부대껴오는 동안 어디에도 어느 것과도 통할 수 있는 마음의 길을 간직하고 있는 게 아닐까 싶다.

대리석 조각을 온실에서 피어난 화초라고 한다면 화강암 조각은 들판에서 천둥번개와 비바람 속에서 피어나는 야생화의 아름다움이랄 수 있지 않을까.

대리석 조각이 미끈하고 잘 가꾼 피부의 귀족이라면, 화강암 조각은 일 속에 지내느라 터실터실한 피부의 서민이 아닐까 한다.

화강암은 우리 산과 물과 바람의 마음을 가장 잘 알고 있어서, 어디서든 무엇과도 어울릴 줄 아는 비법을 가졌다.

그러므로 화강암으로써 가장 한국인의 마음을 잘 담고 조각할 수 있었다.

석등의 옥개석 모퉁이에 양각이나 음각한 작은 연꽃 모양 하나만 보더라도 마치 화선지에 먹물이 번지듯 마음으로 부드럽게 흘러드는 향기를 느낀다. 돌에다 이처럼 영원한 생명의 향기를 불어넣을 줄 아는 경지는 오묘한 깨달음의 세계가 아닐 수 없다.

오랜 풍상에 윤곽조차 희미해진 돌부처의 얼굴. 무덤덤하고 칙칙하기까지 보이지만, 보아라. 순후하고 자비로운 표정을……. 세월에 깎일수록 담담해지고 깊어져서 알 길 없는 미소를 영원 속에 띠고 있는 모습을…….

돌부처의 표정을 보면, 영원의 하늘이 보인다.

그 속에 영원의 미소가 있다.

⇧침종이 있었다는 감은사지

침종(沈鐘)

　가을날 티끌 하나 묻지 않은 하늘을 올려보다가 어디선가 낭랑히 종
소리가 들려올 것만 같아 귀를 기울여 본 적이 있는가.

　한 번쯤 영혼이 비칠 듯한 하늘 속으로 종(鐘)도 깊을 대로 깊어져서
저절로 벙그는 꽃처럼 울릴 법하여 가슴 졸인 적이 있는가.

　아무도 모르게 물 속에 가라앉아 울리는 종을 알고나 있는가.

　우리 겨레는 해맑은 하늘을 보며 살아온 덕분에 이 세상에서 가장 아
름답고 깊은 소리를 낼 줄 아는 종을 만들어 내었다.

　청명한 하늘 속 한가운데 종이 걸려 있어서 영원을 바라보는 이의 마
음에 종소리를 들려줄 수 있었나 보다. 한 번 들은 신비음(神秘音)은 마

음 속에서 울려 떠나지 않는다. 고려 청자가 비취빛 하늘 빛깔을 담아 놓은 것이라면, 침종(沈鐘)은 그 소리를 담아 놓은 것이다.

신라, 고려 종은 마음을 하늘에 바치는 소리 공양인 동시에, 하늘의 푸른 음성을 듣는 마음의 귀다.

맑은 하늘을 올려다보고 사는 동안, 저절로 착함이 샘솟아 흘러 하늘을 적시는 소리를 갖게 되었나 보다. 소리가 하도 청아하여 종을 보면 욕심을 내게 되므로 눈에 보이지 않게 물속에 숨어 우는 종―.

종 중에서 가장 오묘한 소리를 내는 것이 침종(沈鐘)이다.

한 번 울리기만 하면 영원의 하늘까지 닿는 종소리. 물속에서 하늘과 땅의 마음을 맑게 울려서 영혼에 향기를 뿜어내게 하는 소리…….

우리 마음속엔 침종이 있다.

침종 소릴 듣지 못하는 것은 아무도 모를 물 속에 있기 때문이다.

임진왜란 때의 일이다. 경상도를 담당한 가토(加藤淸正)가 동해, 양산, 언양을 휩쓸고 경주에 밀어 닥쳐 고적에 불을 질렀다. 불교신자였던 가토는 수중릉에 묻힌 문무왕의 명복을 빌고자 세워진 감은사(感恩寺)의 종을 욕심 내어 자기 나라로 싣고 가다 수중릉인 대왕암 인근에서 갑자기 풍파와 천둥으로 가라앉고 말았다는 것이다.

고려 고종 때 몽골군이 경주에 쳐들어왔을 땐 많은 관가와 사찰을 태우고 거대한 황룡사(皇龍寺) 종을 자기 나라로 훔쳐가려고 경주 양북면 대본천에서 배에 싣고 가다가 배와 더불어 가라앉고 말았다.

이런 일이 있은 후 큰 종이 빠졌다 하여 그 강의 이름이 대종천(大鐘川)으로 바뀌었다. 『삼국유사』와 전설 속에 전해져 내려오는 황룡사 종과 문무왕 수중릉 근처에 수장된 것으로 전해지는 감은사 종은 신비 속에 숨겨진 침종(沈鐘)이다.

『삼국유사』에 의하면 황룡사 대종은 신라 제 35대 경덕왕 13년(서기 754)에 제작되었으며 높이 312㎝, 두께 27㎝, 무게 497,581근(1백 49톤)에 달하는 거대한 종이다. 이는 무게 25톤인 성덕대왕신종(에밀레종)이나 22.5톤인 석굴암 통일대종의 6배에 달하는 크기다.

침종(沈鐘)은 어디에 있을까.

한 번 울리기만 하면 온 세상을 맑음과 착함으로 채우고 영원과 깨달음의 세계로 이끄는 소리의 광명—

침종은 물리적으로 큰 소리를 내어 멀리 보내려는 게 아니라, 마음 속에서 울려나와 은은히 멀리 여운으로 번져가게 만들었다.

'덩—' 하고 울리면 또 들릴까 마음 졸이며 끊일 때는 또 들릴까 기다리게 하는 소리의 여운……

한 번 울려서 만물의 눈을 뜨게 하고 만음(萬音)을 가라앉혀 영원의 소리를 내는 종이여—

우리 종(鐘)만이 가장 잘 낼 수 있는 고요하고 은근하게 긴 음파는 어디서 우러나온 것일까. 종의 주조법에도 있을 테지만, 맑은 하늘이 준 영혼의 깊이에서 울린 깨달음의 소리이기 때문이다.

금동반가사유상의 신비한 미소가 울리는 소리…….

깊은 물 속에 혼자 우는 침종을 맞아들일 줄만 알면 우리의 영혼은 가장 맑고 눈부시게 피어날 수 있지 않을까.

가만히 하늘을 우러러 귀 대며 들어본다.

맑은 하늘 속으로 낭랑히 번져가는 침종 소리……. 우리 겨레의 맑은 영혼이 숨을 쉬는 소리…….

제4장 | 민속놀이, 전통가락의 멋과 흥취

춤

춤(舞)은 곧 멋이다.

온몸에 물결치는 환희의 절정이 바로 춤이다. 즐거움 가운데 흥이 우러나오고 흥겨움은 춤으로 표현된다.

춤은 생활의 '리듬'이요 미(美)이다. 춤이 없다고 하면 인생은 얼마나 삭막하랴.

우리 겨레는 예로부터 노래와 춤을 즐겼다는 기록이 중국의 문헌에까지 기록된 정도였으니 가히 멋을 부릴 줄 알았던 민족이었음을 말해준다.

신라시대의 유명한 고승인 원효가 노래와 춤을 추면서 거리를 방황

했다는 이야기는 널리 알려져 있다. 점잖은 고승이 미친 사람처럼 거리를 방황하면서 춤추고 노래했을까 하고 이상스러운 생각마저 든다.

그러나 원효의 춤과 노래는 바로 멋이요, 미가 아니었을까. 멋과 미의 이치를 원효는 그 노래와 춤 속에다 담아 가지고 다니면서 그것을 사람들에게 전해 주려고 애를 쓴 것이 아니었을까-.

『삼국 유사』에는 원효의 그와 같은 춤과 노래를 가리켜, 화엄경을 배우는 것과 같다고 했다. 원효의 그 멋진 노래와 춤 때문에 불법을 전혀 모르던 거리의 사람들도 '나무아미타불' 하고 염불을 할 수 있었다고 쓰여 있다.

가락의 춤. 멋의 춤.

한국의 춤은 그야말로 흥과 감정의 총화라 해도 지나친 말이 아니다. 술을 마시면 취하듯이 흥에 취하면 춤이 된다. 멋의 도취인 것이다.

어깨가 으쓱으쓱하면서 저절로 '좋다, 얼씨구' 하고 감탄이 나오는 것도 모두 멋의 이치 때문이다.

신바람이라고 하는 이 흥을 일으키는 데는 가냘픈 손끝이 한없이 움직인다. 손끝의 움직임에 따라서 어깨 곡선이 움직이고 발의 움직임과 표정이 달라진다.

서양의 춤은 음악에 따라 먼저 발이 움직이지만 우리의 춤은 손가락과 팔의 율동이 먼저 시작된다. 춤출 때 손을 감추기 위해 저고리의 두 소매에 길게 덧댄 소매의 옷인 한삼을 입는다.

이 한삼을 입는 것은 손보다 더 아름답게 흐르는 선의 미를 얻기 위해서인 듯하다. 손이 상하 좌우로 흔들릴 때마다 한삼의 긴 소매는 공간을 차고 나르는 듯이 날리고 이에 따라 어깨는 제 멋을 살리며 으쓱거린다.

외씨 같은 버선발이 움직이는 듯하다가도 멈추고, 멈추는 듯하다가 움직인다. 흐르는 듯이 앞을 나아가다가 돌아나가는 흰 버선발은 춤의 균형을 잡아 준다.

한국의 춤은 육체미를 나타내는 외형미보다 내적미를 추구하고 있다.

하체의 움직임을 주고 나타내는 외국의 춤에 비해 버들잎이 날리는 듯한 손가락의 섬세한 움직임, 물결치는 듯 흐느끼는 듯 가락에 따라 반응을 보이는 어깨의 선, 맵시 있는 사뿐한 발놀림은 그대로 우아하고 은근한 내면의 미를 표현하려고 애쓴다.

춤의 절정은 북 소리, 장구 소리와 함께 동작을 정지함으로써 '클라이맥스'를 장식한다. 아직도 많은 미련과 여운을 남기는 여백의 미라고나 할까.

춤의 종류는 헤아릴 수 없이 많으나 그 중 승무와 무무(巫舞)는 우리 춤의 기원과 깊은 관계가 있다.

승무는 스님들이 추는 춤을 말한다.

우리 고전무용의 으뜸으로 손꼽히는 이 승무는 불교의식의 춤에서 비롯되었다. 부처님의 공덕을 찬탄하고 찬미한 나머지 마음이 즐거움에 넘쳐 자연적으로 춤이 나올 수밖에 없었다.

승무에는 법고무(法鼓舞), 작법무(作法舞), 바라춤, 타주무(打柱舞) 등 네 가지로 분류할 수 있다.

"얇은 사 하얀 고깔은 고이 접어서 나빌레라" – 조지훈 시인의 시 「승무」의 일절처럼 승무를 출 때의 고이 접은 고깔은 나비 같은 느낌이 든다.

춤이야말로 인간이 나비가 되어 새가 되어 마음껏 상상의 하늘을 나는 동작이요 표현이 아닐까 모른다.

이 외에 검무(劍舞), 팔고무(八鼓舞), 장고무(長鼓舞) 등이 있다.

불교보다 더 끈질기게 민간의 믿음을 지배해 온 것은 무당들의 믿음
이었다. 소원 성취를 빌고 강신(降神)을 나타내는 무무(巫舞)는 춤이라
기보다 뛰기 같은 느낌이 든다.

춤!

멋의 꽃인 춤. 생활에 활력을 불어넣고 신명을 일으키는 춤.

그 춤에서 북 소리와 장구 소리에 맞춰서 팔을 벌리고 흥에 겨워하던
한복 차림의 우리네 조상들의 멋을 발견한다.

멈출 듯하면서도 가고, 가면서도 멈추는 춤, 허리를 굽히는 듯하면서
도 옆으로 돌아나가는 우리의 춤에서 직선적이 아닌 은근한 멋과 흥겨
운 정열을 볼 수 있다.

오광대

흥분과 난장판-.

한 마디로 흥의 도취장이다. 노는 자도 보는 자도 따로 없다. 마당에 모인 사람들이 혼연일체로 어울려 어깨를 들썩거리며 흥을 돋운다.

함성과 폭소·남녀 노소의 구별, 신분의 차이도 없다. 꽹과리, 장구 소리에 어울리는 신바람-. 단조로우면서도 경쾌하고 장중한 이 가락은 우리 겨레만이 느낄 수 있는 조상 대대로 체질 속에 배어 온 가락이다. 만사를 잊고 시름 같은 건 던져 버리고 노는 자와 함께 '얼싸! 얼싸! 좋 다!' 추임새를 넣으며 즐기는 맛-.

이것이야말로 가난과 한과 슬픔을 이겨 온 민중의 투박하고 질박한 모습이요, 생활의 찬가가 아닐 수 없다.

탈춤은 민중 문화의 텃밭에서 자라온 꽃이다. 가면을 우리말로는 「탈」이라 하고 또 가면극은 '탈놀음', 가면무는 '탈춤'이라고 한다. 경상남도 해안지방에 분포되어 있는 가면극의 명칭은 「야유(野遊)」라고 하고 또 「오광대 탈놀음」이라고 부르기도 한다.

음력 정월 대보름날 밤에 동래, 수영, 부산진, 마산, 창원, 김해, 고성, 통영, 거제 등지에서 오광대(五廣大)놀이를 연출했다. 연회자들이 모여 제각기 맡은 역의 가면을 쓰고 초저녁부터 시작하여 밤늦도록 놀이판을 벌인다.

넓은 광장에서 이 놀음을 할 때에는 수많은 사람이 모여 들며 순번에 따라서 오방신장 과장(五方神將 科場), 이른바 문둥이 과장・양반 과장・영노 과장・할미 영감 과장 그리고 사자 과장 등을 연출한다.

이 극은 대개 줄다리기 대회를 끝낸 저녁에 하며 극에 앞서 앞보기 민속춤이 베풀어진다. 춤과 음악 소리가 요란한 축제의 밤은 서서히 흥분의 함성을 동반한다. 절로 어깨가 으쓱으쓱해지며 흥에 겨워 '좋다 좋다' 하는 소리가 곳곳에서 터져 나온다. 이윽고 연극으로 들어가 양반 말뚝이 과장의 양반과 하인 말뚝이의 대화, 그리고 춤에 이르러서 관중은 흥이 고조되어 서로 뒤섞여 덩실덩실 춤을 추며 하룻밤을 보내는 것이다.

우리 겨레에게 이와 같은 끈질기고 흥겨운 민족성의 진면목이 있었던가. 말하지 말라. 이 굿판에서 굿거리 장단에 저절로 가슴이 달아 '얼씨구 좋다!'며 신이 오르지 않는 사람은 우리의 전통 문화를 모르는 사람이라 해도 좋다.

확실히 가면극은 오랫동안 우리 겨레의 가슴을 후줄근히 적셔온 서민들의 삶의 환희의 표현이요, 민중 의식의 뿌리라고 해도 좋으리라.

이 오광대 가면극은 춤을 본위로 하고 광대들의 대화 형식을 취한 소박한 민속극으로서 내용은 특권 계급인 양반에 대한 조롱과 모욕, 일부 대 처첩(一夫對妻妾)의 삼각 관계, 무제(巫祭)가 주제이다.

이 놀이로써 민중들은 특권 계급에 대한 욕구 불만을 해소시키며 삶의 의욕을 더욱 새롭게 하는 계기를 마련하였다.

문둥이와 양반이 함께 등장하는 이 굿판은 어쩌면 평등 세계의 구현을 바라는 민중 의식의 발로로 보아도 좋으리라. 가장 천대받는 자와 대우받는 자의 등장을 통해 신분의 차이를 투명하게 하고 일부 다처제가 빚는 갈등과 비극, 파계승에 대한 풍자 등은 생활의 단면을 그대로 극화한 것이다.

경남 지방의 오광대 탈놀음은 그 근거지가 합천 초계(草溪)로 알려지고 있다. 낙동강안(洛東江岸) 물자의 집산지였던 초계 밤바리에 전국 각지에서 여러 흥행단이 흘러 들어온 가운데 초계를 중심으로 한 일파가 형성되어 그 주류를 이루었던 것이 탈놀음이라고 추측하고 있다.

탈놀음의 발상지 초계에서 탈놀이가 차차 인근 지방 인사에게 영향을 주게 돼 전파되었다. 이 탈놀음이 오광대라고 불리어지게 된 것은 이 놀음의 첫 과장이 다섯 광대로서 시작되므로 이렇게 부르게 되었다.

초계에서 발상된 오광대는 김해, 수영, 동래, 부산진, 창원, 통영, 고성, 신반, 진주로 전파되어 경남의 전통 민속놀이로서 전승돼 온 것이다.

탈춤은 그야말로 민중의 흥을 최고조로 발휘할 수 있는 놀이로 향토 주민들의 단합과 공감 의식을 고취시키는데 기여했다.

아우성과 웃음소리-. 익살과 풍자의 난무, 밤이 깊도록 민중들의 열기는 더해 가고…….

막걸리를 돌려 가며 마시고 체면도 가식도 벗어버리고 마음껏 떠들고 웃을 수 있는 자유와 해방감을 맛보며 그냥 그대로 어울려 어깨춤을 추는 흥취야말로 굿판에 나와 보지 않은 사람은 느껴보지 못한다.

요즘 유행되고 있는 젊은 층의 춤에 비길 바가 아니다.

꽹과리 소리 징 소리가 천지를 장중하게 울리는 가운데 호적 소리, 장구 소리 경쾌하고, 가면을 쓴 광대들의 익살스럽고 선정적인 동작은 배꼽을 쥐게 만든다.

가장 우리의 본질적인 면, 발가벗은 우리 겨레의 꾸밈없는 마음이 거기에 서로 어울려 하나로 공감한다.

오광대는 민중 문화의 유산으로서 농가의 울타리나 논두렁에 줄기차게 피어나는 호박꽃에 비유되리라.

다행히 외면 받던 우리 나라 전통무와 전통극에 대한 관심이 새로워지고 젊은이들도 이를 재조명하여 계승하려는 노력을 보이고 있다. 참으로 반가운 일이 아닐 수 없다.

탈(假面)

　탈은 우리 나라뿐만 아니라 아득한 옛날부터 어떤 종족이거나 사용해 온 가장 오랜 민속 기구의 하나이다.

　탈의 기원을 인류학자들은 원시인들의 동물 숭배, 또는 '토템' 사상에서 비롯되었을 것이라고 추측하고 있다.

　원시인들은 삼라만상에 영혼이 깃들어 있다고 믿었다. 그들은 신령 악귀 요물 괴물 등에 대해서 위협을 방지하기 위하여 탈을 쓰고 주문을 외며 평온과 강복을 빌었다.

　한국의 탈에는 한국적인 표정과 용모가 잘 나타나 있다. 얼굴을 은폐하고 악령을 물리치기 위한 주술적인 힘이 발현되어 있는 가면 속에 한국인의 욕구가 그대로 반영되어 있다.

우리 나라의 탈에서 보는 공통된 특징은 추(醜)와 미(美)로 집약된다.

우는 듯도 하고 웃는 듯도 한, 찡그린 얼굴은 괴상망측하고 변태적인 모습이다.

그러나 더럽고 비루하고 추한 가면의 형상 속에서도 무언가 그냥 미워할 수만은 없는 묘한 마음을 일으키는 것은 한국의 탈이 바로 우리 선조들의 한 표정이기 때문이 아닐까.

한국의 평민들은 언제나 실의와 실망 속에 허덕여 왔다. 가난과 질병과 학대에 시달릴 대로 시달리고 찌든 얼굴에서 떠오르는 슬픈 웃음 같기도 하고 모든 것을 체념하고 허망하게 흘리는 비웃음 같은 탈의 표정ㅡ.

그 속에는 추와 미가 함께 공존하고 있다.

한국의 가면을 크게 나누면 하나는 신앙 가면이요 다른 하나는 예능 가면이다.

신앙 가면이란 가면을 일정한 장소에 안치해 두고, 제사나 고사를 지내거나 또는 가면을 얼굴에 쓰고 악귀를 쫓아내기 위하여 사용하는 것을 말한다. 예능 가면은 가면을 얼굴에 쓰고 무용할 때나 연극할 때에 사용하는 것을 말한다.

가면의 구조를 보면 대부분은 움직이지 않는 조형에 지나지 않으나 그중 어떤 것은 움직이는 부분을 가진 것도 있다.

사자숭배(死者崇拜) 사상에서 생겨난 것으로 추측되는 죽은 이와 비슷하게 만들어 관 안에 넣은 방상씨(方相氏) 가면의 눈알과 봉상사자 가면의 눈알, 북청사자 가면의 입, 산대 가면극의 눈, 턱까불이 가면의 턱을 비롯하여 하회 가면의 선비 양반 중 백정 가면의 턱이 그것이다. 한

국의 가면은 대부분 형모가 '그로테스크' 하고 또 색채가 아주 짙다.

이것은 사용상에 있어서 야간에 장작불을 피워 놓고 연출되기 때문에 강렬한 색채로써 표현하지 않으면 잘 드러나기 어렵기 때문이다.

가면의 용모는 무시무시함과 동시에 표정이 매우 딱딱하다. 채색상으로 보면 주홍색이 절대 다수이고 그 다음에 흑남색을 주로 많이 사용하였다.

가면은 대다수 사람의 얼굴을 표현한 것이나 종교적 영향으로 더러는 여러 가지 신의 형상을 표시한 것도 있다. 방상씨 가면, 처용 가면, 오광대 가면극의 오방 신장 가면, 산대 가면극에 있어서 연엽 가면 등이 그것이다. 또 가면극의 줄거리가 해학과 웃음을 주제로 한 것이 대부분이었으므로 실제 동물 가면도 더러 있다.

산대 및 해서 가면극에 있어서 원숭이, 오광대 가면극에 있어서 사자, 범, 담비 등과 같은 가면이 여기에 속한다. 그리고 양반 가면에 있어서 대부분의 용모는 쌍언청이, 언청이, 입비뚜러기, 코비뚜러기, 사팔뜨기 등 장애를 가진 것이 그 특징으로 되어 있다.

이는 조선시대에 와서 양반 계급에 대한 평민들의 반감이 반영된 것이라 볼 수 있다.

봉산탈춤을 보면 이런 구절이 나온다.

"쉬이 양반 나오신다아! 양반이라고 하니까 노론, 소론, 호조, 병조, 옥당을 다 지내고 삼정승 육판서를 다 지낸 퇴로 재상(退老宰相)으로 계신 양반인 줄 아지 마시오. 제갈 양이란 양자에 개다리 소반이라는 반자 쓰는 양반이 나오신단 말이오."

양반의 일개 하인인 말뚝이가 컬컬한 목소리로 이처럼 양반을 멋들어지게 놀려먹는 대목이 나온다.

추한 얼굴에 흐르는 슬픔, 이것이 오늘 우리가 보는 가면극의 특징이다. 인간의 탈을 쓰면 인간을 넘어선 신의 존재가 된다.

탈은 인간 이상의 힘을 가진 신비성을 지니고 있으며, 이 신비성을 살리자면 연기자가 노련한 연기력을 발휘하여야 한다.

한국의 탈−.

그 속에 민중의 생활 감정과 의식이 숨쉬고 있으며 신비한 한국의 얼굴이 감추어져 있다.

농악

농악-.

듣기만 해도 절로 흥이 솟구치며 어깨가 으쓱거려진다.

농악 소리를 듣고 흥을 느끼지 못한다면 한국인이라 할 수 있을까.

농악은 가장 한국적인 소리, 바로 그것이요, 겨레의 탯줄로 이어져
오는 '리듬' 이다.

그러기에 농악이 벌어지면, 남녀노소를 불문하고 혼연일체가 되어
덩실덩실 춤을 추며 함께 어울린다.

이럴 땐 농사의 고됨도 가정의 번민도 빈부의 차이도 없다. 모두 일
체감이 되어 그야말로 음악의 도취경 속으로 빠져들 뿐이다.

어째서 농악이 우리들의 피를 솟구치게 만들고 가만히 있질 못하게 가슴을 울리는가-. 농악이야말로 겨레의 음악이요 민중의 음악이기 때문이리라.

농악은 서양의 '오케스트라'나 실내악과는 판이한 음악이다.

섬세하고 정교한 '리듬'의 '하모니'보다 투박하고 질박한 서민들의 목소리를 담고 있다.

연주자와 감상자가 따로 있는 게 아니라 모두가 함께 호흡을 같이하며 참여하는 음악이다.

칠순 노인도 어깨를 으쓱거리며 대열에 끼어들고 가정에서 말 한 마디 못하던 아낙네도 이때만은 '얼씨구' 흥얼거리며 춤을 춘다.

꽹과리 소리, 장구 소리, 징 소리는 천지를 진동시킬 듯이 장엄하면서도 경쾌하다. 실제로 기교적인 선율이나 가락 같은 것보다 하늘과 땅과 사람의 마음을 울리는 농악의 마력! 그대로 마을 광장을 축제 기분으로 삼켜 버린다.

막걸리 한두 사발을 들이켜야만 춤 솜씨가 나오는 농악 놀이.

흥이 절정에 이르면 꽹과리 소리에 숨이 가빠지고 사람들의 호흡은 일체가 되어 뛰고 굴리며 무아지경에 빠진다.

멀찍게 쳐다보는 구경꾼은 있을 수 없고 모두가 한 덩어리 한 핏줄이 되어 뒤엉켜 음악과 춤의 향연에 도취된다.

강한 생명률, 풍년을 기원하는 마음이 천지를 진동시킨다. 그러다가 문득 농악이 끝나면 온몸에 후줄근히 흘러내리는 땀을 씻으며 마을 사람들은 한 덩어리되어 서로 마음이 합해졌던 것을 따뜻이 공감하게 된다.

여름의 뙤약볕을 받으면서 논에서 모심기를 하거나 김을 맬 때 추수

를 할 때, 또한 정초, 단오, 백중, 추석 같은 명절에는 농악이 있기 마련이다.

농악은 노동의 고됨을 잊게 하고 사람들의 감정을 일 속으로 몰입하게 한다. 이렇게 해서 모심기나 추수는 하나의 작업으로서만이 아니라 종일의 축제 기분과 같은 기쁨을 맛보게 한다.

농악이란 이름도 풍악, 풍장, 풍물, 두레(중부 이남), 농상계(중부 이북), 매굿, 매기굿(전남) 등 지방마다 각기 다르다.

농악에 사용되는 악기는 꽹과리, 징, 장구, 북, 소고, 호적 등이 있고 악곡으로는 행진악, 무용악, 답중악(畓中樂), 축악(祝樂), 제신악(祭神樂) 등이 있으며 가락은 주로 자진모리이다.

농악대의 행렬은 맨 앞에 '농자천하지대본야' 라 쓴 농기(農旗), '영자기(令子旗)'와 무동(舞童), 대포수(大砲手) 그리고 각종 악기의 소유자 등으로 대개 10명에서 20명에 이른다.

농악대의 지휘자는 꽹과리를 치는 '상쇠잡이' 이다. 그는 선두에서 농악대를 지휘하며 악곡과 악무를 바꾸기도 한다. 상쇠는 전립을 쓰고 전립 꼭대기에 달린 끈을 빙빙 돌리며 재주를 부린다

소고수(小鼓手)는 4명 내지 10명, 역시 전립을 쓰고 전립 끝에는 종이로 끈을 만들어 단다.

징, 장구, 북을 치는 사람과 호적수 기수들도 각기 조화로 장식한 종이 고깔을 쓴다.

태와 길복을 비는 제사가 끝나면 그들은 마을의 가가호호를 방문한

다.

주안상이 나오고 음식이 나온다. 농악대의 갖가지 재주가 벌어진다. 돌다리, 여미리, 멍석말이 등의 춤이 차례로 선보여지고 각자의 개인기기 등장한다.

상쇠가 먼저 나와 상쇠 놀음을 보여 주고, 뒤따라 장구잡이가 신나게 한바탕 장구를 두드리고 들어간다. 이어서 징, 북, 꽹과리 등의 순서로 묘기가 벌어진다.

이렇게 축제가 온 마을을 휩쓸고 나면 농악대는 건넛마을로 원정을 간다. 물론 건넛마을에서도 이들을 거절하지 않는다.

한국의 가락은 가냘프고 애조띤 것을 곧잘 연상시키지만 농악만은 아무리 짓밟으려 해도 짓밟히지 않는, 투박하나 웅장한 가락으로 기쁨과 환희의 군중 음악이다.

농악ー. 그 속에 우리 겨레의 흥과 멋과 기백이 있다. 징 소리로 한과 시름을 기쁨으로 승화시키고 장구 소리로 고됨을 즐거움으로 창조하는 생활의 슬기가 울려오고 있다.

집 마당에서 논두렁에서 정자나무 밑에서 서낭당 앞에서 울려 퍼지던 농악은 점점 우리의 생활 주변에서 사라져 가는 듯하여 아쉽기만 하다.

지금은 우리의 영혼을 울리고 피를 솟구치게 하던 민족의 가락인 농악에 맞춰 함께 춤추며 참여할 수 없게 되었고 다만 무대에서 민속 공연장에서 감상만 하는 시대가 되었으니 참으로 아쉬운 일이 아닐 수 없다.

판소리

　판소리의 명창 임방울이 일본 동경의 국립극장에서 판소리 공연을
할 때였다.
　그때 일본의 일부 지식층 관람자들은 임씨의 공연을 매우 호기심 어
린 시선으로 지켜보고 있었다.
　그도 그럴 것이 무대는 수천 명이 출연할 수 있는 대무대였고, 평소
호화 찬란한 조명과 장식에 길들여져 온 그들로서는 과연 별다른 조명
장치나 무대 장식도 없이 대무대에 홀로 선 임방울이 아무리 판소리 명
창이라 할지라도 이 넓은 무대 공간을 어떻게 처리할까 하는, 궁금증이
앞섰던 것이다.

사실 서양의 오페라처럼 조명 장치, 화려한 의상, 4관 편성의 대교향악단과 수십 명씩의 무용단, 합창단 등을 거느리고 넓은 무대에서 수많은 등장인물의 연기를 곁들여 관중을 열광시키는 장면을 목격해 온 그들로서는 임방울이 무대 한가운데 홀로 나타나자 긴장하지 않을 수 없었다.

일체의 장식, 조명 시설도 없이 그냥 한복 차림의 담담한 표정으로 무대에 선 임씨의 손에는 부채 한 개만 들려져 있을 뿐이었다.

넓은 무대 공간에 하나의 점으로 눈에 띈 그가 마치 어둠 속에 가물거리는, 적막 속의 호롱불처럼 보였을 것이다.

실내엔 긴장과 침묵만이 흐르고 있었다. 무대 옆 모퉁이에서 고수(敲手)의 북 장단이 일어나자 임방울의 어깨가 약간 들썩들썩하는 순간, 여태까지의 기우는 순식간에 사라졌다.

어디서 울려오는 것일까. 극장 안을 뒤흔들며 관중들의 가슴으로 파도쳐 오는 열창-. 폭포수 같기도 하다가 꽃바람처럼 감미롭게 변하는 판소리의 대목 대목은 완전히 극장 안을 압도해 버리고 말았던 것이다.

"서방님 들으셨소, 내일이 본관 생신 잔치를 배설하여 각 읍 수령 모은다니 노모와 함께 내 집으로 돌아가서 둘이 덮던 금침 속에 평안히 주무신 후 서방님께 드리려고 일습 의복 새로 하여 옥함 속에 넣었으니 저 옷 벗고 그 옷 입고, 잔치 굿을 보시다가 대상으로 올라가서 모여드신 수령님과 수작을 하였으면 좌상에 모인 관장댁 모를 이 누가 있겠소."

춘향가 중의 몽중가는 그 애절함이 관중들의 애간장을 녹이며 어사출도 장면에 이르러서의 그 통쾌한 맛은 감동과 흥분의 절정감을 맛보게 한다.

외국인들도 우리의 판소리를 듣고서야 한민족의 그 당당하고 우렁찬

호기 속에 깃든 민족 정서를 어슴푸레하게나마 알 수 있고, 애절하면서도 풍자스러운 가운데 악을 물리치고 선을 행하려는 마음을 공감하게 된다.

판소리 속에 뜨겁게 달아오르는 민족의 희비애락, 한국의 자연과 역사 속에 이뤄졌던 민족 정서의 뿌리가 살아 있다. 굽이굽이 판소리의 한 마당 한 마당 속에 육성으로 남아 있다.

판소리를 모르고서야 과거 민중의 마음을 알려고 하지 말라.

민중의 애환, 민중의 마음, 겨레의 공감대를 울려 온 판소리. 바로 한국 음악의 뿌리라고 해도 과언이 아니다.

판소리와 판소리 사설은 본질적으로 구분된다.

광대의 소리와 너름새, 그리고 안이리가 고수의 북장단에 맞추어 극적 결과를 가져오는 것이 판소리라면, 판소리 사설은 정선된 시어로서 분명하고 완연하게 한 마당을 구성하는 희곡적 문예 작품이다. 즉 판소리는 음악을 통하여 표현되는 극적 양식을 말한다.

판소리는 고수의 북 장단이 따를 뿐 춘향, 이도령, 방자, 향단, 춘향모, 변사또 등 모든 배역을 광대가 혼자 해낸다.

가히 초인적인 연회가 아닐 수 없다. 한 마당(전편)을 완창하려면 무려 5시간 이상 걸린다.

돗자리 한 장 펴놓은 마당에서 광대의 연회에 따라 무한대의 시간성과 공간성이 완연하게 펼쳐진다. 악사라고는 북채를 잡은 고수뿐이며 고수의 역할은 대교향악단과 맞먹는다고나 할까.

판소리는 오페라의 아리아에 해당되는 한 가락 뽑는 대목과 정경이나, 줄거리의 설명에 있어서는 자칫 단조롭게 보이지만 그 속에 파고들어 경험하노라면 다양한 색조에 흥미진진함이 넉넉하다.

흥부전만 해도 유명한 연창으로서「박타령」「가난타령」「돈타령」「제비 노정철」「박물가」라든지, 흥부에게서 화초장을 얻어 짊어지고 가는 대목이나 놀부가 제수에게 한상 그득히 얻어먹는 앞뒤의 대결적인 사설 등 명암의 소박한 갈등이 얽혀 너무나 구수하다.

서양 가극의「아이다」「카르멘」「라보엠」「춘희」등에 견준다면 우리 민족 오페라인 창극조는 12마당 중 현재 주로 연회되는「춘향전」「심청전」「흥부가」「수궁가」「적벽가」「변강쇠가」등 6마당을 꼽을 수 있다.

판소리 한 마당에 가장 잘 나타나 있는 민족의 영혼, 민중의 호흡, 겨레의 의식은 한국인의 뜨겁고 애절하고 풍자적이면서도 선(善)을 향한 마음을 잘 알 수 있게 한다.

판소리-. 우리 민족이 창조한 위대하고도 뛰어난 1인 예술이요, 한 사람이 펼치는 연회치고는 가장 민중적인 호응을 획득한 훌륭한 음악이 아닐 수 없다.

가야금

　한의 여자 마음-.

　여인의 한을 그리움으로 빚어 놓은 가야금의 가락, 그 가락을 두고
이르는 말이다.

　고요한 밤중에 가만히 흐느끼는 듯 애절한 가야금 소리는 듣는 이의
애간장을 끊어 놓는다.

　수천 년 동안 내려오면서 겨레의 뼛속에, 마음 구석구석에 아픔처럼
남아 있는 한의 뿌리.

　한은 마음에 맺힌 매듭이요, 응어리이다. 그 한의 매듭, 응어리를 서
러움의 미학으로 승화시킨 가락이 바로 가야금의 가락이 아닐까.

12현에 겨레의 한을 실어 표현하는 가야금, 단순히 슬프고 참혹하다거나 애원(哀怨)하다고만 말할 수 없다. 옛날 명창들은,

청천 하늘의 학의 울음

낙목한천(落木寒天)에 찬바람이 소슬하게 부는 소리

애원성이 흐르는 목

서리 내리는 가을 달밤의 기러기 소리

등에 계면조(界面調)의 가야금을 비유하고 있다. 한 마디로 가야금은 우리 겨레의 영혼, 마음의 밑바닥에 응어리져 있는 정서를 가장 잘 표현해 주는 악기임에 틀림없다.

가야금은 대금이나 거문고보다는 역대 문객들의 사랑을 받았으며 수다한 문집에도 올랐다.

조선의 대시인 윤고산(尹孤山)도 귀양처인 향리 해남에서 임금으로부터 버림받은 자신의 처지를 가야금에 비겼었다.

버렸던 가야금을 줄 얹어 놓아 보니

청아한 옛 소리 반가이 나는고야

이 곡조 말이 없으니 즐겨놓아 보리라

이 시조의 후기에서 고산은 "우연히 가야금을 얻어 한 번 타니 냉랭한 열두 줄이 내는 소리가 홀연히 높은 신선의 마음 자취를 보는 것 같다."고 했다.

『삼국사기』권 제4 『신라본기』를 보면 지금부터 1천 4백여년 전에 낙동강 상류에 자리잡고 있던 대가야국의 가실왕(嘉實王)이 당나라에서 들어온 악기를 보고 여러 신하들에게 말하기를 "모든 나라의 방언이

다르거늘 어찌 음악이 같을 수 있으랴."하고 연구를 거듭한 다음 중국의 25현을 개조하여 12현의 현악기를 창조하고, 그 이름을 가야의 음이라 해서 가야금이라고 붙였다고 한다.

물론 이런 기술은 가실왕의 명에 의해서 가야금이 제조되었다는 의미일 것이다. 가실왕의 명을 받아 당시 우륵이라는 천재가 가야금을 완성하였을 뿐 아니라 가야금 12곡을 작곡하였다.

여인의 섬섬옥수가 한 줄의 금선(琴線)을 퉁길 때 그 울림은 우리의 마음을 사로잡는다.

가야금의 가락에는 오동잎 지는 가을밤, 임 그리는 여심과 고독을 참아낸 고요한 명상이 깃들어 있다.

한밤에 풀벌레 소리를 듣는 듯한 가슴에 사무치는 고독, 애절한 원(怨)과 한이 가슴을 파고들어가다가 문득 그리움으로 오열하는 듯하고 그러다가 명경지수(明鏡止水)와도 같이 잔잔해지기도 한다.

그러나 가야금은 애련하면서도 슬프지 않고 단순하면서도 깊이가 있고 처절하면서도 즐거움을 주는 가락을 지니고 있다.

가야금을 연주할 때 왼손의 농현법은 가야금의 빠뜨릴 수 없는 멋이다. 왼손가락으로 현을 살며시 누르고 오른손의 장지손톱 끝으로 줄을 퉁기면 가락은 줄로부터 울려 나와 한의 하늘로 퍼져 나간다.
한은 한으로 매듭을 푸는 것.

가락은 한을 어루만지는 손길이 되고, 손수건이 되어 준다. 애끓는 사랑의 애소. 그리고 시름과 그리움이 담긴 이 악기는 신라시대부터 오늘에 이르기까지 우리 겨레의 마음의 반려가 되어 왔다.

가야금 산조를 들을 때, '우조(羽調)'의 무게 있고 조용한 가락에서 명상의 세계를 느끼고 '중모리'에 접어들면 그야말로 한이 서린 애원성에 가슴은 슬픔의 밀물에 휩싸인다.

그러다가 문득 '중중모리'가 시작되면 가락은 어느덧 경쾌해져 어깨 춤이 나온다. 고개가 절로 끄덕거려지는 '자진모리', 손가락이 현 위에서 춤을 추는 '휘모리'는 감정의 소용돌이며 안타까움으로 고조되는 마음의 '클라이맥스'이다. 한차례 소용돌이의 물결이 지나가고 나면 수면에 이는 잔잔한 물무늬 같은 '엇모리'가 계속된다.

한국인의 한의 깊이, 그 속속들이 애절한 마음을 가락으로 나타내 주는 가야금.

가야금을 연주하는 여인의 손끝에서 가장 섬세한 한국의 정감이 울려 퍼진다. 그 가락 속엔 신비하리만큼 맑고 고적한 한국의 넋과 애환이 담겨 있다.

장구

한국인과 장구-.

그것은 뗄 수 없는 관계이다. 김치와 된장처럼 우리의 혈맥 속에 밴 겨레의 가락. 저절로 '얼씨구-' '좋다-' 흥에 겨워 어깨를 으쓱거리며 춤이 나오기 마련인 장구 소리-.

장구를 메면 모든 시름은 이내 사라진다. 원(怨)과 한(恨)도 잊어버린다. 오로지 가락에 맞춰 노래 부르고 춤을 춘다.

장구만 있으면 단조로운 생활 속에서도 흥과 멋을 일으키는 신바람이 있다. 장구의 가락에 맞춰 피어나는 기쁨의 소용돌이, 환희의 꽃…….

잔칫집 마당에서, 굿판에서, 탈춤에서, 마당놀이에서, 장구는 빠질 수 없는 악기였다. 그 소리가 울리지 않고서는 노래와 춤이 도저히 멋들 어질 수 없었고, 흥이 우러나지도 않았다.

핏줄 속에 이어져 온 '리듬'. 덩실덩실 춤추지 않고서는 그냥 배길 수 없는 장단-.

장구는 춤의 '리듬'을 맞추는 유일한 악기였다. 장구를 요고(腰鼓)라 부르는 것은 허리가 가늘고 사람들의 허리춤에서 흥겹게 움직인다 해서 이런 이름이 나왔다. 장구를 장고(長鼓)라고도 하며, 때로는 장구채를 친다 해서 장고(杖鼓)라고도 표기하기도 한다.

장구가 원래 중국에서 전래된 것이라 하지만 오랜 시일을 지내면서 지금은 우리 고유의 악기가 되었다.

장구는 그야말로 우리 민족의 애환을 함께 겪어 온 악기이기도 하다.

장구를 만드는 데 필요한 재료는 우리 나라에서 얼마든지 구할 수 있 을 뿐만 아니라 이제는 장구의 본고장처럼 되었다.

오동나무, 말가죽, 쇠가죽, 참대가지, 끈 등이 주요한 재료다.

장구의 오른편 쪽은 말가죽을 덮어씌운다. 그리하여 참대가지의 채 로 치면 높은 소리가 나고, 장구의 왼편 쪽은 쇠가죽을 덮어씌워 손으로 치면 낮은 소리가 난다.

높은 소리 낮은 소리가 하나의 박자가 되어 경쾌한 기분을 자아내며 그 복성박자(複性拍子)의 '리듬'에서 가락이 이룩된다. 즉 소리의 장단 과 높고 낮음을 말하는 것이다.

장구의 가락은 춤으로 더욱 빛을 낸다.

장구를 오른쪽 어깨에 비스듬히 맨 여인의 잘록한 허리, 긴 치마를 한 쪽으로 감아 올려 드러난 곡선미는 더없이 날렵하고, 자진모리 장단에 맞춰 장구춤을 추는 모습이야말로 보는 이를 황홀경으로 몰고 간다.

외씨버선이 걸을 때마다 뒤꿈치로 사뿐사뿐 움직이는 동작은 그리운 임의 발걸음처럼 가슴을 졸이고, 굿거리 장단에 맞춰 빙글빙글 돌며 장구채를 두드리는 춤사위는 꽃 속을 날고 있는 나비의 자태라고나 할까.

손가락의 맵시 있는 움직임은 임을 부르는 듯 너울거리고 목에서 어깨와 허리로 이어지는 날렵한 곡선미는 흥겨운 가락에 어울리어 미의 꽃으로 피어난다.

장구춤의 '클라이맥스'는 마당놀이이다. '리듬'이 빨라지면 숨은 가빠지나 오히려 몸놀림은 더 경쾌해지고 흥은 절정에 이른다.

가락과 춤사위와 장구의 삼위일체, 신명에 취하여 호흡이 합해졌을 때, 장구 소리의 '리드미컬'한 가락의 멋이야말로 흥의 극치가 아닐 수 없다.

장구가 있어야만 박자를 맞출 수 있고 이에 따라 춤이건 노래건 시조창이건 통일성 있는 동작과 소리를 낼 수 있다.

국립무용단원으로 많은 해외 공연을 가진 바 있는 무용인 정양자 씨(마산 정양자 무용 학원장)는, "장구의 가락에 맞춰 춤을 추다 보면 어느덧 한국의 멋과 흥이 우러나오며 우리 겨레에게 없어서는 안 될 타악기로 장구춤은 외국인들에게도 흥취를 돋워 환영받는 춤"이라고 말해 준다.

비단 춤이 아니더라도 어떤 놀이에든 장구는 등장한다. 시조창을 읊을 때, 장구의 장단이 있어야만 시조창은 더욱 운치가 있으며 민요를 부를 때에도 고수의 장단과 함께 '좋다~' 하는 소리가 있어야만 진미가 우러나온다.

하다 못해 요즈음에 부녀자들이 계를 모아 봄놀이 단풍놀이를 갈 때

에 빠짐 없이 준비하는 것이 「장구」이고 보면 장구가 없고서는 아무래
도 신명을, 흥과 멋을 맘껏 낼 수 없기 때문이다.

　장구의 가락-.

　그 가락이 있기에 우리 겨레는 한의 안개를 걷히게 할 수 있었고, 생
활의 멋을 창조할 수 있었다.

　장구 소리는 모든 시름을 멋으로 승화시키는 생명률의 가락, 그것은
바로 겨레의 생활과 정서의 ‘리듬’ 이기도 하다.

강강수월래

여울에 몰린 은어(銀魚) 때
삐비꽃 손들이 둘레를 짜면
달무리가 빙빙 돈다.
가아웅, 가아웅 수울래에
목을 빼면 설움이 솟고.

백장미 밭에
공작이 취했다.

뛰자 뛰자 뛰어나 보자

강강수월래.

이동주 시인의 「강강수월래」라는 시이다. 팔월 한가위날의 달을 보며 마을 부녀자들이 손을 잡고 추는 강강수월래ー.

추석날, 유난히 맑은 달밤을 어찌 그냥 보낼 수 있겠는가. 은은히 흘러넘치는 달빛의 마음.

그 마음이 살며시 여심을 바깥으로 끌어당겼으리라. 여인들은 달을 보며 서로 손을 잡았다. 이심전심의 공감 의식이라고나 할까.

우리 민족처럼 달을 사랑한 민족도 없었을 것 같다. 달은 늘 허전했던 우리 겨레의 마음을 부드럽게 채워 주었다.

'이내 가슴의 말 못할 사연'도 달에게만은 이야기할 수 있었다. 누가 뭐라하든 달만은 내 마음을 알아 주리라 생각하며……

오랜 세월 동안 우리 겨레는 음력을 사용해 왔다. 시간의 관념이나 생활이 주로 음력에서의 달의 주기와 직결되어 있어선지 한국의 서정과 문화는 달과 밀접한 상호관계를 이루고 있다.

신라 향가인 「원왕생가」「찬기파랑가」「처용가」 등에서 서정적 공간의 배경이 되고 있는 것은 모두가 달인 것이다.

이효석의 대표작 「메밀꽃 필 무렵」에서 만약 달빛의 조응적(照應的)인 신비가 그 배경으로 채택되지 않았다면 그 합일적 목가는 성공할 수가 없을 것이다. 「메밀꽃 필 무렵」은 「처용가」가 그러했듯이 햇빛의 문학이 아니라 달빛의 문학인 것이다. 또한 우리의 문화나 사고방식도 달빛에 젖은 문화 현상을 많이 드러내고 있다. 정월 대보름의 달놀이나 한

가위 등의 문화는 달빛에 투과된 문화일 것이다.

문학 평론가인 이재선 교수의 말이다. 강강수월래는 달을 찬미하는 춤이다.

일설에는 이순신 장군이 적군에게 우리 편 군사가 많은 것처럼 위장해 보이기 위한 작전의 하나로 아녀자들에게 마을 공터에서 손을 잡고 원무를 추게 한 것이 강강수월래라는 설이 있으나 확실치 않다.

유교적인 윤리관 때문에 여자들만의 춤이라는 것이 좀 아쉬운 점이긴 하나 우리 겨레의 유일한 포크댄스이다.

목청 좋은 사람이 원의 중앙에 들어가거나 맨 앞에 서서 선창을 하면 나머지 사람들은 '강강수월래' 하고 후렴을 하면서 원무를 한다.

달빛을 배경으로 추석날 곱게 단장한 마을 부녀자들이 수십 명씩 모여 손을 잡고 벌이는 춤과 노래의 페스티벌.

선창이 있자 파도처럼 일어나는 후렴의 하모니. '강강수월래'를 합창하며 여인들은 무엇을 생각하였을까.

강강수월래는 민족 전래의 흥겨운 춤이다. 가슴에 맺힌 그리움의 가락이 흥으로 변해 어깨가 너울거리고 외씨버선의 발이 달빛 속에 뛴다.

달빛을 더 은은하게 만드는 강강수월래. 말 못할 마음을 달에게 고백하는 아녀자들의 정한이 펄럭이는 치맛자락에서 풀어지고 있다.

'강강수월래–'

'강강수월래–'

달빛이 배이면 술보다 독하다고 했던가. 이 밤이사 모든 것을 제쳐두고 춤이나 추어 보자. 오곡 백과 거둬들이는 들판, 가을의 경치를 완상하며……

춤은 달빛에 취하고 합창 소리는 그리움이 배었다. 달을 가운데 두고 임인 양 바라보며 맴도는 것인가. '강강수월래' 그림자도 함께 원무한다. 긴 머리 댕기가 나부끼고 옷고름과 치마가 펄럭거린다. 리듬에 맞춰 변화무쌍하게 펼쳐지는 곡선들—.

만약에 일설대로 임진왜란 때에 충무공의 지략으로 강강수월래가 추어졌다면, 여인들의 그 아름다운 음성과 자태에 왜적들도 넋을 잃고 감히 공격할 수가 없었을 것이다.

강강수월래는 처음에는 진양조로 느리게 춤을 추다가 차츰 가락이 빨라지게 된다. 중모리 장단에 이르러선 저절로 흥이 솟구쳐 '강강수월래' 소리는 힘이 오른다. 그러다가 중중모리, 자진모리로 변하면 원무는 춤의 도취경으로 빠져들고 만다.

달과 춤과 노래의 일체감.

이 신비의 앙상블은 우주 공간적인 교감을 맛보게 해 준다.

우리네 여인들은 강강수월래를 한 번 추고 나면 가슴에 쌓였던 슬픔과 불만도 어느덧 말끔히 지워 버릴 수 있었던 것이 아니었을까.

노래와 춤으로써 마음껏 달에게 애소하고 하소연함으로써 축적된 스트레스를 해소하고 한도 슬픔도 달빛 같은 고요한 그리움으로 빚어낼 수 있었으리라.

팔월 한가위의 절정을 이루는 민족 전래놀이인 '강강수월래'는 현대화에 점차 사라져 가고 있다. 간혹 학교 운동장에서 또한 식장에서 민속놀이로 재현되고 있으나 진정 달밤에 춰지지 않는 강강수월래는 이미 그 의의를 잃고 있다고 보아야 할 것이다.

투우

농악과 함성이 엇갈리는 흥분의 도가니ㅡ. 하얀 모래밭에 펼쳐지는 힘의 대결장. 소 싸움장에는 평생을 소와 함께 생활해 온 농민들의 마음이 파도처럼 일렁이고 있다.

언제 보아도 믿음직한 황소. 하나의 동물이라기보다 한집안 식구처럼 다정하게 지내 온 동물이었다.

아침 일찍 소를 몰아 논밭을 갈고 저녁놀을 바라보며 쟁기를 메고 소와 함께 집으로 돌아오는 일이 농부들의 일상생활이 아니었던가. 하늘을 진홍빛으로 물들이는 저녁놀을 바라보며 논밭에서 함께 땀 흘린 소와 들판 길을 걸어갈 때 농부는 전원 생활에서 맛보는 즐거움을 느낄 수 있었으리라.

소싸움은 경상남도의 거의 전역에서 추석에 거행되며 강원도, 황해도, 경기도 등지에서도 볼 수 있다.

서양의 투우 경기와는 달리 소끼리 싸움을 붙이는 매우 단순하고 소박한 경기이다.

우리 나라에서 진주 남강 백사장에서 벌어지는 소싸움이 가장 전통있는 소싸움으로서 널리 알려져 있다.

우리 나라의 황소는 원래 유순하여 싸움을 즐기는 편이 아니나 싸움 전에 막걸리나 소주 따위를 먹여 흥분시켜 사나운 성격으로 만든다.

싸움을 시키는 장소는 보통 강가 모래밭을 사용하며 모래밭이 없는 곳엔 모래를 깔고 적당한 터를 정하여 둥글게 말뚝을 박고 새끼줄을 친다. 그 중앙에 선발된 마을 대표 소 두 마리를 세워 놓고 소 사이는 포장을 친다. 포장을 철거하면 싸움이 시작되어 서로 뿔을 맞대어 상대를 떠받고 밀치고 한다. 이때 마을의 농악대들은 자기편의 소가 이기도록 요란하게 농악을 울리고 부락민들은 함성을 지르며 응원을 보낸다.

징 소리, 장구 소리가 함성과 어울려 응원하는 농민들의 손엔 땀이 흥건히 괸다.

주변에 포장을 치고 마련된 임시 주막에서 국수 한 그릇과 막걸리 몇 사발을 들이키면 절로 흥이 솟구치는 농민들은 소싸움에서 농경민의 정한과 생활을 공감하면서도 목이 터져라 응원을 보내는 것이다.

여기에 소박하고 든든한 농민들의 마음의 뿌리가 보인다.

소와 같이 하늘의 순리대로 생활하면서도 가슴에 도사려 앉은 뜨거운 정열과 패기를 공감할 수 있다.

'농자천하지대본' 의 농악대 깃발은 신이 올라 펄럭이고 농악대의 꽹

과리 소리는 천지를 진동하며 노인들도 덩달아 어깨를 으쓱거리며 춤을
추는 소 싸움장-.

농작물과 가축들을 기르면서 살아온 순하디순한 농민들의 가슴에 숨
겨진 정열이 뜨겁게 열기를 뿜는 현장이다.

정성을 다해 길러 살이 알맞게 찐 우람한 황소의 돌진. 뿔을 맞대고
밀치는 소의 부릅뜬 눈망울, 팽팽한 힘의 대결, 함성과 농악 소리로 맛
보는 흥분은 농민들에게 생활의 활력과 즐거움을 마음껏 선물해 준다.

서로 뿔을 맞대고 노려보는 황소의 눈망울에도 핏발이 서 있다.

유순하고 순종으로만 생활해 온 황소, 소처럼 인간에게 헌신적인 동
물도 없으리라. 비록 싸움은 하고 있을망정 부릅뜬 눈망울이 순해 보인
다.

추석날 진주 남강 백사장에서 벌어지는 소싸움은 한결 운치가 있다.
마을 대표로 뽑힌 황소가 투우장에 나올 때는 뿔에 홍·청·황색 헝겊
을 달아 치장하고 농악대를 앞세운 마을 사람들이 뒤를 따랐다.

황소가 싸움을 시작할 때 모래를 발로 차며 뿔을 맞대고 힘을 겨루는
모습은 남강의 경치와 함께 구경꾼들에게 잊을 수 없는 풍물이었다.

소싸움의 승부는 힘을 겨루던 소가 무릎을 꿇거나 넘어지거나 달아나는 것으로 결정된다. 격렬한 싸움 끝에 간혹 크게 상하거나 죽는 일도 있었다. 여러 마리의 소를 차례로 대결시킬 경우에는 시간 제한을 하고 단판치기 싸움인 경우에는 승부가 날 때까지 계속시킨다.

한국의 소싸움은 농촌 생활의 여가에 손쉽게 벌일 수 있는 오락 경기의 한 가지로서 경남 지방 등에 전승돼 온 민속 놀이였다.

소에 의존했던 논밭갈이도 대부분 경운기 등 농기구를 사용하게 돼 이제 농촌에서 소의 효용도도 차츰 줄어들고 있는 실정이다.

영원한 농민의 벗으로서 헌신해 온 소. 큰 눈망울을 껌벅거리며 말없이 주인에게 순종하는 소에게서 말할 수 없는 친근감과 연민의 정을 느낀다.

아직도 많은 민중들의 가슴에 소와 더불어 생활해 온 농경민의 후손으로서의 뿌리가 자리잡고 있는 것을 느끼게 해 주었다.

농민들의 기개와 힘의 맥박을 느끼게 해 주던 소싸움 대회. 언제 우리 나라에서 자취 없이 사라져 버릴지 모를 일이다.

연(鳶)

　살을 에는 추위 속에서도 소년들은 신이 났다. 앙상한 겨울 나무를 흔들며 불어오는 바람 속 소년들의 눈빛은 빛났고 가슴은 미지의 꿈으로 가득 찼다.

　추위와 바람도 아랑곳없었다. 소년들의 가슴은 눈이 시리게 깨끗하고 푸른 하늘을 마음껏 달리며 한 타래 실끈으로 우주를 척도(尺度)했다.

　외롭고 서러운 날에도 언덕에 올라 연을 날리면 가슴은 씻은 듯 시원했다.

　금방 끊어질 듯한 실들이 바람에 팽팽히 풀어지며 하늘로 오르는

연-. 연을 띄우며 소년들은 마음껏 상상의 나래를 폈다. 그들은 연이
되어 비로소 하늘을 나는 새가 되었다.

실 속에 감기는 바람, 미지의 세계로 풀려가는 바람의 싱싱한 언어,
우주로 줄달음치는 소년의 꿈빛 노래……. 한 장 종이를 구천에 날려 마
음을 풀어 보는, 그래서 마음이 하늘 끝까지 닿는 연날리기는 겨울철 민
속 놀이로서 가장 대표적인 놀이이다.

추위와 감기쯤이 무슨 상관인가. 연을 날리면 추위와 바람은 오히려
시원한 쾌감으로 가슴에 닿아 온다. 연을 날리면서 하늘과의 대화로 우
주에 눈을 뜨며 소년들의 가슴은 점점 크고 깊어져 간다.

연의 역사는 매우 길다.

그리스에서는 B.C 4백 년에 연을 날렸다고 한다.

우리 나라에 연 이야기가 처음 나온 것은 신라 때이다.

진덕여왕 원년(647)에 김유신 장군이 인형(偶人)을 만들어 연에 매달
고 띄우니 불덩이가 하늘로 올라가는 것과 같았다는 기록이 『삼국 사
기』에 보이므로 한국 연의 기원을 신라 진덕여왕 원년 이전으로 봄이
타당할 것 같다.

고려 때는 최영 장군이 탐라의 몽고병을 쳐부술 때 연을 이용했다.

수많은 연을 만들어 불을 붙여 성 안으로 날려보내 적성을 함락시켰
다고 한다. 이처럼 병기로도 이용됐던 연은 조선에 들어와서 민간 놀이
로 크게 융성하기 시작했다.

한국의 지연(紙鳶)은 대개가 짧은 장방형 사각으로 바람을 받아 잘
뜨게 되어 있을 뿐 아니라 연 가운데 둥글게 구멍이 뚫어져 있어서 바람
을 맞아도 잘 빠지게 되어 있다.

이런 점 때문에 바람이 좀 세다고 해도 연이 상하지 않고 머리쪽이

유선형이어서 바람의 저항을 잘 견디도록 되어 있다.

연의 형태는 크게 나눠 어류, 조류, 인상류 등으로 나눌 수 있고 이를 분류하면 꼭지연, 반달연, 치마연, 박이연 그 외 그림 그리기에 호랑이, 까치, 방패, 가오리, 박쥐, 나비 등 수십 가지가 된다.

일본의 빈대머리 연이나 중국의 용(龍)연에 비해 우리 나라 연은 좌우 우회와 급진직하 및 급강하할 수 있어 연 중에서도 가장 발달된 형태이다.

연은 소년들에게 감기와 추위를 이겨내는 강인한 체력을 길러 주며 무한한 꿈과 창의력을 길러 준다.

한국 연의 크기는 바람이 많고 적은 지방에 따라서, 또는 날리는 이의 나이에 따라서 같지 아니하나, 제일 작은 연의 길이는 38cm 너비 29cm 정도이고, 제일 큰 연의 길이는 152cm 너비는 112cm 정도이다.

연을 만드는 데는 먼저 대와 종이를 필요로 한다.

대는 보통 고황죽, 백간죽을 쓰고 종이는 창호지나 백지를 쓰며 보통 자기 손으로 만들어진다. 연을 만들 때는 먼저 연의 바탕이 되는 종이를 접어 크기를 정한다.

중간치 연의 경우 종이를 길이 56cm, 너비 46cm쯤 되게 베어 낸다. 길이의 한 끝을 2.5cm쯤 접어 머리를 삼는다.

그 다음 종이 한가운데다 연 길이의 3분의 1쯤의 둥근 구멍을 베어낸 다음 이를 산적꼬챙이처럼 가늘고 길게 깎아 다듬어서 종이에 붙인다.

나중에 죄우머리를 교차하여 귀걸어 붙인 뒤 맨 나중 종이를 그 연에 알맞게 오려서 꼭지와 양쪽 발을 붙이면 된다.

연줄은 상백사, 당백사, 떡줄 등으로 하고 사깃가루를 묻혀 끊어 먹기에 쓴다.

실을 감는 얼레는 백자목(柏子木), 송목(松木) 등으로 썼지만 요즘은 나왕목으로 만들기도 한다. 얼레의 형태는 네모, 육모, 팔모와 볼기짝 얼레가 있지만, 보통 사각 얼레를 많이 사용한다.

연날리기는 정월대보름이 지나면 하지 않는데, 대보름이 되면 '액을 띄운다' 하여 연에다 '액' 자 하나를 쓰기도 하고 '송액' 이니 '송액영복' 이니 하는 등 액을 써서 날리고 얼레에 감긴 실을 죄다 풀고 얼레 대밑에 있는 실을 끊어서 멀리 날려보낸다. 재액을 멀리 날려보낸다는 뜻이다.

요즘 겨울이 되어도 연을 날리는 풍경을 잘 찾아볼 수 없게 되었다.

도시에서는 연을 날릴만한 공간 지대가 없는 것이다.

만화와 텔레비전에만 정신이 팔려 실내에서 많은 시간을 보내는 요즘 아이들보다 들판으로 나가 연을 띄우는 씩씩한 아이들의 모습이 떠오른다.

어른들에게 꾸중을 들어도 슬픈 일이 있어도 하늘에 연을 올리면 모든 걱정이 탁 풀리고 소년의 꿈은 별이 되어 하늘에 빛나고 새가 되어 먼 미지의 세계로 날개를 폈다.

연 - . 유년의 추억을 되살려 주며 어릴 때의 벗을 떠오르게 한다.

징

징 소리-.

듣기만 해도 가슴을 설레게 하는 장엄한 울림. 흥겹게 돌아가는 농악판, 꽹과리를 치켜 잡은 상쇠의 신나는 가락에 부쇠와 중쇠의 가락이 어울리며 꽹과리 울림이 잦아지면 '웅' 하고 울리는 황소 울음 같은 징 소리가 판을 휘어잡는다.

웅, 웅, 웅- 천지를 진동하는 징 소리에 농악판은 그야말로 흥분의 도가니 속으로 빠져들며 사람들은 일체감이 되어 춤으로 어울린다.

체면도 가식도 필요 없다. 이때만은 남녀노소의 구별도 아랑곳없이 농악판에 끼어들어 징 소리에 따라 민중의 마음은 합해진다. 흥분과 난장판, 신명의 소용돌이, 환희의 절정감은 징 소리에 더욱 고조되고 온몸의 피까지 끓어오른다.

징 소리는 모든 소리를 압도하고 일체의 잡념을 잊게 하는 신비한 힘을 지니고 있다. 우리 고유한 악기들이 한결같이 애처롭고 슬픔에 젖는 듯한 느낌을 자아내게 하지만, 징과 꽹과리만은 활기차고 웅장한 겨레의 마음을 유감없이 표현해 주는 악기이다.

혼자 연주하는 악기가 아닌, 민중이 한자리에 모여 한바탕 신명으로 어울릴 때 민중의 가슴 속을 울려주는 악기이다. '옹―' 하고 울리는 징 소리를 의식하며 그 울림에 따라 시름과 체면 따위는 아예 벗어 던져버리고 마음껏 춤추고 노래 부르게 한다.

징 소리―.

민중의 가슴과 감정을 가장 뜨겁게 간직하며 내는 소리가 아니랴. 그 소리 속에 섞여 있는 우리 겨레의 희비애락, 일 마치고 한 사발 들이키는 막걸리 맛에 샘솟는 서민들의 힘의 맥박, 민중의 노래가 담겨 있다.

징 소리가 울리는 곳엔 으레 잔치가 벌어졌고 민중의 기쁨이 용솟음쳤다.

"징을 만드는 것은 소리를 만드는 작업입니다. 형태를 만드는 것은 재료와 힘만 있으면 되지만 소리는 오랫동안 닦은 기술이 필요해요."

대를 이어 경남 함양군 서상면에서 징을 만든 기능보유자 김일웅 씨의 말이다. 징을 만드는 놋쇠는 구리와 상납의 합금이다. 160대 45의 비율로 섞어 녹이면 되지만 불순물이 들어가면 징 소리도 망치고 잘 깨지는 불량품이 되고 만다. 징 소리는 웅장하게 울면서 끝 부분이 황소 울음처럼 채어 올라가야 된다고 한다.

징처럼 흥겨움을 주는 악기도 없을 성싶다. 연극 공연 때, 징 소리와 함께 무대가 열리는 것을 본다. '징, 징, 징…….' 하고 소리를 내며 막이 올라갈 때 관객들은 흥분과 기대로 몸이 달아오르는 것이다.

운동 경기 때도 징 소리로 응원하는 광경을 보게 된다. 징 소리엔 무언지 모를 환희의 벅찬 마음이 뻗쳐있는 것이 아닌가 생각된다.

징은 민중의 기쁨과 즐거움을 가장 적나라하게 꽃피워 준 민중의 악기이기에 친밀한 느낌을 받는다. 가난과 한숨에 찌들린 주름살이 펴지고 어깨춤을 두둥실 추고 싶은, 그래서 흙 냄새의 고향 산천과 인정스런 사람들을 생각나게 하는지 모른다.

민중의 벗인 징-.

우리 겨레의 시름을 달래주고 생활의 기쁨과 용기와 활력을 심어준 악기이다. 그래서 징 소리를 들으면 역사의 맥락 속으로 흐르고 있는 겨레의 마음과 민족의 웅대한 의지를 그 울림 속에서 느끼게 된다.

징 소리-. 우리 겨레의 가슴 속으로 울려온 이 소리는 외적의 침범에도 끄떡없이 나라를 지켜온 힘이 되었다. 어떤 역경과 고난 속에서도 나라를 지켜온 민중의 강한 국토애와 민족심이 그 소리 속에 번쩍이고 있음을 느낀다.

징 소리 속에는 우리 겨레의 의지와 패기와 기쁨의 노래가 있다. 끈기와 인내로 견딘 민중의 합창이 있다.

하루속히 통일의 그날이 와 민족의 새 역사를 창조하는 날, 온 겨레가 한 덩어리가 되어 징 소리를 내며 노래 부르고 춤출 수 있는 그날이어서 왔으면 좋겠다.

씨름

　힘과 힘의 팽팽한 맞섬. 지혜와 기의 한판 승부. 샅바를 조여 잡고 상대방을 넘어뜨리기 위한 계략의 순간-. 샅바를 쥔 팔의 근육이 꿈틀거린다. 땅을 버티고 선 다리의 힘줄은 활시위처럼 탄력에 부풀어 있다.

　구경꾼들도 함성을 지른다. 씨름장에선 씨름꾼이나 구경꾼들이나 모두 쉽게 혼연일체가 된다.

　씨름은 남성의 민중 오락, 민속 운동으로 보는 이로 하여금 친밀감을 느끼게 한다.

　그것은 어릴 때부터 이웃의 같은 또래들과 씨름을 통하여 힘을 기르고, 서로간의 우정을 나눠 온 전통적인 놀이였기 때문이 아닐까. 서로

몸을 부딪치며 땅
바닥에 나뒹구는
놀이기에 모르는
사이에 정이 들기
마련이리라.

씨름은 민중
의 놀이이며 가장
서민적인 놀이였
다. 웃통을 벗어버
린 채 호탕하게 아
무 데서나 한 판의
힘내기를 겨루는 것은 통쾌하고도 끈질긴 느낌을 맛보게 한다.

'동국세시기(東國歲時記)'의 씨름에 관한 기술에 의하면, 서울에서
는 젊은이들이 남산의 왜성대(倭城臺)나 삼각산 아래 신무문(神武門) 뒤
에 모여 성대히 씨름판을 벌였으며 비단 서울뿐 아니라 경향 각지에서
도 거행된다고 하였다.

예를 들면 김천에서는 단오일에 청년들이 직지사(直指寺)에 모여서
씨름을 하는데 이때 경기를 구경하기 위해서 수천 명이 모여들었고 호
서 지방에서는 8월 16일에 씨름 대회를 여는데 이때 술과 음식을 장만
하여 즐겁게 놀았다는 것이다.

씨름을 하는 방식은 샅바를 매고 한쪽 무릎을 꿇어 서로 상대방의 허
리와 다리를 잡아 쥔 동시에 일어나서 힘과 손발의 기술을 발휘하여 먼
저 상대방을 넘어뜨리면 이기는 것이다.

오른손으로는 상대방의 허리를 쥐고 왼손으로는 상대방의 샅바를 잡

는 것이 보통이며 이것을 '바른씨름'이라 한다. 손잡는 방법이 반대인 경우를 '왼씨름'이라 한다.

상대방의 샅바를 잡을 때부터 씨름은 팽팽한 긴장감이 감돈다.

샅바를 어떻게 자기에게 유리하게 쥘 수 있느냐에 따라 힘쓰기가 수월하기 때문이다. 서로 샅바를 잘 쥐려고 애쓰는 반면 자신의 샅바는 만만히 잘 잡히지 않도록 방해한다. 이 때문에 씨름 시작부터 한동안 승강이가 벌어지게 된다.

씨름장엔 웃통을 벗고 맨발로 나서야 된다. 때문에 씨름장에 나서는 씨름꾼은 구경꾼들에게 우선 육체미를 보여 주게 돼 흥미를 자극시킨다.

"야아, 저 몸 좀 봐라. 하루에 밥을 몇 그릇씩이나 먹을까?"

"얼마나 힘이 셀까? 장사끼리 맞붙게 되었구만!"

구경꾼들은 우선 씨름꾼의 몸을 보고 침을 삼키며 감탄을 연발한다. 미리 승부를 예측해 보기도 하면서…….

넘치는 힘, 치솟는 대장부의 기상. 호방한 기개가 하늘로 뻗는 씨름장.

씨름의 기술로서는 안다리걸기, 밧다리걸기, 호미걸기, 오금당기기, 뒷무릎치기, 앞무릎치기, 엉덩배지기, 오른배지기, 들배지기 등 여러 가지가 있다. 안다리걸기는 상대방의 가랑이 안으로 발을 넣어 걸어 넘어뜨리는 기술로 가장 초보적인 것이다.

발걸기는 발을 넣어 넘어뜨리는 재주이며, 배지기는 이쪽 배를 상대편 배에 바짝 붙이면서 번쩍 들어서 메어치는 기술이다.

이와 같이 여러 가지 기술을 동원하여 재치 있게 구사하면서 승부를 겨루는 것인데 우승자를 판막음 도결국(都結局)이라고 한다.

씨름은 민중 오락 놀이로서 행하여져 왔다. 따라서 단오절이나 추석

전후에 많이 벌어지고 가장 성대하기는 백중일이다. 백중은 머슴들의 명절이며 씨름은 주로 이들이 힘을 과시할 수 있는 절호의 기회를 부여했다. 천대받고 한 번도 제 자신을 알리지 못했던 무명의 청년이 씨름판을 통하여 용맹을 떨치는 것은 하나의 화젯거리였다.

무명의 청년이 상으로 받은 황소의 등을 타고 환호성을 지르는 구경꾼들과 함께 춤추는 모습은 보기만 해도 흥겨운 모습이 아닐 수 없다.

씨름은 그 경기하는 방식에 약간의 차이는 있으나 세계 여러 민족 사이에서 흔히 볼 수 있는 경기이다.

중국에서는 이를 각저(角抵), 각희(角戲), 각력(角力) 등으로 표현하고 있다. 고구려시대 고분 벽화인 '각저총 각저도(角抵塚角抵圖)'(중국 안동성 즙안현 여산 남록 소재)엔 씨름 장면이 묘사돼 있다.

저고리와 바지를 벗어젖히고 잠방이 바람의 씨름꾼 두 사람은 상대방 잠방이를 맞잡고 목을 서로 맞대고 허리를 구부리고 씨름 자세를 취하고 있다.

한 사람은 어깨에 힘을 주고 머리를 약간 아래로 하고 있으나 다른 한 사람은 머리를 위로 하고 있고 팔자 수염이 구부러진 채 약간 벌린 입 모습에서 숨가빠함을 느낄 수 있다.

이와 같은 고분 벽화를 통해서, 씨름은 수천 년 전부터 대대로 내려온 민속 오락으로서 우리 선조들이 즐겼던 놀이라는 것을 짐작할 수 있다.

보기만 해도 힘이 치솟고 흥이 돋는 씨름!

겨레의 체취가 뜨겁게 피부에 닿아 오고, 힘의 맥박이 가슴에 전해 온다.

탈춤

  한국인은 탈춤으로 소극적인 삶을 적극적인 삶으로, 침울하고 어둡던 생활을 웃음이 넘치는 생활로, 허례허식에 숨죽여 오던 생활을 대담솔직한 생활로 바꿀 수 있었다.

  한국인에게 탈춤은 어떤 의미를 지닌 것일까. 탈을 씀으로써 이미 자신(인간)으로부터 벗어나 우주의 생명률을 띤 새로운 모습이 된다. 탈바꿈으로 말미암아 봄기운으로 싹튼 새싹처럼 거듭 태어나는 기쁨을 맛본다. 여기서 거듭 생명을 탄생시킬 수 있는 힘은 신명이다. 신령을 직접몸에 싣고 대자연, 계절적인 움직임과 하나가 되었다는 느낌이 신명인것이다.

    한국의 탈은 한국인의 얼굴이며 표정이지만, 일단 탈을 쓰게 되면 자신을 잊어버리고 새로운 생명체로 탄생하는 것이다.

    '오광대'에서 인간으로서의 가장 비참한 운명, 비탄과 절망 속에서 허덕이는 문둥이의 탈을 쓰거나 수모와 복종만으로 지내야 하는 하인인 말뚝이의 탈을 둘러쓰더라도 신명은 온몸에서 지펴진다.

    탈바꿈으로써 새로이 탄생하는 기쁨, 이 신명은 우주와의 교감에서 얻은 일체감에서 비롯된다. 이것은 동토에서 막 돋아난 새싹, 가을에 떨어졌던 사슴의 뿔이 새봄에 다시 돋아나는 것과 같은 신비감과 환희가 어우러진 감정이다. 봄 기운이 대지에 다시금 새 생명의 숨결을 불어넣듯 신명은 바로 봄 기운과 같은 것이다.

    따라서 신명은 흙의 기운과 달이 묻은 시공간적 느낌과 나무와 풀잎의 마음과도 통하여 하나의 우주적인 공감을 획득한 데서 오는 무아지경의 환희라고 할 것이다.

    한국의 탈은 천태만상의 표정을 지니고 있다. 그 표정 속에는 한국인이 억누르며 참아온 분노가 있는가 하면 회화적이고 해학적인 면도 있고 우악스럽고 무서운 면이 있는가 하면 비루하고 추한 표정도 있다. 또한 하회탈처럼 하나의 탈에서도 희로애락의 만감을 자아내게 하는 탈도 있다.

한국의 탈에 나타난 천태만상의 표정, 그 표정을 일으키는 희로애락의 감정은 한국인의 삶에서 우러난 것이지만, 일단 탈을 썼을 때 탈의 감정을 분출시키는 힘은 역시 신명이라 할 것이다.

'한국인의 신명은 원천적으로 종교성·우주성(자연성)과 사회성 그리고 심리와 생리 양면에 걸친 개인성 이외에 심미성을 지니고 있다'고 민속학자 김열규 교수(계명대)는 말하고 있다.

탈의 역사는 원시시대부터 있었던 것으로 추정되며 처음에는 수렵생활을 하던 원시인이 수렵 대상인 동물에게 가까이 다가가기 위한 변장용으로, 후에는 살상한 동물의 영혼을 위로하기 위한 주술적 목적에서 차차 종교적·민속적 의식과 놀이에 사용되었을 것으로 보고 있다.

탈춤에 등장하는 탈을 보면 중부지방의 산대가면극에서 상좌, 옴중, 먹중, 연잎, 눈끔적이, 팔먹중, 노장, 샌님, 신할아비, 미얄할미로 이루어지고, 해서가면극에서는 상좌, 팔먹중, 노장, 양반, 미얄할미, 영감, 사장, 탈 등이며, 남부지방의 야유·오광대 계통은 오방신장, 중, 문둥이, 양반, 영노, 할미, 영감, 사자 등으로 되어 있다. 하회별신굿의 사자, 삼석, 파계승, 양반, 선비, 할미, 백정 등의 탈이 등장한다.

한국의 탈은 가면극의 마당별로 등장하며 이때의 춤은 사설과 연희를 함께 보여 준다. 따라서 탈춤은 독립적인 춤이 아니라, 가면극 중에서 연극의 한 요소로서 등장한다. 그렇다고는 하나 탈춤으로 말미암아 가면극은 흥과 신명의 클라이맥스를 장식하고 그야말로 연희자나 관중들을 일체감의 한마당으로 몰아넣는다.

가면극은 음력 정초, 정월대보름, 4월 초파일, 단오, 추석 등 명절에 공연된 것으로 미루어 농경생활과 관련이 깊으며 대자연의 계절적인 움직임과 일체감을 이루려는 의식을 보여 주고 있다고 할 것이다.

탈춤이 벌어지면 난장판이 된다. '얼쑤- 좋다-' 는 후렴은 점잖은 장단이다. 탈춤 놀이판에는 상소리와 육두문자가 쏟아지는가 하면 재담과 익살, 음흉한 패악질, 심지어는 짜릿한 성감마저도 느끼게 만든다. 탈춤을 보면 천년만년 이 땅에 뿌리박아 살아온 우리 겨레가 흙과 바람과 자연 속에서 그 일부분으로 뒤엉켜 살아가고 있는 핏기운을 보여 주고 있다.

오광대에서 보여 주는 양반 처첩 간의 갈등, 파계승과 색시와의 희롱 장면은 성적인 맺힘을 풀려는 의식을 수용하고 있지만, 굳이 인간적인 성이라기보다 어쩌면 흙과 바람, 또한 달과 같은 무한의 생명을 지니고 있는 자연과의 정신적인 교접을 이루려 하는 행위가 아닐까도 생각한다.

봉산탈춤의 '미얄할미과장' 에서는 영감과 할미가 이른바 감투거리라는 체위로 성행위를 벌이는 장면을 연출한다. 여기서 생명의 불길을 마지막까지 연소시키려 안간힘을 쏟고 있는 강한 갈구를 볼 수 있다.

성의 끝장이 생명이라는 강박관념이 나타나며, 성에의 갈구는 죽음을 극복하는 생명력의 갈구로 이어지고 있음을 볼 수 있는 것이다.

한국인은 탈춤으로 소극적인 삶을 적극적인 삶으로, 침울하고 어둡던 생활을 웃음이 넘치는 생활로, 허례허식에 숨죽여 오던 생활을 대담 솔직한 생활로 바꿔놓는 슬기를 보여 주고 있다.

한국의 탈은 바로 한국인의 얼굴이며 탈춤이야말로 한국인의 가장 솔직한 마음과 감정을 표현하고 있는 춤이라고 해도 좋을 것이다.

아리랑

아리랑 아리랑 아라리요
아리랑 고개를 넘어간다.
나를 버리고 가시는 님은
십리도 못 가서 발병 난다

아리랑은 우리 나라 대표적인 민요이다. 누가 한 사람 부르기만 하면 어느 새 모두가 부르게 되는 이 노래는 겨레의 피 속으로 전해져 온 게 분명하다.

아직 '아리랑'이 무슨 뜻인지 알지 못한다. 한국의 상징어로 굳어진

'아리랑', 기쁠 때나 슬플 때나 함께 부르던 '아리랑'의 어원에 대한 문헌의 기록이 없다. 몇 가지 학설이 있기는 하나, 정설로 받아들이기는 무리가 있다.

'한강'을 '아리수'라 부르기도 하였는데, '아리'는 '큰'이란 말이다. '랑'은 '님'을 뜻하는 말이니, '큰 님' 즉 '하늘님'이 된다는 설이다. '아랑설'도 있다.

옛날 밀양사또의 딸 아랑이 통인(通引)의 요구에 항거하다 억울한 죽음을 당한 일을 애도한 데서 비롯되었을 것이란 설이다.

또 김해의 향토사학자 허명철이란 분은 아리랑의 원어는 '알이랑'이며 우주 창조자 '한알님(하늘님)'을 뜻하며, 아리랑은 원래의 말이 '알이랑'인데 순음화 현상에 의해 '아리랑'이 되었다고 말한다.

'아리랑'이란 무슨 뜻인지 명확히 알 수는 없으나, 소리만은 한없이 정답고 포근하다. 가슴 속으로 울려 퍼지는 종소리처럼 공명의 여음이 있다. 그리운 이가 손짓하며 부르는 소리 같고, 사랑하는 이의 이름을 남몰래 산에 가서 불러보았을 때, 알았다는 듯이 은은히 들려 오는 메아리 같다.

혼자서 입 밖으로 내보면 옆의 사람이 받아주고, 마침내 모두가 함께 부르는 노래이다. 공감과 공명을 일으키는 신비음(神秘音)을 지니고 있다.

'아' – '리' – '랑'의 세 음소(音素)는 기막힌 음의 조화를 이룬다. 음감(音感)이 밝고 소리내기에 좋으며 모음 'ㅏ +ㅣ+ ㅏ'는 장(長)-단(短)-장(長), 강(强)-약(弱)-강(强)의 리듬이 되고 대조와 조화의 완벽한 배합을 보인다. 가장 자연스런 운율성을 드러낸다. 성대를 울리는 유성음(流聲音)으로 돼 있으며 구슬을 굴리는 듯한 느낌이 든다.

뜻은 알지 못하나 우리말의 보배임이 분명하다. 그래서 자꾸만 부르고 싶은 충동이 들며, 가슴과 가슴으로 끝없이 울려나가는 것이 아닐지 모른다. 우리 겨레의 가슴 속에서 자연스레 피어난 소리의 꽃이다.

아리랑엔 우리 나라 산수(山水)의 모습과 그 선(線)이 있고, 체질 속에 녹아 있는 가락이 있으며, 희비애락이 배여 있다.

'아리랑'은 누군가 부르는 소리일 듯하다.

혼자가 아니다. '랑'이란 받침 없는 체언에 붙어 두 개 이상의 사물을 동등 자격으로 열거할 때 쓰이는 말이다. '랑'은 '-하고', '-과', '-와' 등으로 '함께'인 것이다. 기쁨과 슬픔을 같이 하는 마음이다. 사랑의 가슴이고 멈춤이 없는 영원의 마음이다. 언젠가는 만나서 껴안고야 마는 해후와 포옹의 세계라 할 것이다.

'아리랑'은 흥과 신명의 세계이다.

가락에 맞춰 춤을 춰보면 다른 민족이 도저히 흉내낼 수 없는 우리만의 춤사위와 흥을 연출해 낸다. 어깨가 들썩거리고 허리선이 흔들리며 신명이 뿜어 오른다. 이럴 때 나와 너는 우리가 되어 만난다. 막혔던 가슴이 열리고 억장이 막히던 일들도 나눔으로써 풀어진다. 맺힌 것을 풀고 억울한 일을 달래는 말이다.

'아리랑'은 어머니의 손길처럼 달래주고 위로해 주는 듯한 기분을 느끼게 한다.

'아리랑'은 '아리다'는 말과 흡사하고, '쓰리랑'은 '쓰리다'는 말을 연상시킨다. '아리다'는 '쑤시는 듯이 아프다'는 말이며, '쓰리다'는 '뱃속이 비어 몹시 허기지다'는 말이다.

그렇다면 고통과 배고픔을 하소연하는 것일까. 어찌 되었건 함께 나눔으로써 고통도 배고픔도 참을 수 있고, 힘이 나고 용기가 나게 만든다.

진도아리랑의 '아리아리-'라는 대목에 이르러선 뼈마디가 아리는 듯한 기분이 들며, '쓰리쓰리-'라는 대목에선 허기져서 창자가 쓰린 느낌을 받는다.

그런데, 정작 이 대목에선 오히려 신명을 내고 있다. 끝까지 참아내면 희망이 있겠지, 이런 마음에서 투지와 용기가 솟구치고 있다. 고통을 함께 넘기고 배고픔을 함께 참아내는 지혜와 용기를 보여 주려는 것일까. 듣고 있으면 편안해진다. 표정이 밝아지고 걱정이 사라진다.

아리랑이 민족의 상징어가 되기까진 음(音)의 꽃으로서만이 아닌 깊은 뜻을 지니고 있지 않을까 싶다. 민족의 가슴을 달래주고 광명과 신명으로 채워주는 '님'이나 '꿈'의 세계인가. 아마도 그리움과 동경의 세계이리라. '아리랑'은 우리 민족이 추구하는 이상향(理想鄕)인가, 아니면 신앙의 세계인가, 축원의 소리인가.

아리랑은 알려진 것으로만 50여 종에 3천여 수가 확인되고 있다. '강원도 아리랑' '밀양아리랑' '정선 아리랑' '진도 아리랑' '경기도 아리랑'이 대표적인 것이다.

아리랑엔 좀 거슬리는 구절도 있다.

나를 버리고 가시는 님은
십리도 못 가서 발병 난다

가지 말라는 간절한 기구를 담고 있지만, 원망을 나타내고 있다. 원망이되 포악하진 않다. 발병이 나는 정도이니, 어쩌면 멀리 가지 못하고 돌아설지 모른다는 미련을 두고 있다.

그러나 떠나는 이에게 축복을 보내는 포용력만은 보이지 않는다. 나를 버리고 가면 안 된다는 마음을 강조한다.

나 보기가 역겨워 가실 때에는
말없이 고이 보내 드리우리다
영변에 약산/ 진달래꽃
아름 따다
가실 길에 뿌리우리다
가시는 걸음걸음 놓인 그 꽃을
사뿐히 즈려 밟고 가시옵소서
나 보기가 역겨워 가실 때에는
죽어도 아니 눈물 흘리우리다

민요조를 계승한 김소월 시인의 대표작 중의 하나인 '진달래꽃'에선 원망 대신, 축복을 담았다. 억지로 붙잡으려는 의도를 보이지 않고 님을 고이 보내드리고 있다.

이런 감정의 승화는 현실과는 거리가 먼 것이다. '나를 버리고 가서는 안 된다, 그러면 십리도 못 가서 발병이 난다'는 아리랑의 마음이 훨씬 인간적이어서 서민의 가슴에 와 닿은 것이 아닐까. 그냥 저주가 아니라 끝까지 함께 하여야 한다는 것을 토로한다.

'아리랑 고개'란 또 무슨 뜻일까. 아리랑엔 알 수 없는 언어들로 채워져 있다. '아리랑' '고개' '넘어간다' '가시는 님'은 도대체 무엇을 말하는 것일까. 온 겨레가 뜻도 모른 채 즐거우나 슬플 때 함께 부르곤 하였으니, 여기엔 필시 신비의 힘이 작용하기 때문일 것이다.

207

영원을 바라는 겨레말의 꽃일 것이고, 함께 불러 한 마음이 되는 희망과 축복의 말일 것이다.

　　우리는 풀리지 않는 것에서 신비와 영원을 발견한다. 속을 다 드러낸 것에선 한계가 있을 뿐이다.

　　아리랑은 한과 서러움과 고통을 함께 나눔으로써 흥과 살맛이 나게 하고, 마음을 환희와 광명으로 차 오르게 만들며, 우리를 영원의 하늘과 닿게 해주는 신비의 기원어(祈願語)가 아닐까 한다.

　　아리랑은 우리 민족에 의해 만들어진 이 세상에서 가장 아름다운 말, 축복의 말, 영원의 말, 기원의 말, 신비의 말이다. 그런 말로써 겨레의 노래가 된 것이다.

　　"아리랑– 아리랑–."

제5장 | 건축과 예술의 슬기

문방사우

사랑방 문을 열고 들어서면 난향과 묵향이 풍겨 오고 창문 쪽으로 사방 탁자가 놓여 있다. 그 위에 해묵은 고서와 조선자기가 고요하고 은은한 모습으로 얹혀 있다.

벽에는 매란국죽(梅蘭菊竹)의 사군자나 산수화가 걸려, 방 안은 더욱 정서적인 분위기를 자아낸다.
온돌방의 좌식 생활에 알맞게 배열된 가구들-. 그 중에서 문방구는 선비들이 조금도 멀리 할 수 없는 애용품이다.

머릿장 위에는 연적, 붓통, 벼루들이 놓여 있어 필요할 때 언제나 사용할 수 있게 손길을 기다리고 있다.

지필묵연(紙筆墨硯)-. 이른바 문방사우는 곧 선비들의 대명사이며 서방(書房)의 필수적인 구비 용품이 아닐 수 없다. 그것은 바로 선비들의 정신을 담고 있는 물품들이다.

하나의 연적·벼루 속에 깃든 무한한 마음의 깊이. 이 보이지 않는 마음의 여백은 곧 동양 문화의 바탕이 되어 왔다.

사실 붓, 먹, 종이, 벼루 등의 문방사우는 단순히 문방구로서의 의미보다 동양의 정신 문화를 이어 오게 한 용구였다.

항상 가까이 마음을 주고받을 수 있었던 변함없는 벗이기도 했던 것이다.

사방 탁자 위 백자 항아리에 담긴 홍매(紅梅)의 향기가 좋을 때, 방문에 달빛이 아자형(亞字型) 문살의 선형을 드러낼 때, 선비들은 문득 먹을 갈고 싶었을 것이다.

그래서 연적처럼 여유를 보여 주는 시를, 번지는 달빛처럼 여백을 남겨 놓는 동양의 그림이 탄생되는 것이었다.

조선 정신의 뿌리는 선비들의 서방에서 자라온 것이며 서방의 중심은 곧 책과 문방사우(文房四友)가 아닐 수 없다.

과거제도라는 등용문을 거쳐야만 출세하고 명망을 얻을 수 있었던 조선시대의 정치 구조적인 체제 아래서 문방사우는 입신양명의 도구이기도 했다.

먹은 문방구의 하나로서 검은 빛깔의 도료로, 소나무나 식물류를 태워 얻은 검정과 풀을 재료로 하여 만든 것이다.

인류가 검은색을 도료로 사용하여 그림을 그린 것은 구석기 시대부터였다고 보고 있다.

우리 나라는 신라시대에 들어 와서 비로소 제대로 된 정품의 먹이 생산되었다.

먹 만드는 법은 그을음을 체로 쳐서 풀로 개어 절굿대로 다진다. 이를 적당히 끓여서 나무로 조각한 목형에 압착한 다음, 잿속에 파묻어 수분(물기)을 빼면서 건조시킨다. 그 뒤에 먹에다 칠을 하기도 하고 금박을 발라 빛이 나게 하기도 한다.

벼루는 먹을 가는 문방구로서 돌로 만든 것이 보통이나 옥, 도자기, 수정, 나무 등으로 만든 것도 있다.

이 벼루는 그 만드는 모양에 따라 장방형, 방형, 원형, 타원형 등이 있고, 그밖에 의장에 따라 벼루 둘레에 여러 모양의 조각 장식을 한 것도 있다.

좋은 벼루란 벼루에 먹을 갈 때에 먹이 잘 풀려서 그 먹이 지닌 색이 제대로 나타나게 하는 것이다.

우리 나라에서는 황해도 옹진석, 평안도 청원석, 대동강석 등을 좋은 연석으로 쳐주었고 최근에 와서는 부여와 보령에서 나는 연석을 알아주고 있다.

진주의 사학자 김상조 씨가 소장한 1백여 점의 각양각색의 벼루는 저마다 개성과 특색 있는 문양으로 조각되어 향기 높은 예술품으로서의 품위를 보여 주고 있다. 옛 선비들이 하나의 벼루를 예술품으로 완성하고 이를 얼마나 아꼈던가를 가히 짐작할 수 있는 것이다.

붓은 그 만드는 재료에 따라서 이름이 다르다. 만든 털에 따라서 족제비털붓, 양털붓, 수달비털붓, 여우털붓, 너구리털붓 등이 있다.

우리 나라에서는 '족제비털붓'이 좋다고 전해 오며 토끼털은 가을철이 좋고, 사슴털은 여름철이 좋다고 한다.

고대에는 붓촉이 짧고 심이 있었으나 뒤에 붓촉이 길고 심이 없어졌다. 붓촉이 길어지기 시작한 것은 9세기경이라고 한다. 붓은 글씨가 잘 되고 쓰기 좋아야하므로 특히 털이 가늘고 길어야 운필이 뜻대로 된다고 한다. 붓이 서양과는 다른 개성을 가지고 있기 때문에 문화 창조에도 판이한 모습을 보여 주게 돼 어떤 영향을 미쳤으리라고 생각된다.

종이는 중국의 후한 화제 때 윤이 발명한 것으로 삼 따위의 식물 섬유를 원료로 하는 제지법을 발명한 데서 비롯된 것이다.

우리 나라에서는 고려 때(인종~명종)에는 나라 안에 닥나무를 심을 것을 명하여 종이 생산을 도모하였고, 조선 세종 때는 서울 자하문 밖에 제지소를 두어 여러 가지 종이를 만들게 하였다. 우리 나라 종이의 특색 이라면 닥을 많이 사용하여 질기며 보존성이 높은 점이라 할 것이다.

문방사우는 이제 현대인의 생활 속에서 뒤로 물러앉고 말았다.

시의 세계, 그림의 세계, 학문과 멋의 세계를 간직한 채 선비 시대와 함께 물러가고 말았다.

그러나 동양 정신과 문화의 바탕으로 창조의 수단이 되어 온 문방사우는 선조들의 마음이 괴어 있는 물품이기에 두고두고 깊은 정감을 느끼게 한다.

묵화

옛 선비치고 시서화(詩書畵)를 가까이하지 않은 이는 없었다.

인재 등용문인 과거 제도는 백일장이라는 시험을 치르는 것으로, 이는 시를 짓게 하는 방법이었다.

시로써 먼저 그 사람의 마음과 품격을 알고, 학문과 슬기도 아울러 시험해 보는 것이었다.

선비는 시인이었다. 시를 생각할 줄 아는 마음이 없고서는 백성들을 덕망으로 다스릴 수 없고 관직을 맡길 수 없다는 생각이었으리라.

옛 선비들은 시를 짓고 글씨를 쓰고 그림을 그렸다. 이 그림을 문인화(文人畵) 또는 묵화(墨畵)라고 한다.

묵화의 대표적이 그림은 사군자이다. 즉 매란국죽을 말하는 것이다.

조선시대를 주도해 온 정신은 선비 정신이 아닐까.

한국의 정신 맥락을 이어주는 선비 정신 속에는 사군자의 향기가 배어 있다.

맨 먼저 꽃눈을 피우는 설중매(雪中梅)의 의연한 자태, 그늘에서도 청향을 뿜는 난, 모진 서리 속에서도 시들지 않는 국화, 언제나 곧고 청청한 지조를 나타내는 죽(竹)—.

사군자(四君子)의 정신을 숭상한 선비들은 붓을 들어 마음을 닦는 수도의 자세로 마음에 멋과 아취를 담는 여유로서 이를 즐겨 그렸다.

비록 생활에 곤궁한 선비일지라도 청초하고 고상한 매화향을 가까이 하고 시원스럽게 뻗은 잎새에 부드럽게 보이는 선미(線美)의 난을 가까이하였다.

국화야 너는 어이 삼월 동풍 다 지내고 낙목 한천에 네 홀로 피였다니
아마도 오상고절은 너뿐인가 하노라.

이 고시조에서 보는 것처럼 서리 속에도 의연히 기개를 떨치는 국화는 그대로 선비들의 정신을 말해 주고 있는 것이다.

사군자는 멋이 있다. 때문에 수백 년 동안 동양화의 소재가 되어 수없이 그려져도 싫증이 나지 않는 대상으로서 현재까지도 그려지고 있는 것이다.

이 묵화를 그리는데 붓, 종이, 먹, 벼루를 가리켜 문방사보(文房四寶)라고도 한다.

붓에는 글자를 쓰는 붓이 있고 그림을 그리는 붓이 있으니, 쓰는 붓

은 촉이 짧고 그리는 붓은 촉이 길다. 이 붓의 재료에는 여러 가지 짐승들의 털을 쓰는데 강도가 있으면서 부드러운 것이 가장 좋다.

벼루도 좋은 것을 구하기에 애를 썼다. 명산 심곡의 돌을 정성 들여 다듬어 만들었다. 중국의 천산 남북로의 험준한 곳에 있는 돌이면 으뜸 가는 벼룻돌로 쳤다.

이 벼루의 형태도 각양 각색으로 쓰는 이의 취향에 따라 그 형도 다르다. 그러므로 문인 묵객들은 명산 출토의 돌로 만든 벼루를 가보처럼 소중히 다루었다.

또한 먹의 향긋한 냄새인 묵향은 문인 묵객들의 마음을 사로잡았을 뿐만 아니라 그림 그릴 때 신선한 영감을 발휘하는 향기가 되어 주었다.

종이는 보통 화선지를 사용한다.

묵죽(墨竹)을 그리는 데는 선을 긋는 데서 시작한다. 흰 화선지의 면에 하나의 선으로 경계를 지음으로써 시작되었다. 선은 점에서 시작된다. 즉, 점과 점이 이어져서 선이 되고 선이 전개되어 그림이 된다.

움직이는 형태의 근본 양식이 선에 있는 묵화는 획선(劃線)을 근본으로 하고 그 선을 발전케 하는 것이 묵화의 원리이다.

우리 나라에서의 묵화는 고려시대에 들어와 선비, 규방 부녀자, 기방의 기녀들 사이에 널리 퍼져 다투어 가며 즐겨 그렸다.

정갈한 마음으로 명상하며 먹을 갈아 방 안에 묵향을 그득하게 채워 두고 매향(梅香)이나 난향 속에서 흰 화선지를 펴놓고 사군자를 치는 선비의 마음-.

자연의 숭고하고 신비한 조화와 생명을 생각하면서 멋과 미와 인생을 화선지 위에 담백하게 그려 놓으면 그 속에 우주의 법칙이 깃들게 된다.

항상 여백을 넉넉히 남겨 둠으로써 더 생각의 자리를 마련해 두는 여유를 보이며 그림이 완성되면 그린 이의 낙관(落款)을 한다.

　　낙관의 붉은 인주에서 오는 색채미는 한층 그림을 돋보이게 하며 여백의 시구(詩句)와 함께 화면 구도에 중요한 몫을 차지한다.

　　옛 선비들은 묵화를 정다운 이에게 인연을 맺는 기념으로, 정의 표시로써 시구를 넣어 그려 주기도 하였다.

이와 같이 정성 들여 그린 묵화는 액자나 병풍 또는 족자로 표구되어 그 아름다움을 더욱 선명히 나타내 준다.

　　묵화는 선비 정신의 맥락과 오랜 전통 속에 이어져 온 시중화(詩中畫), 화중시(畫中詩)로 구성된 고도의 예술이 아닐 수 없다.

　　특히 묵화를 높이 평가하는 것은 시, 서, 화, 낙관의 사위 일체의 예술미에서 빚어지는 운치와 멋이 다른 예술에선 따를 수 없는 독보적인 면을 갖고 있기 때문이다.

　　묵화―. 담담한 마음으로 자연의 아름다움을 빚어 시화로 표현하는 묵화야말로 선비들의 멋과 미의 압축이라 해도 좋으리라.

연적

　책상 위에 한적히 놓인 연적(硯滴)을 보노라면 어디서 매향이 나는
듯하다. 은은한 묵향과 함께 마음으로 번져 오는 또 하나의 마음—.
　연적은 벼룻물을 담는 그릇이지만, 마음을 담는 그릇이기도 하리라.
연적 속에 든 물은 그냥 단순한 물이 아니다. 물이라면 가장 맑은 물이
며, 그 물은 사색과 철학의 나무 그늘이 고요히 침잠하여 비춰진 물일
것이다.
　연적을 보노라면 그것은 우리를 사색의 심연으로 빠뜨린다. 옛 선비
들은 매향이 스미는 창가에서, 또한 달빛이 창호지를 물들이는 한밤중
에 문득 책상 위에 놓인 연적을 볼 때, 어이 그냥 가만히 있을 수 있었겠

는가.

달빛보다 더 흰 화선지를 펴놓고 연적을 바라보는 마음은 고요한 세계를 만나는 듯한 설렘이었으리라.

연적은 하나의 벼룻물을 담는 그릇이 아니라, 어쩌면 겨레의 마음과 깊은 생각을 담은 그릇이었다.

물, 그 자체는 생명의 근원이 되는 것이지만 이것이 연적 속에 담겨 있을 때, 물은 시를 잉태하는 시상이며 우주를 포용하는 철학, 학문을 탐구하는 마음이 되는 것이다.

연적은 생각하는 마음의 그릇이기에 한없는 지혜와 생각의 힘을 준다.

연적을 아끼다 보면 은연중 서로 마음이 통하게 되고, 눈이 마주쳐 고요한 무언의 대화가 이뤄질 때 비로소 벼루 위에 한두 방울 떨어뜨리는 물의 의미, 그 물의 생명과 순수는 마음에 깊은 감동을 일으킨다.

얼마나 묵혀서 맛을 낸 마음이며, 얼마나 정갈하게 가다듬은 생각인가. 선비는 벼루 위에다 먹을 갈면서 생각과 지혜를 갈며 그것으로써 인생을 더 깊고 윤택하게 만드는 법을 터득했다.

결국 조그마한 그릇에 불과한 연적으로 말미암아 우리 겨레의 마음이 더욱 넓고 깊어져서 우리의 예술과 학문에 높은 향기를 던졌음을 생각하면, 절로 연적이 신기하다는 느낌이 든다.

옛 선인들은 참으로 멋이 있었다. 하나의 연적을 만듦에 있어서도 그 형태나 모양은 각양각색으로 운취와 개성과 두드러진 조형 감각이 잘 조화되어 표현되고 있다.

연적은 사실 벼룻물을 담아 두는 용도 이외에 그것을 바라보며 생각을 깊게 하도록, 예술품으로서도 빼어난 작품이 많다.

대개 사대부와 선비들이 애지중지하는 물품이라, 어쩐지 귀티가 나며 담담하면서도 볼수록 애착이 담긴 맛과 멋이 들어 있다.

아담하고 정갈하고 은근한 소품으로서 무한한 생각을 담고 있는 그릇이기에 더욱 마음이 이끌리는 것이다.

우리 나라에 연적이 나타나기로는 고려 초기라고 추측된다. 이후 조선시대에 이르러서는 그야말로 다양한 형태의 연적들이 생산돼 문방사우인 지필묵연과 함께 없어서는 안 될 물품이었다.

형태와 모양도 각양각색으로 정육면체, 직육면체, 고리형이 있는가 하면 연꽃, 복숭아, 등 식물형, 개구리, 붕어 등 동물형, 기와집, 가마의 물체형 등 참으로 다양하다.

또한 이러한 형태에다 여러 가지 문양과 그림을 넣어 더욱 운취와 예술성을 북돋우고 있다.

사군자, 화조, 산수, 신선도 등의 그림은 여백과 잘 조화되어 묵향과 함께 마음에 은근한 향기를 보태어 준다.

책상 위에 놓인 하나의 연적, 방의 중심과 생각이 괴어 있는 그릇, 거기에 한국의 학문과 문학과 예술이 숨을 쉬고 있었던 것인가.

연적에서 떨어진 몇 방울의 물이 한 편의 시가 되고 한 폭의 그림이 되어 우리 겨레의 마음에 영원한 정서의 향기가 되고 노래가 될 줄이야……

결국 연적 속의 물은 시의 마음이었으며, 그림의 여백이었으며, 사색의 바탕이었다.

오늘날 편리한 필기구의 발명으로 인해 연적은 이제 동양화가나 서예인 이외에는 사용하는 이가 거의 없어졌다.

타자기 등 편리한 기구를 사용하는 시대이고 보니 연적과 벼루 등의 사용은 현대인으로서는 마땅하지 않으리라고 본다.

　그러나 연적을 바라보면서 여유와 사색을 즐길 수 있고, 또한 마음 속으로 샘솟는 영감과 생각을 얻을 수 있었던 선인들을 생각하면, 연적을 사용하지 않는 현대는 무언지 삭막한 느낌이 든다.

　생각을 담아 두고 또한 명상과 여유를 얻을 수가 있었던 연적을, 책상 위에 얹어 놓을 수 있는 운치와 멋을 안다는 것은 하나의 큰 즐거움이 아닐 수 없다.

벼루

　옛 선비들이 항상 가까이에 두고 멀리하지 않았던 문방사우(붓, 먹, 벼루, 종이) 중의 하나-.

　벼루는 가장 아낌을 받았던 선비들의 애완품이었다. 선비라면 하루라도 벗삼지 않을 수 없는 다정한 기물이었던 것이다.

　선비 방에 놓여 있는 하나의 벼루-.

　단순히 하나의 기물이 아니다. 동양의 고요하고도 깊은 정신의 샘터라고나 할까.

　동양의 명상과 철학이 깃들어 있다. 단정한 몸가짐으로 연적에서 벼루에 물을 따라 먹을 갈며, 그렇게 동양인의 마음과 지혜는 향기를 띠어

갔다. 선비의 운치는 그윽이 기품을 드러냈고 학문은 빛을 더해 갔다.

진실로 하나의 벼루에서 동양의 심오하고 오묘한 마음과 만나게 된다. 선인들이 정신적인 모든 것을 빚어낸 마음의 샘터-.

거기에 동양의 신비가 깃들어 있다.

벼루에 먹을 갊으로써 시상은 학처럼 한없이 날개를 펼쳤고, 화선지 위에 산수화는 선경의 미를 더해 갔다. 벼루에 먹을 간다는 것은 정신과 마음을 한곳으로 모아 그것을 표현하려는 의미를 지닌다.

벼루엔 동양의 사상과 예술이 담겨 있다.

고인들이 벼루를 애지중지한 것은 말할 것도 없고 하나의 기물이라기보다 정신적인 반려로서, 대화자로서 대하였다고 해도 좋을 것 같다.

먹을 갈 때 코에 와 닿는 묵향으로 마음은 매화처럼 맑아졌고 번뇌도 어느 새 사라져 갔다. 동양의 정신적인 그 모든 것, 문화는 어쩌면 묵향 속에서 피어난 것이 아닐지 모른다.

"난지기청 석지체정 청즉수 정즉수(蘭之氣淸 石之體靜 淸則秀 靜則壽)"라는 문장이 표현해 주고 있듯 돌의 체온은 고요하고, 고요함으로 수명이 길다. 단순하면서도 심오하고 부드러우면서도 강하고 볼수록 깊은 이치가 우러나는 깊은 멋, 그것이 벼루라는 돌에서 피워낸 고요한 생명률을 지닌 동양의 문화가 아닐까…….

벼루에 대한 기록은 한 나라 태조가 옥연(玉硯)을 썼다고 한 『서경잡기(西京雜記)』가 가장 오래된 것이다.

한국 벼루의 시초가 언제부터인지는 아직 확실히 밝혀지지 않고 있다. 다만 신라 또는 고려 초기의 도연(陶硯)을 보면 중국의 모방이 아닌 한국적 형식으로 출발한 특징을 느끼게 하고 있다.

벼루는 고려 후기에 크게 개발되어, 위원산 화초석으로 다듬어진 일월연(日月硯)의 고운 석질(石質)과 빼어난 솜씨가 오랜 역사와 전통을 생각하게 하고 그 수준이 결코 중국의 단계연(端溪硯)에 떨어지지 않는 것으로 평가된다. 단계란 중국 광동성에 있는 지명으로서 송나라 때부터 벼루 산지로서 유명한 곳이다.

그러나 압록강변에 위치하고 있는 위원에서 생산되는 화초석은, 팥빛깔의 돌결과 녹두 빛깔의 돌결이 엇갈려서 그것을 교묘히 떠낸 벼룻돌은 이른바 '위원단계석(渭原端溪石)'이란 이름을 낳게 하였다. 그중에서 고려 후기에 만들어진 일월연의 보랏빛 아름다움은 신비에 차 있다.

한국산 벼룻돌의 우수한 석질은 비단 위원 화초석뿐 아니라 종성의 두만강석, 평양의 대동강석, 해주의 녹석, 파주의 검은 돌, 단양의 붉은 돌, 충북의 상산석, 안동의 고산석, 감포의 검은 돌―. 헤아려 보면 무수히 깔려 있고 각기 특징 있는 석질과 모습을 자랑했다.

그러다가 조선조 후기에 이르러 중국의 연경기풍(燕京氣風)을 추종한 일부 지식층에 의해서 너무나 중국 벼루를 닮은 형식의 벼루가 요구되었고 수요가 늘어남에 따라서 감포석 일변도의 대량 생산 체제가 갖추어짐으로써 한국 벼루의 모습은 네모꼴 검은 돌로 고정되어 버렸다고 고미술(古美術) 연구가인 김호연 씨는 지적하고 있다.

하나의 벼루. 거기에 우리 한국의 마음이 담겨져 있다. 물을 떨어뜨려 먹을 갈수록 더 깊어지는 마음의 깊이―.

벼루에 먹을 갈면서 무엇을 생각했는가. 글씨를 쓰는 데 있어서 붓은 마음에 따라 바르게 그어지고 마음은 먹을 갈면서 맑아진다.

먹을 갈면서 인생의 맛은 깊어지고 지혜는 윤기를 띠어 갔다.

선비들의 조용한 마음씨, 겉치레를 싫어하고 가식을 물리친 소박하고 진실한 모습이 보이는 듯하다.

하나의 벼루-.

선조들의 고결한 정신이 깃들어 있다.

정갈한 마음으로 벼루에 먹을 갈면 묵향 속에서 우러나는 한국의 속마음, 겨레의 체취-.

영혼으로 이어져 오는 어떤 그리움 같은 언어를 가슴에 느낄 수 있다. 고인들과 고락을 같이한 벼루. 거기에서 우리는 한국인의 마음과 미의식을 느낀다.

관모(冠帽)

   긴 담뱃대와 갓-.

   흔히 한국을 상징하는 가장 특징적인 것으로서 갓과 담뱃대가 등장하고 있는 것을 본다.

프로 레슬링이 한참 인기를 끌던 때 김일선수가 링에 오르면, 으레 가운엔 긴 담뱃대와 갓이 그려져 있는 것을 볼 수 있었다.

   우리가 지금부터 백 년 전의 한국인을 상상해 본다면, 곧 갓을 쓴 흰 도포 차림새의 모습을 떠올리게 된다.

   갓-. 그것은 한국인의 모습을 더욱 뚜렷이 부각시키는 특징스런 물건이 아닐 수 없다.

갓을 쓴 준수한 얼굴의 늠름한 선비들의 모습 속에서 우리는 문화 의식과 정신의 맥락을 강하게 느끼게 된다. 곧 갓이 상징하는 한국적인 체취는 부정적인 요소도 함축하고 있어 더욱 친밀한 것이다.

갓을 보면 아득히 조선시대를 살던 우리네 조상들이 떠오른다.

한국인만큼 관모를 소중히 여긴 겨레도 없었던 것 같다.

검발·정수(整首)의 기능을 부리며 용모를 단정하게 해 주는 건과 관, 그리고 갓 등은 먼 조상들의 일상생활에서 없어서는 안 될 물건들이었다.

옛 단군 시조가 나라를 다스리는 데 백성들에게, 예의와 염치를 숭상하고 머리를 땋아 베와 가죽으로 옷을 만들어 입게 하였다.

아이들의 머리를 땋고 그 끝을 헝겊으로 잡아매니 그것을 단계 또는 단기(檀祈)라 하였다. 이렇듯 검발 정수하는 습속이 이미 나라를 열었을 때부터 시작된 것을 기록을 통해 알 수 있다. '삼국사기'의 『색복(色服)조』에 의하면 신라 제23대 법흥왕 때에 이르러 육부 사람의 복색 제도를 정하였는데 이찬과 집찬은 금관을 쓰고 대하찬은 금하비관을 썼다고 하였다.

고구려 사람은 모두 머리에 절풍을 쓰는데 모양이 고깔 같고, 선비는 새깃을 꽂았으며 귀한 사람은 그 관을 소골(蘇骨)이라 하여 자라(紫羅)를 많이 써서 이를 만들고 금은으로 꾸몄으며, 국왕은 백라관(白羅冠)을 썼고 대신은 청라관, 서인(庶人)은 고깔을 쓰고 여자는 머리에 건귀를 썼다.

오늘날 우리들이 볼 수 있는 한국의 관모를 크게 나누어 보면, 왕 및 왕족이 쓰는 것, 벼슬아치가 쓰는 것, 양반 선비가 쓰는 것, 군인이 쓰는 것, 상인이 쓰는 것, 중이 쓰는 것, 하층 계급이 쓰는 것, 소년들이 쓰는 것, 부녀자들이 쓰는 것 등으로 나눌 수 있다.

신분의 차이를 따라 용도에 따라 각각 관모의 형태가 다름을 보여 주고 있는 것이다.

왕이 쓰는 것으로는 금관, 면류관, 익선관, 통천관이 있고 벼슬아치가 쓰는 것으로는 복두와 사모가 있다. 또한 양반, 선비가 쓰는 것으로 갓, 탕건, 망건과 정자관(程子冠), 유건(儒巾)이 있다.

군인이 쓰는 것은 벙거지이며 전립(戰笠)이라고도 하는데, 이 모자는 병사의 제모이다.

상인(喪人)이 쓰는 것으로는 방갓, 백립, 두건, 굴건이 있으며, 중이 쓰는 것으로는 고깔, 송낙, 감두가 있다.

농민은 보통 삿갓을 즐겨 쓰며 낮은 계급이 쓰는 것으로는 패랭이, 소년들이 쓰는 것으로는 초립과 복건이 있다.

이렇듯 관모는 매우 다양하게 사용되어 왔다. 관모는 곧 신분을 나타내는 척도로서 엄격히 지켜져 왔던 것이다.

관모를 보면 그 모자를 썼던 사람의 운명과 일생을 짐작할 수 있다. 갓을 보며 풍류를 즐기던 도포 차림 선비들의 준수한 얼굴이 떠오르고 천인들이 쓰던 패랭이를 보면 일생 동안을 그늘에서 수모와 복종으로 살아야 했던 그들의 운명을 눈에 보는 듯하다.

우리가 하나의 관모를 대할 때 느끼는 것은 그것이 구시대의 한낱 유물로서의 의미보다 그 관모를 썼던 이들의 일생이 지나온 역사 속에 어떻게 묻혀 있는가 하는 점이다.

신분에 따라 왕관을 썼던 이도 패랭이를 썼던 이도 이제 역사의 뒤안길로 사라져 갔다.

인간문화재인 충무갓의 기능 보유자도 별세하고 지금은 몇 분만이 그 기능을 전수받아 제주도와 충무에서 갓을 만들고 있다. 이제 관모라고 하면 곧 대표적인 것으로서 갓을 생각하게 되고 조상들의 유물로서 한국의 체취를 느끼게 할 뿐이다.

하나의 갓―.

겨레의 지혜와 의식과 정신을 샘솟게 한 한국인의 머리에 씌워졌던 물건이 아닌가.

갓을 쓰고 짜낸 지혜, 탐구해 온 학문, 생활 윤리나 의식들의 뿌리가 오늘날 우리들의 가슴에 핏줄로서 얽혀져 있음을 느끼게 되는 것이다.

그래서 아직도 시골에서 할아버지가 쓴 갓을 보면 말할 수 없는 친근감을 느끼면서 문득 절을 하고 싶어지는 충동을 느끼게 되는지도 모른다.

금관

　언젠가 국립중앙박물관에서 국보 87호인 금관총 금관을 대하고 너무나 황홀하여 오래도록 그 자리를 떠날 수가 없었다.

　경주 노서리 금관총에서 출토된 높이 44.4cm의 이 금관은 신라 고분 문화를 상징할 수 있는 가장 대표적인 유물이다.

　우선 이 금빛 찬란한 왕관은 바라보기만 해도 신라의 눈부신 문화를 상상할 수 있을 것 같다.

　그 찬란한 광채 속에서 신라의 영화를 보는 것 같고 그 당당한 위엄 속에서 신라의 국력과 그 모든 것을 보는 것 같다.

　금관총 금관은 내관과 외관의 두 부분으로 구성되어 있다. 내관은 삼각형, 철자형, 마름모형을 질서있게 배치하였으며, 일부는 고기 비늘무늬를 양출(陽出)한 금관으로 측면 삼각형의 첨두 모자를 만들었다. 그리고 전면 투조 금판에 새긴 장식이 따로 달려 있다.

외관은 같은 금판을 오려서 둥근 테를 만들고 앞부분에 출자(出字) 모양의 장식을 3개 세우고 뒷부분에는 사슴뿔 모양의 장식을 세웠다.

출자 모양의 장식을 붙여 세운 것에는 일정한 규칙을 가지고 곡옥과 영락을 금실로 매달았다.

전면 좌우측에는 두 줄의 긴 장식줄이 달려 있는데 이 장식줄에는 10개의 공중옥(空中玉)이 가는 금실로 연결되어 있으며, 장식 끝에는 금으로 머리를 감싼 곡옥(曲玉)이 달려 있다.

새 날개 모양의 내관과 출자 모양의 외관이 어울려 전체적인 모양은 굳센 상무적 기풍과 당당한 위풍을 풍기고 있다.

금관의 신묘한 제작 수법은 그야말로 화려한 의장이 아닐 수 없다. 우리는 이 금관 앞에서 미의 극치감을 맛본다. 이 이상의 미를 어디서 찾아볼 수 있단 말인가. 신라의 미적 영감과 지혜가 총동원되어 하나의 미의 상징으로 빛나고 있음을 보고 있는 것이다.

황금과 비취빛의 곡옥, 영락의 배치는 눈부시기 이를 데 없다.

찬란한 광채 속에 중량감과 조화감이 내재율로 간직되어 있다.

이 금관총 금관에서 미적 효과를 최대한으로 살리고 있는 것은 단순히 황금만을 사용하지 않고 비취빛의 곡옥을 배치함으로써 색채를 살리도록 세심한 배려를 했다는 점이다.

또한 조우(鳥羽) 장식에서 흔들리는 영락편은 바람에 꽃향기를 흩날리는 꽃잎같이 보는 이로 하여금 황홀한 환각의 세계로 인도한다. 소리 없는 신라의 교향악이 들려올 것 같기만 하다.

찬란한 금빛과 티없이 파란 비취옥색의 조화미. 이 색채미가 거두는 효과에 우리는 경탄하지 않을 수 없다.

황금 빛깔은 변함없는 영원성을 추구하여 비취옥의 색은 정갈하고 깨끗한 영혼을 담은 빛깔이다. 이러한 색채미에 곁들여 미동에도 흔들리는 영락편은 정적미에 동적미를 조화시킨 우리 나라 금속 공예의 최고 걸작품이라 해도 좋을 것이다.

금관총 금관 외에 금령총 금관, 서봉총 금관, 경주 황남대총 출토 금관, 경북 고령과 경남 창녕에서 출토된 가야 금관, 공주 무열왕릉에서 출토된 불타오르는 화염과 같은 인상을 주는 보상화 당초문의 금제 관식 등이 박물관에 소장되어 있다.

금관ㅡ. 그것은 왕권의 상징. 그 권위와 빛남 앞에 신하들은 숨을 죽였으리라. 고대 국가에서는 왕권 신수설(王權神授說)에 바탕을 두고 나라를 통치하였다.

따라서 왕권의 상징인 금관에 신이 내린 절대적인 위엄과 아름다움이 빛나고 있다.

절정의 미, 절대적인 권위, 황금빛의 부드럽고 온화한 포용성을 보여주는 이 금관의 위용 아래서 나라가 다스려지고 역사가 창조되었다고 생각하니 왕관에서 번쩍거리고 있는 빛이야말로 영원히 찬란하다는 느낌이 든다.

누가 이토록 아름답고 품위 있는 왕관을 만들었을까. 물론 당대의 가장 뛰어난 기능인이었을 것이다. 왕관을 만들면서 지극한 정성과 마음으로 손놀림 하나 하나에 정신을 집중시켜 추호도 소홀히 함이 없었을 것이다. 하늘의 영감을 듣고 별들의 영롱함을 보고 천체의 질서와 조화를 담으려고 기구하면서 금관을 만들었으리라.

왕관이 아름다워야 나라가 평온하고 백성들이 행복해지리라 생각하면서……. 그래서 금관에는 찬연한 재주와 일편단심의 충성심이 아로새겨져 있다고 보아야 할 것이다. 이렇게 위대한 작품이 어찌 한낱 기능인의 손끝 재주로만 탄생될 수 있을 것인가. 금관을 만든 이는 신의 계시를 받아 우주의 아름다운 조화미를 담고자 심혈을 기울였을 것이다.

이 금관으로 말미암아, 보이지 않는 빛의 음성으로 이 금관을 쓴 임금은 더욱 나라와 백성을 위해서 지혜와 용기와 사랑을 간직하도록 만백성의 기구가 담겨 찬란히 빛나고 있는 것이다.

박물관 진열장에 보관된 금관들. 그 금관을 보면서 왕조의 역사와 문화를 생각한다.

결국 박물관의 많은 유물들도, 겨레의 삶의 표현물들도 왕관과 어떤 보이지 않는 혈맥을 통하고 있을 듯하다.

목공예

한국의 목공예는 화려하거나 사치스럽지 않다. 눈에 띄게 지나친 광택을 바라지도 색채를 쓰지도 않았다.

단순한 듯하나 절제된 소박미, 부드럽고 따스한 친근미를 보여 주면서 놀라울 만큼 단아한 미의식을 느끼게 만든다.

한국의 목공예는 목재가 지닌 자연미를 그대로 살리는 데 주안점을 두고 인공적인 미를 최대한 배제하려 들었다. 한국 목공예의 미는 바로 한국의 목질에서 우러나온다고 해도 좋을 것이다. 이 땅에 뿌리박고 자라난 나무들ー. 그 나무들이 좋은 목공품이 되기 위해서는 적어도 일백 년은 자라나야만 된다.

백 년이라는 세월 동안 나무는 계절과 기후의 변화에 따라 속에 아름다운 목리문(木理紋)을 만들어낸다. 나이테라는 이 무늬결이야말로 한국 목공예, 미의 생명이라 할 수 있다. 서양의 나무야 쭉 뻗어 그 각선미는 일품이지만 벗겨 놓고 보면 밋밋할 뿐이나 한국의 나무는 그 내부에 형언할 수 없는 아름다운 무늬를 품고 있다.

　우리 나라처럼 사계가 뚜렷한 곳에서는 나무의 여름 생명 활동과 겨울 생명 활동이 다름으로써 나이테는 물결치게 되고 목질은 치밀해진다.

　옛 장인들은 훌륭한 목공품을 만들기 위해서 일생을 벼르기도 했다.

　장인들은 서 있는 나무를 보고 속에 품고 있는 무늬를 짐작했다.

　명품을 만들기를 고대하고 꿈꾸던 장인들은 나무와 서로 마음을 통하고 있었던 것이 아니었을까.

　장인들은 수백 년간 자란 나무를 바라보면서 나무의 일생을 생각했다.

　그러면서 작품을 구상했다. 드디어 그들은 나무를 베어내고 이를 다시 10여년간 그늘에서 잘 말려야만 했다. 그래야만 만들어 놓은 후에라도 뒤틀려지는 법이 없기 때문이다.

　이렇게 마련된 목재는 나무의 목리문으로 하여 더욱 아름다움을 발하게 된다. 실로 이 목리문은 나무의 일생을 아로새겨놓은 언어요, 한 폭의 추상화이다.

　수백 년간의 나무의 생애가 고스란히 숨쉬고 있다. 이 나뭇결에는 한국의 햇빛과 바람과 빗소리가 스며 있다. 한국의 안개와 달빛과 풀벌레 소리가 담겨 있는 것이다. 그래서 하나의 나뭇결이라기보다 한국의 자연과 기후로 빚은 가장 섬세하고 예민한 아름다움이 거기에 물결치고 있음을 보게 되는 것-.

따로 무슨 인공적인 장식을 더 필요로 하겠는가. 그래서 자연이 그린 한없는 감동을 일으키는 한 폭의 추상화인 목리문을 바탕으로 어떻게 잘 다듬어낼 것인가가 목공예의 주안점이 되어 버린 것이다.

구태여 바깥으로 지나친 장식이나 치장을 삼가함으로써 목리문의 내적 미를 최대한으로 살리고, 볼수록 고요하고 소박한 멋에 이끌리도록 다듬었다.

이는 실로 단순하면서도 무미한 듯 보이나 세속을 벗어난 고도의 손질과 세련된 기능으로 완성하는 작업이었다.

조선의 목공예 중 안방 가구용에는 침구를 넣어 두기 위한 장롱, 반닫이, 함, 문갑, 탁자, 경대, 등촉구, 유상, 병풍 등이 놓였다.

사랑방 용품은 제중용기라고도 하여 가장의 기거와 취미 생활에 소용되는 모든 기구를 포함하여 그 종류가 많았다.

서장, 탁자장, 문갑, 서안, 의침, 등경걸이, 서등, 연상, 연적 등이었고, 주방 기구로는 함지박, 소반, 떡살, 절구, 채반 등 그 종류가 다양하였다.

장인들은 하나의 작품을 완성하는 데 수백 종의 도구를 사용하였다.

송곳, 도래송곳, 끌, 우비칼, 바곳, 끌망치, 장도리, 환, 자귀, 톱 등 헤아릴 수 없이 많은 도구는 일일이 손수 날을 세우고 간수하여 언제든지 사용할 수 있게 정성을 쏟았다.

제품이 완성되면 여러 가지 그림을 새겨 넣었다. 사군자를 비롯하여 모란, 장미 등 화초와 새, 산수화, 십장생 등의 그림을 많이 사용했다. 도안적이라기보다 회화적인 경향이 있었고 장식의 새김에는 목가적이고 낙천적인 분위기를 나타내길 좋아했다.

한국의 목공예는 섬세 유려한 미는 없을지 모르나 조용하고 마음이 안온해지는 듯한 깊은 느낌을 받는다. 그래서 하나의 목기에서나 함지박, 제기, 장롱, 문갑, 서안, 사방탁자, 향상 등 언제나 집 안에서 가까이 보며 만지며 생활하는 가운데서도 조금도 싫증을 느끼지 않는다.

조선시대에 천대받는 계층이었던 장인들은 그들의 비애와 우수를 애오라지 명품을 남겨 놓는데 정성을 다 바침으로써 한을 미화시키려 들었다.

그래서 대개 조선 목공예품은 그 빛깔이 담담하고 무언지 호젓한 감을 자아내게 하는지 모른다.

장인들은 목공예를 통하여 자연과 우주와 대화를 나눌 수 있었다. 그들의 일생은 나무의 목리문과 함께 향기 높은 목공예로 남아 있는 것일까.

오늘날 기계의 힘에 의해 대량 생산되는 가구와는 달리 장인들이 손수 나무를 베고 오랜 세월 동안 정성껏 다듬어낸 목공예는 세계에서도 자랑할 만한 예술품이 아닐 수 없다.

한 개의 장롱에는 이 땅에서 햇빛과 비를 머금고 자란 나무들의 일생을 시로 읊은 목리문의 아름다움과 장인들의 정성 어린 솜씨가 깃들어 있다. 실로 한국의 목공예는 이 땅의 자연의 아름다운 내면 세계와 우리 겨레의 마음씨를 그대로 표현해 준 작품들이다.

한 개의 장롱에서 우리는 한국 여인의 고운 마음과 시선과 그리움을 보며 한없이 애착을 느끼게 된다. 오랜 세월 동안 자란 나무들을 정성으로 다듬어 만들었고 이를 정으로 대하며 생활해 왔기 때문이리라.

첨성대

경주시 인왕동에 외로이 서 있는 국보 31호인 첨성대-.

신라 초기인 선덕여왕 16년(647)에 건립된 이 석축 천문대는 동양 최고(最古)의 천문대로 알려지고 있다.

높이 9m 11cm, 밑지름 4m 93cm, 윗지름 2m 85cm.

첨성대가 세워졌던 자리는 궁궐이던 반월성 동북방 100여 미터로 당시 관아 한복판이며 서라벌의 심장부였다.

나라를 다스리는 지정(地政)에서 첨성대는 양지(量地)의 기준이었고 목적에 따라 점복하거나 천문을 관찰하는 기능으로도 쓰였다.

하늘을 올려다보고 있는 원통형의 첨성대-.

첨성대를 보고 있노라면 별들의 평화로운 운행이 보이는 듯하고 신라인들의 우주관을 짐작하게 해 준다.

첨성대가 세워졌던 1300여년 전의 밤하늘의 신비가, 토함산으로 떨어지는 유성이 보이는 듯하다. 첨성대는 신라인들이 우주로 통하는 문이었을 것이다.

임금이 곧 하늘이었던 천(天)의 정치를 표방한 고대 국가에서는 천문을 관찰하고 그 신비를 알아내는 것이 곧 왕조를 지키는 안위와 상통하고 있었으리라.

우주는 무한대의 세계.

무수한 별들이 제각기 궤도를 운행하고 있건만 서로 충돌하는 법 없이 질서와 조화를 이루는 그 세계야말로 영원한 평화의 나라가 아닐 수 없다.

고대엔 국가의 장래뿐만이 아니라 인간의 운명까지도 별을 보고 점치는 점성술이 발달하였다. 사람이 태어나면 하나의 별이 탄생하고 한 사람이 죽으면 그 사람의 별은 빛을 잃는다고 믿고 있었던 것이다.

무한한 우주로 향한 문이었던 첨성대. 이를 통하여 신라인들의 상상과 철학은 무한의 지평을 열었으리라.

첨성대 실측보고 『고고미술』(1963년 5월호)에 의하면 하층부터 23단까지 362장의 네모난 돌덩이로 쌓여 있고 받침대 돌 8장, 상부 정자석 2단 8장, 중간 정자석 8장, 남쪽 문기둥 2장, 27단의 판석 1장으로 구성되어 있다.

첨성대의 구조적 특징은 사방 어디서 보든지 똑같은 모습을 갖춰 4계 24절기를 측정할 수 있도록 과학적으로 설계되었다는 점이다. 계절에 따라 태양의 위치가 바뀌어도, 해 그림자를 측정하여 시각을 정확하게 측정할 수 있을 뿐 아니라 춘·추분과 동·하 지점을 제대로 관측할 수 있도록 짜임새 있는 규모를 갖추고 있다. 정남방에 뚫린 문은 춘·추분에 태양이 남중에 올 때 햇빛이 바닥까지 완전히 비칠 수 있게 되어 있고, 동·하지 때면 문 아랫부분에서 완전히 사라지도록 되어 있다.

신라인들의 과학 수준을 가히 짐작할 수 있다.

첨성대는 신라인에게 하늘의 철학과 신비를 여는 문이며, 징검다리였다. 첨성대를 통하여 하늘과 대화를 시도하고 오묘한 우주 법칙을 얻으려 했다.

첨성대는 선덕여왕 때 세운 것으로 그 당시 여왕의 선정(善政)은 동양 어디에도 찾아볼 수 없었다.

"하늘과의 대화로써 민심을 천심에 연결시키는 가교를 세움으로 여왕이 권위를 돋보이도록 안간힘을 쓴 것이 아닐까? 이렇게 보며 첨성대는 곧 하늘과 땅을 잇는 천성인어(天聲人語)의 디딤돌로서 국사의 기복을 위한 '거창한 서낭당'의 기능을 함께 떠맡았는지도 모른다."고 김덕형씨는 '한국의 지혜'에서 말하고 있다.

하나의 석축 천문대이기 앞서 그곳은 신라인의 정신적 초점이었다.

신라 고분에서 출토되는 금빛 찬란한 장신구들은 어쩌면 첨성대를 통해 바라보던 별들에서 영향을 받은 것인지도 모른다.

신라인들이 첨성대를 가짐으로써 그들의 생사관은 훨씬 우주적인 차원으로 승화되었으리라. 첨성대로 말미암아 하늘을 가질 수 있었던 신라인들의 상상과 창조력은 더욱 빛나는 문화를 창조할 수 있었을 것이다.

하늘이야말로 인간에게 끝없는 상상과 창조의 샘이 아닐 수 없다.

첨성대―.

바라보고만 있어도 신라의 밤하늘이 반짝거리는 듯한 느낌을 받는다.

별에서 떠난 빛이 사람들의 눈에 보이기까지는 수천 년 동안이란 시간이 필요하다고 한다. 지금 우리가 밤하늘에서 바라보는 별빛은 신라 적에 출발한 빛인 셈이다.

별들을 관측하던 첨성대는 신라의 정신과 사고를 무한히 넓혀 주던 곳이기도 하다.

첨성대의 기능이나 역할에 대해 아직 완전한 조사나 기록된 문헌이 없지만 영원히 우리 겨레에게 상상과 창조의 정신을 불어넣어 주는 유물로 남아 있다.

정자

청풍명월(淸風明月)-.

정자(亭子)를 생각할 때 가장 잘 맞아떨어지는 말이다.

정자에 오르면, 녹음의 향기가 밴 맑은 바람과 만난다. 가슴을 적시는 청계수(靑溪水)와도 만날 수 있다.

어디 그뿐이랴. 온 세상을 적막으로 물들이는 달빛, 그래서 마음과 마음이 서로 통하고 숨었던 언어들이 깃을 펴는 달밤과도 만나게 된다.

절경지에 단아하게 서 있는 하나의 정자-.

그곳이야말로 한국인의 미와 멋과 여유가 만나는 장소가 아닐 수 없다.

한국인의 마음속엔 '정자'라는 미의식이 숨쉬고 있다. 자연을 정관하면서 순수 무구의 자연을 만나고 그것을 통하여 인생을 음미한다. 선인들은 정자에서 시를 빚고 예술을 생각하였다.

정자는 실로 자연과 인간의 마음을 가장 근접시킨 장소이며, 이곳에서 오묘한 한국의 미를 조망할 수 있었다.

청풍명월을 즐길 줄 알았던 마음의 여유-. 그 여유 위에 정자는 세워졌다. 청풍명월은 물질적이 아닌 정신적인 추구로서 항상 맑게 비어 있는 마음만이 그것을 맞아들일 수 있었다.

그것은 오히려 담백한 무욕(無慾)의 사치가 아닐 수 없다.

사소하고 잡박한 것을 버림으로써 더 근원적이고 우주적인 신비에 눈뜰 수 있는 여유인 것이다.

마음속에 늘 여유라는 자리를 마련해 두려는 한국인의 의식과 정자는 서로 뿌리가 통하고 있다.

산자수명(山紫水明)-.

우리 나라의 아름다움을 이르는 말이다. 산하는 수려하여 일찍부터 시의 나라, 미의 나라, 전설의 나라로 해외 여인(旅人)들의 동경의 대상이 되어 왔다.

아름다운 산하의 풍광은 확실히 우리 민족의 자랑이 아닐 수 없다. 산 좋고 물 맑은 골골마다 선조들은 정자를 세우고 자연을 즐겼다. 정자는 풍월을 즐기고 시를 읊던 선비들의 아취와 멋과 낭만을 오늘에 전해 주는 유산이요 현장이다.

단순히 청풍을 즐기던 놀이터만이 아니요, 학문적 이상과 애국 애족의 사상을 지니고 향토애의 넋이 뿌리 뻗쳐 있는 곳이기도 하다.

벼슬을 하던 선비도 만년에 고향으로 돌아가 전원에 파묻혀 사는 일

을 낙으로 삼고 산배수회(山背水回)한 절승처(絕勝處)에 정자를 세워 생활 정감을 아름다운 자연에 부쳐 음영하며 지냈다.

오늘날의 세태에 비추어 볼 때 얼마나 멋진 풍치인가. 정자에 오르면 아름다운 산천의 경계와 함께 이를 깊이 즐길 줄 알았던 선조들의 생활 미감을 접하게 된다.

울주에 있는 작천정은 1백 년 전에 지방의 시문학자들이 모여 시계(詩契)를 조직하여 지었다. 요즘에 뜻 맞는 시우들끼리 모여 책을 내는 시동인회와 같은 시계를 우리 선조들은 오래 전부터 생활화하였던 것 같다.

그 당시는 시문학의 전성 시대. 정자에는 선비들이 운집하여 음시유흥(吟詩遊興)하였다. 우리 나라가 아니면 언제 어디서 이런 풍류와 시정을 맛볼 수 있을 것인가.

어느 정자이든 들어서면 멋진 글체로 정교히 조각된 시판(詩板) 및 상량문정기(上梁文亭記) 등이 즐비하게 걸려 있는 것을 볼 수 있다. 마치 시판(詩板) 전시장과도 같이……

정자하면 주연상을 차려 놓고 풍류만 즐기던 곳같이 생각하는 건 잘 못된 인식이다. 물론 절경에 취하고 시를 읊고 노래도 불렀으리라. 그러나, 각자 자기가 익힌 글을 정자에 모여 토의하고 시작(詩作)도 하여 우수한 시를 뽑아 각판(刻板) 게시하였다. 따라서 정자는 학문의 전당 역할을 한 곳이기도 하였다.

정자ㅡ. 이는 곧 한국인의 미의식과 만나는 장소이다.

한국의 가장 맑은 바람, 물 소리, 달빛, 거문고 소리와 만날 수 있는 최적의 곳이다.

전국의 절경지마다 빠짐없이 정자는 세워지고 그곳에서 얼마나 많은 시가 지어졌을까.

시를 짓는 것만으로 만족하지 않았으리라. 낭랑히 읊기도 하고 거문고나 가야금 가락에 맞춰 노래도 불렀을 것이다.

또한 지필묵을 꺼내 그림과 글씨를 쓰기도 하였으리라. 얼마나 멋들어진 풍취인가. 각박한 현대 생활 속에서는 도저히 흉내낼 수 없는 풍류가 아닐 수 없다.

진실로 공산명월의 주인이 아니고서는 맛볼 수 없는 운치가 거기에 있다. 현대 과학 문명의 물결 속에 정자는 점점 퇴색되어가고 있지만 한국인의 마음 속에 자리한 '정자' 라는 미의식만은 언제나 사라지지 않을 것이다.

성

옛 성터를 찾아가 본다.

형태도 거의 없어졌으나 여기저기 흩어져 이끼 낀 섬돌마다 새겨진 사연들-.

겨레의 땀과 피가 얼룩져 있다. 민족의 한이 가슴을 치고 있다.

내 나라 내 강산이여, 선조들의 뼈가 묻히고 우리들이 묻힐 땅. 한 그루 소나무, 돌멩이 하나라도 정들어 예사롭지 않은 우리의 국토여.

옛 성터에 오면 한 줌의 흙, 풀 한 포기가 그렇게 소중해 보일 수가 없다. 선조들은 이 땅을 지켜 길이 후손들에게 물려주기 위해 얼마나 많은 피를 흘렸던 것인가.

산등성이에 엉성하게 자취만 남아 있는 산성에서 그야말로 나라의 흥망성쇠와 애국심을 느끼게 한다. 높은 산정까지 돌을 날라 쌓고 죽음을 무릅쓰고 외적의 침략을 막아내던 선조들의 그 함성이 귀에 들리는 듯하다.

성은 국토를 지켜 온 선조들의 증언의 현장-. 도도한 역사의 흐름 속에 가슴으로 이어져 온 겨레의 얼이 여기에 스며 있다.

북소리에 펄럭이는 민족혼의 깃발이 여기에 꽂혀 있다.

오랜 풍우에 성은 무너지고 자취도 뚜렷하지 못하다 할지라도 민족의 역사, 민족의 발자취가 새겨져 있다.

우리 나라의 성 가운데 처음으로 쌓아진 성은 토성이었다.

흙으로 쌓은 토성은 해성 토성, 청해 토성을 비롯하여 낙랑군 토성, 어을동 토성 등이 있다.

이밖에 산정에서 계곡을 따라 돌로 쌓은 산성과 한 나라의 도읍지나 성읍의 주위를 에워싸 축조한 도성이 있었고, 길이가 수십 리에서 수백 리에 이르는 석벽의 연결로 된 장성과 주로 국경 또는 해안선에 설치, 병선을 배치하여 외적의 침입을 막은 진성도 있었다.

조선시대에는 도성인 한양성을 중심으로 여러 성이 있었다. 북한산성은 백운 인수 국망의 세 봉우리를 주봉으로 하는 험준한 능선에 깎아 세운 듯이 계곡 위에 쌓은 성이다. 이곳은 고구려와 백제 두 나라 사이에서 수없이 많은 격전을 벌인 쟁탈지였다.

한성을 방비할 목적으로 쌓여진 성으로는 북에는 북한산성, 남에는 수원성, 동에는 남한산성, 서에는 강화성이 있었다. 외국의 성은 높게 쌓아 올린 성벽이 안과 밖에 깊게 물을 끌어들여 놓고 그 위에 다리를 놓아 유사시에 걷어올리게 만든 매우 완벽한 성으로서 공격적인 형태를 지니고 있는 것이 특징이다.

그러나 우리 나라의 성은 흙이나 돌로 주변을 쌓아 올려 하나의 울타리 같은 느낌을 자아내게 한다.

공격보다 방어를 위한 우리 나라의 성은 아늑하고 목가적인 느낌마저 들어 평화를 사랑했던 민족의 마음을 엿볼 수 있다.

성은 외적의 침입을 막는 방파제로서 국토를 수호하기 위한 보루로 애국 충절이 아로새겨져 있는 역사의 현장이다.

당태종 이세민이 몸소 이끈 고구려 침략군 17만 수륙 대군이 요동성, 백암성 등을 차례로 공략하고 남으로 안시성을 공위(攻圍)하였을 때 나라를 지키고자 단결한 고구려인의 함성은 드높았다.

당군이 밖에서 토성을 쌓아 성을 넘보며 공격하면 성 중에서도 따라서 성을 높이고 공성기(攻城器)로 그 성첩을 파괴하면 성 내에서는 재빨리 목책을 세워 방비하였다. 접전이 67회, 성을 포위한지 60여 일이 지났으나 성은 오히려 견고해져 갔다.

지칠 대로 지친 당태종이 몹시 실망하여 철귀(撤歸)를 결행하였다. 성주 양만춘 장군이 성에 올라 전별의 예를 표하니, 당주는 적이지만 성주의 영웅적 전투에 깊이 감격하여 그에게 비단 백 필을 선무로 주고 떠났다고 한다.

하나의 아름다운 전쟁 서사시가 아니고 무엇이랴.

임진왜란 때 우리 나라에 첫발을 못 딛게 죽음을 무릅쓰고 항쟁한 동래성과 동래 부사 송상현, 부녀자들이 행주치마에 돌을 싸 나르고, 군관민이 일치 단결하여 성벽으로 기어오르는 왜군들을 향해 돌팔매질하며 끝끝내 성을 사수한 행주산성과 권율 장군, 진주성과 김시민 장군-.

성은 나라와 민족이 무엇이며 흥망성쇠가 무엇인가를 느끼게 하는 곳이다. 불사조 같은 민족의 의지가 담겨진 곳이기도 하다.

또한 민족의 한과 슬픔이 맺혀 있다.

병자호란 때 청의 태종이 이끈 13만 대군이 남한산성을 포위했을 당시 아군의 병력은 불과 1만 2천−. 군 장비 부족에 군량은 떨어지고 모진 한풍과 허기에 지친 군사들의 사기는 떨어져 있었다. 1870년 봄, 인조 임금은 적장 앞에 나가 항복하지 않을 수 없었다.

이때 끝까지 충절을 고집하여 항거하다 처형당한 삼학사인 홍익환·윤집·오달제의 넋이 오늘도 겨레의 마음에 맴도는 것 같다.

민족혼의 도장인 성−. 남강변의 절벽 위에 병풍처럼 둘러쳐진 진주성엔 임진왜란 이듬해인 계사년에 성의 함락으로 6만 시민이 장렬히 최후를 마친 충절의 넋이 섬돌마다 담겨 있어 찾는 이의 옷깃을 여미게 한다.

겨레의 영원한 국토 수호의 의지와 노래가 담겨 있다.

한옥

   인간의 생활 근거지인 주택.

   인간이 태어나고 자라며 마지막 숨을 거두는 곳. 다른 곳에 얼마 동안만 가 있어도 자나깨나 잊을 수 없는 그리움의 뿌리가 자리한 곳-.

   인간에게 집은 단순히 생활 거주지로서 의미뿐만 아니라 정착지이며 삶의 뿌리였다. 집은 영원한 마음의 고향이요 안식처인 동시에 생명, 그것이었다.

   어느 겨레이건 그 겨레가 살아온 집을 보면, 생활과 문화를 알 수 있다. 그만큼 집은 그 겨레가 그들의 자연 환경과 지혜를 조화시켜 이룩한 문화라고 해도 좋을 것 같다.

최근 고고학자들은 우리 나라에도 구석기 시대가 있었다고 밝히고 있어 우리 겨레가 집을 짓고 산 지가 몇만 년이 넘는다는 것을 짐작하게 한다.

오늘날 같은 생활의 변화가 거의 없었던 옛날에 집을 짓는다는 것은 당대뿐만이 아니라 대대로 삶의 터전을 마련한다는 뜻이기도 했다.

집을 세우는 데는 우선 집터 고르는 일에 신경을 썼다. 집터를 잡는 데는 고려 초부터 민간에 널리 퍼져 오던 택지 풍수설에 의해 선택되었다. 먼저 지관이라는 풍수를 불러 집터 앞뒤의 지세를 살펴 집을 세웠다.

집터 앞에 물이 흐르면 방위에 맞도록 다리를 놓고 그 앞으로 언덕이 있으면 더욱 좋다. 그것은 집주인이 머지않아 벼슬길에 오른다는 징조라서 누구나 집터를 이런 곳에 잡기를 원했다.

뿐만 아니라 집 앞에 연못을 파 놓으면 부자가 되고 풍수설의 조건에 모두 알맞은 곳이면, 자손은 번창해서 늘어나고 병 없이 오래 산다. 또한 부귀 공명을 한몸에 얻을 수 있다고 했다.

하여튼 고인들의 풍수설이 근거 없는 미신이라 할지라도, 대대로 생활 터전이 될 집터를 고르기 위해 풍수설은 그들이 짜낸 최대의 슬기로 파악된다. 또한 자연과 화합할 수 있는 곳이 곧 풍수설에서 말하는 명당지가 아닐까 생각된다.

조선시대 양반집이라면 대개 솟을대문이 있다. 솟을대문을 들어서면 바깥마당이 있다.

거기서 행랑채를 지나 사랑채로 들어가면 문이 나오고 안채로 들어가는 문이 있다. 사랑채는 집주인인 양반 어른이 거처하는 곳이며 손님을 접대하는 곳이기도 하다.

이 사랑채는 보통 스물일곱 평의 열네 칸짜리의 집으로 대청이 네 칸, 뒷마루가 두 칸, 쪽마루 온돌방이 넷이 있다. 사랑채에서 안채로 들어가자면 중문을 통해 들어가야만 하는데 이 중문은 다른 문보다 아름답고 경쾌한 맛이 나도록 만들었다. 부녀자들이 출입하는 문이기 때문이다.

안채의 크기는 사랑채보다 작지만 안방마님이 편리하게 쓸 수 있도록 두 칸의 대청과 안방이 마련되어 있다.

우리의 한옥에서 보는 미는 무엇일까.

그것은 뜨락이나 마루, 방문 혹은 지붕에서 느껴지는 공간미가 아닐까. 호사스런 장식을 배제해 버린 눈에 띄지 않는 아름다움이 거기에 깃들어 있다.

햇빛을 가장 잘 맞아들일 수 있고 뜨락이나 담벽에 달빛을 고요로이 바라볼 수 있는 공간, 대청에 앉으면 바람과 가슴을 맞댈 수 있고 정원의 나무에 새들이 찾아올 수 있는 공간.

방 안에 앉아서도 매화 향기를 맡을 수 있고 오동잎 지는 소리를 들을 수 있는 마음의 공간이다. 아주 텅 빈 것 같으나 한편으로는 알맞게 들어 찬 것 같은 한옥의 공간, 닫힌 듯 열려 있는 그 오묘한 조화는 눈에 잘 드러나지 않는 아름다움이다.

집 뒤쪽으로는 죽림을 조성하고, 정원엔 연못과 자연석으로 단장하여 자연 속에서 그 미를 찾고 안식을 얻으려 했다.

오늘날 아파트나 도시의 주택에서는 도저히 찾을 수 없는 공간미가 우리의 한옥에 깃들어 있는 것이다. 뜰을 거닐 수 있고 별을 바라볼 수 있는 공간은 그냥 넓은 집터만으로 이뤄지는 것이 아니다.

지붕과 담장의 부드럽고 은근한 곡선, 마당에 심어진 수목에 의해 허전한 듯한 공간은 알맞게 채워진다.

　이 한옥에서 한국인의 지혜와 사색이 우러나오고 겨레의 모든 전통은 가문으로 뻗어 이어졌다. 진실로 한옥은 우리 겨레의 모든 것을 보여 주는 실체라고 해도 좋을 것 같다.

　고요하고 맑은 마음을 보여 주는 창살의 아름다움, 친절하고 따뜻한 사랑방의 인정, 부드러운 지붕의 흘러넘치는 듯한 선들, 호젓한 아름다움을 누리고 있는 처마, 어머니의 신발이 놓여 있는 댓돌, 가을의 귀뚜라미 소리를 벗삼아 책 읽기 좋은 한지 빛의 방들……. 이러한 모든 것들에서 한국의 뿌리와 향수를 느끼게 한다.

　삶의 터전인 집을 짓는데 있어 자연과의 조화, 신과의 교감까지 얻으려 했던 선조들의 지혜, 삶의 숨결을 가슴에 느낀다.

　한옥 기와지붕의 곡선, 그 곡선이 지니는 유한한 미가 깃든 집에서 우리 겨레는 삶과 문화를 창조해 왔다. 서구 문명과 현대화의 물결 속에서 이제 전통적인 한옥은 거의 찾아볼 수 없게 되었다.

단청

심심산곡의 사찰이나 정자에 가 보면 눈에 환히 띄는 것이 단청이다. 한국 건축의 미는 처마의 선에서 온다고 말하는 이도 있다.

"용마루에서 흘러내린 선과 기둥으로부터 솟아오른 직선의 힘이 맞부딪쳐 일어나는 처마의 아름다움은 물 이랑이 부딪쳐 이룩하는 물포래처럼 두 힘의 충돌에서 비롯되면서도 조화의 리듬으로 충만해 있으며, 그 리듬은 건물의 모든 부문에 미치어 작용하고 있다."고 시인 최하림 씨는 지적하고 있다.

한옥의 처마는 그 곡선에서 달빛처럼 은은한 미소를 머금고 있는 것이지만 사실 집 안의 대청에 앉아서도 처마 끝으로 흘러가는 구름과 저

254

녁놀을 바라볼 수 있게 하늘을 배경으로 한 공간미를 살리고 있는 것이 아닐까.

한옥의 처마에선 정적미를 거느리고 내려온 달빛이 고요히 펼쳐질 수 있는 그런 마음의 여백을 느끼게 한다.

무언지 비어 있는 듯 허전한 가운데서도 처마의 모서리와 하늘을 이어 주는 이 조화의 눈맞춤은 자연과의 합일처럼 여겨진다.

한옥의 처마를 보다 아름답게 장식하고 있는 것은 단청이다.

단청이란 빨간빛을 내는 단사(丹砂)와 파란색을 내는 청확을 말한다. 이인로의 「파한집」에 의하면 "붉고 푸른 빛깔로 무늬를 그리는 것을 단청이라고 한다."라고 했다.

몇몇 미술사가들은 고구려의 고분 벽화와 같은 특별한 장소에 특별한 안료로 사용하였던 고대의 미술 행위가 곧 단청 작업에 내포되는 것이 아닐까 추정하고 있다.

한국의 건축에 있어 단청이란 어떤 의미를 가지고 있는 것일까.

단순하고 절제된 장식을 보완해 주는 한국의 색채 미학. 밝은 색채와 아름다운 문양의 단청은 한국의 건축미를 한층 돋보이게 한다. 그것은 단순한 장식미를 떠나 선인들이 추구한 미의식의 한 부분이요 사상이 내포되어 있다.

단청에서 볼 수 있는 오채(五彩)엔 오행사상(五行思想)이 내포되어 있다. 오행에 의하면,

① 청(靑)은 나무(木)이고 계절은 봄, 방위는 동
② 적(赤)은 불(火)이고 계절은 여름, 방위는 남
③ 황(黃)은 흙(土)이고 공용(共用)이며 방위는 중앙
④ 백(白)은 쇠(金)이고 계절은 가을, 방위는 서

⑤ 흑(黑)은 물(水)이고 계절은 겨울, 방위는 북이다.

이것은 농사를 주업으로 농경 사회를 형성하고 있었던 고대인들이 자연 질서와 그들의 삶을 조화시키기 위해서 추구한 사상이었다. 하여튼 우리는 사찰이나 고가에서 이 단청으로 하여 무한한 동경과 신비에 사로잡히게 됨을 느낀다.

이 도령과 춘향이가 만난 광한루나 심청과 심봉사가 상봉하던 대궐을 생각해 보아도 단청의 아름다움이 눈에 떠오른다.

단청은 장식적인 것으로서 권위를 상징한다. 궁이나 사찰에서 주로 사용하였을 뿐만 아니라 재실, 정각, 홍살문 등에 사용한 것만 보아도 그렇다.

단청의 당초문(唐草紋) 연화문(蓮花紋) 유운문(流雲紋) 등에는 춘향의 마음, 심청의 마음이 깃들어 있다. 실로 부귀영화를 바라던 고인들이 꿈이 채색되어 있는 것이 단청이 아닐까 생각된다.

퇴색되어 가는 정자의 희미한 단청을 보고 있노라면 거문고 소리와 함께 낭랑히 읊는 선비들의 목소리가 들리는 듯하다.

담백하고 소박한 멋을 즐겼던 우리 선조들은 단청에서 매우 화려한 색채감과 섬세 유려한 감각을 발휘하고 있다.

단청은 중국에서 시작하여 우리 나라, 일본으로 전래되어 동양 건축의 독특한 개성이 되고 있다.

"삼국 중에서 우리 나라 단청이 가장 섬세한 미를 보여 준다"고 수년 간 단청수 일을 해온 마산의 동양화가 김 대환 씨는 말해 준다. 그는 "단청의 재료는 흙, 금속, 풀 등 자연물에서 얻어지며 오랜 세월 동안 정성껏 전래된 방법에 의해 만들어진다."고 하였다.

이렇게 해서 오색 영롱한 색채로 빚어지는 단청은 수백 년간의 풍상을

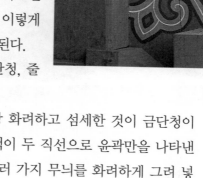

견디고 오늘까지 그 모습을 나타내고 있어 오직 신비롭기만 할 뿐이다.

채색을 할 때에도 주단녹청(朱丹綠靑) 등의 채료(彩料)를 한 사람이 한 가지씩 들고 초상에 지정된 자기의 색만을 계속하여 그려 나간다. 다른 색을 맡은 사람도 그 뒤를 따르면서 자기에게 지정된 색만을 칠한다. 이렇게 해서 채색이 완료되면 문양을 그리게 된다.

문양에 따라 단청도 금단청, 모루단청, 줄(선)단청으로 대별된다.

가장 간소한 것이 줄단청이며 가장 화려하고 섬세한 것이 금단청이다. 줄단청은 바탕색인 쑥색에다 흑백이 두 직선으로 윤곽만을 나타낸 것을 말하며 금단청은 5색 빛깔로 여러 가지 무늬를 화려하게 그려 넣은 것이다.

한국 건축물의 단청은 가장 화려한 색채감의 표현으로서 궁전, 사찰, 비각, 누각 등에서 고유하고 동양적인 풍모를 드러낸다.

사실 사찰의 대웅전 추녀에 단청이 없다면 무미할 것이며 사찰 정자 등에서도 도저히 그 독특한 미를 느낄 수가 없을 것이다.

단청은 동양의 목조 건축물에 있어 한 독특한 표현 양식이다. 한국 단청에서 보는 여러 가지 문양도 한국의 자연 모습과 겨레의 염원이 담긴 언어를 추상적인 표현 기법으로 나타낸 것-. 이 단청 때문에 한국의 목조 건축물은 더욱 오묘한 철학의 깊이를 가지며 동양의 신비를 간직하고 있는지 모른다.

와당

기와집-.

한국인의 마음에 들어앉은 행복의 터전으로서 언제나 동경의 대상인 기와집.

그것은 우리에게 고향을 느끼게 한다. 고향은 바로 마음의 보금자리 요 한국인이라면 그 보금자리에 으레 기와집을 지니고 있다.

기와집은 평화와 안주의 상징으로 고향의 정서를 안겨 준다. 10여년 만에 찾아간 고향집 기와 지붕 너머로 뒷동산과 감나무 위에 까치집이 보이고 막 저녁 노을이 넘어갈 때 어떤 시인은 그만 울고 싶었다고 술회 한 적이 있다.

시골의 고가(古家)나 사찰, 혹은 덕수궁이나 창경원의 건축물에서 우리는 한적하고도 온화한 그러면서도 의젓한 인상을 받는다. 마치 의관을 쓰고 정좌한 듯한 기와 지붕의 모습은 신비스럽기까지 하다.

한국 기와 지붕의 선형(線形)은 가이 선의 미학을 보여 준다.

겨울에 눈이 내려 덮였을 때 백설 속에 선명히 드러나는 기와 지붕의 선형, 그 유연한 곡선, 순백 속에 물결치듯 뻗은 선은 형언할 수 감탄을 자아내게 한다.

한국 건축물의 미를 집약시킨 곳은 기와 지붕과 처마가 아닌가 한다.

기둥에서 솟아오르는 직선적인 힘과 지붕의 물결치는 듯한 곡선적인 힘이 부딪쳐 일으키는 조화의 리듬은 건축물 전체에 생동감을 안겨 준다.

고요한 안식과 호젓한 맛을 일으키는 생동감이다.

한국의 궁전, 전각, 사찰과 큰 집의 지붕은 기와로 덮고있는 기와는 수키와와 암키와로 구성되어 있다. 기와란 진흙을 빚어서 그 용도에 알맞게 만들어 지붕을 덮고 또 장식하는 용채를 말한다. 그 종류에는 수키와, 수막새기와 암키와, 암막새기와, 서까래기와 등이 있다. 그리고 막새기와란 건물의 추녀 끝에 달리는 기와로서 수막새와 암막새가 있다.

암키와는 반월형으로서 아래로 깔리고, 수키와는 두 암키와가 좌우에서 만나는 부분에 덮인다. 이와 같이 기와들은 아래에서 깔리고 그 위에 덮여 기와 지붕의 은은한 형을 이룩하면서 용마루에서 흘러내려 처마 끝의 수막새에서 끝나고 있다.

신라 고분이나 백제 유적지에서 출토된 기와들 혹은 깨어진 채로 모습을 보여 주는 기와의 파편들에서 우리는 선조들의 높은 미의식을 발견하고 경탄한다.

국립경주박물관에 소장된 통일신라시대의 연화문원와당(蓮花文圓瓦當)은 자방(子房)의 중심에 선대(線帶)로 테두리한 연자(蓮子) 1개를 놓고 그 밖으로 6개의 연자를 배치하였으며, 연꽃잎 안에는 인동화(忍冬花)가 있는 단변 연꽃 8잎을 이중으로 돌렸다. 그리고 넓은 주록대(周綠帶)에는 연주문(聯珠文)이 촘촘히 돋쳐 매우 화려한 모습을 보여 준다.

역시 국립경주박물관에 소장된 통일신라시대의 인면원와당은 경주 흥륜사(興輪寺) 터에서 발견되었으나 일본인이 입수하여 일본으로 가져 갔다가 돌아온 것이다. 턱이 떨어져 나갔으나 눈과 입 또는 광대뼈의 모양으로 보아 만면에 웃음을 머금고 있음이 뚜렷하다. 부드럽고 자비로운 미소는 보는 사람의 마음을 그대로 환하게 만들어 준다.

기와의 무늬는 연화문, 당초문과 보상화문이며 봉화문, 기린문용문, 천녀선인문, 목단문, 동물문, 귀면문 등이 있다.
사람들의 손길이 잘 미치지 않는 지붕의 기왓장 하나하나에 이렇도록 섬세하고 유려한 장식을 한 것은 무엇 때문일까?

기와 하나하나에 정성과 조각술을 다하여 갖가지 무늬를 정교하게 새겨 넣은 것은 단순히 장식만을 위한 목적에서가 아닐 것이다.

옛 선조들은 비록 눈에 띄지 않는 곳일지라도 허술히 하지 않으려는 빈틈없는 마음에서일 뿐 아니라 지붕을 덮고 있는 기와는 하늘을 대면하고 있음이 그 이유가 아니었을까. 그래서 지붕이 하늘과 대화를 가능하게 연결시키는 마음의 창구가 되었으리라.

천년선인문, 용문 등은 하늘을 의식한 마음이었고 연화문, 보상화문 등은 부처님께 바치는 마음의 공양이었던 것이다. 기와 하나하나에 선조들의 의식과 영원에 대한 갈구가 섬세한 조각으로 나타난 것이다.

신라인들의 불교 신앙의 뿌리가 지붕의 수막새기와마다 연꽃 무늬로 피어오르게 했고, 그 꽃무늬에 깃든 염원이 가정의 평화와 안식을 가져오게 했다.

기와는 지붕을 덮기 위한 단순한 기능을 초월하여 하나의 예술품이라고 할 만한 미적 경지를 보여 준다.

깨어진 한 장의 기와 파편에도 선조들의 솜씨가 깃들어 있다.

수백 년 전의 빗방울 소리, 눈이 녹는 낙숫물 소리, 바람에 구르던 낙엽의 언어가 배어 있는 기왓장.

어찌 현대의 규격화된 한낱 건축 재료에 비길 수 있으랴. 한 장의 기와에서도 우리는 선조들의 한없는 마음을 읽을 수 있는 것을….

창

남으로 창을 내겠소
밭이 한참갈이
괭이로 파고
호미론 풀을 매지요
구름이 꼬인다 갈 리 있소
새노래는 공으로 들으랴오
강냉이가 익걸랑
함께 와 자셔도 좋소
왜 사냐건

웃지요.

김상용 시인의 '남으로 창을 내겠소' 라는 시이다. 이 시에는 자연과 벗하며 전원에서 소박한 삶을 즐기는 생활인의 마음이 잘 담겨 있다.

창-. 그것은 삶의 보금자리인 우리들 집의 눈동자이며 마음이다.

창이 없는 집을 어찌 상상인들 할 수 있으랴. 예로부터 우리 선조들은 동창에 은은히 밝아 오는 새벽빛을 사랑하였다. 하얀 한지 위에 희끄무레한 여명이 수탉의 홰치는 소리에 밝아 올 때, 창문에 어리는 고요한 빛을 마음에 담을 줄 알았다.

우리 민족은 어느 민족보다 빛을 사랑하였다. 창호지에 투영되는 은근하고 신비로운 빛은 가정을 온화하게 만들어 주었다. 날이 샌 창밖에는 새소리가 들여왔다. 우리 선조들은 창문을 보고 시간을 가늠했다.

밝아진 창문을 보고 농부는 자리에서 일어나 논밭으로 나가고 선비는 글을 읽으며 아낙은 물동이를 이고 샘터로 나갔다.

창문은 자연을 관조하는 출구로서, 공기와 빛을 받아들이는 입구로서 실내 온도와 광도를 효율적으로 조절하려는 생활 지혜에서 만들어졌다.

우리네 가옥의 미는 창문에서 더욱 두드러진다.

아침 햇살을 받아 담백한 선형을 드러내는 창살과 창호지의 멋. 그것은 가로 세로 잘 짜인 문살의 조형미와 창호지에 비치는 빛이 만들어내는 선미(禪味)요 예술이다.

행여나 오시련가 기다리는 임이 그리워 바라보기도 하고 우두커니 창을 열고 먼 하늘 너머로 친정을 그리다가 뺨에 눈물짓는 며느리에게 창문은 무한한 그리움과 위로를 안겨 준다.

　한식 가옥은 잘 지은 집일수록 창문이 많다.

　어려운 집들은 봉창(封窓)이 하나 뚫려 있는 것이 고작이지만 상류층의 주택은 사면이 온통 창문으로 둘러싸여 있다. 뿐만 아니라 그 문들은 두 겹 세 겹 첩첩으로 닫히고 열리게 되어 있다.

　우리 나라의 창과 창살의 종류는 10여 가지에 이르고 있다.

　가장 단순하고 많이 쓰이는 것이 갑자(甲字)살 창이다. 한자의 용(用)형으로 되어 있어 용자살이라고도 한다. 이 창문은 대개 사랑방에서 많이 찾아볼 수 있다.

　가장 보편적인 창살은 만자(卍字)살 창이다. 오목조목하게 짜여진 이 만자살 창은 규방에 애용되며 직선인 듯 곡선인 듯 다양하면서도 복잡하지 않게 조화를 이루고 있다.

　한자의 아(亞)자형으로 된 창살을 아자살 창이라 부르는데 이런 모양은 웬만한 가정집에서 흔히 볼 수 있다.

　이 밖에도 정자(井字)살창, 빗살창, 숫대살창, 원창(圓窓), 등창(登窓) 등 종류는 얼마든지 있다.

　창-. 가을밤 섬돌 밑에는 우는 귀뚜라미 소리를 들으며 시어머니와

며느리가 함께 베를 짜는 그림자가 보일 듯한 창.

잠 아니 오는 밤에 가만히 창문을 열고 별들을 바라볼 수 있는 창이야말로 우리의 마음을 열어 주는 문이 아닐 수 없다. 그랬기에 한옥에서는 무엇보다 창문을 중시하고 그 미를 살리려 애썼다.

단순하면서도 싱겁지 않고 직선이 듯하면서 곡선이 되는 부드러운 조화미, 한지의 하이얀 공간에서 느껴지는 여백의 미는 한국 창문의 개성이요, 미학이 아닐 수 없다.

계절이 바뀔 때마다 먼지 낀 새하얀 창호지를 새로 바르며 소박하고 맑은 마음으로 가정의 평화를 기원하는 것은 한국인이 가지는 생활 예지이다.

한옥의 창문에서 은근하고 그윽한, 마치 달빛 같은 민족의 마음과 미의식을 느낀다.

유리창처럼 속까지 훤히 비춰 보이는 것이 아니라 다만 한지에 어리는 밝기로써 빛을 느끼고 자연의 소리를 들을 수 있었다. 방 안에 앉아서도 창문으로 스미는 매화 향기를 즐길 줄 아는 우리의 선조들이었다.

초가삼간 오두막집의 봉창서도 평화를 사랑하는 우리 민족의 숨결을 느낄 수 있다.

흙담

　시골 마을에 가면 시멘트로 된 담장보다 흙으로 담장을 둘러친 기와 집이 마음에 든다.

　흙담장은 할아버지의 인상처럼 구수하다. 바깥세계로부터 차단시켜 내부의 모습을 드러나게 하지 않으려는 것이 아니라, 맑은 바람과 달빛이 드나들 수 있도록 닫힌 듯 열려 있는 흙담장이다. 너무 훤히 드러나는 것이 민망하여 살짝 가렸을 뿐 발끝을 세워 보면 그대로 안이 눈에 들어온다. 무엇을 가릴 것이 있겠는가. 마당에 맨드라미, 분꽃, 수국, 봉숭아, 접시꽃이 수시로 피고 지고 감나무, 석류나무가 햇빛을 받아들이기 위해서는 담벽이 높아서는 안된다.

대청에 앉아서 무심코 바라보면 담장 너머로 산능선이 푸른 하늘로 난초잎의 곡선처럼 뻗어간 모습을 아스라이 바라볼 수 있고, 동구 밖에서 정다운 손님이 오시는 것도 볼 수 있는 높이로 쌓아 놓았다.

　시골 기와집의 흙담은 어쩐지 수줍음을 머금은 듯하고 농부의 옷차림처럼 수수하다. 더러 멋을 부린 흙담은 기와를 얹어 비에 쉽게 허물어지지 않게 해놓았을 뿐이다.

　흙담을 쌓을 때를 상상해 보면 막걸리 한 잔을 들이키고 싶어진다. 황토흙에 썬 짚을 넣어 물을 부은 다음, 맨발로 들어가 밟으면서 흙의 묽기를 적당히 만드는 과정에서 황토흙 속에 비비작거리는 발은 잠시 땅속의 나무뿌리가 된 듯해 보였다.

　부드러운 흙의 촉감을 온몸으로 느끼면서 손에 쩍쩍 들어붙는 흙반죽에 깨진 기와장이나 돌을 송송 박아넣으며 흙담을 쌓아가는 장면은 너무나 천진스럽기만 하다.

　흙담장은 인간과 자연과의 경계를 만들어 놓는데 불과할 뿐 가장 밀접한 거리에서 서로 닿아 있음을 느끼게 한다.

　세월이 지나면 흙담엔 풀씨가 날아들어 풀이 자라고 풀꽃이 피어난다. 어디 그뿐이랴. 담장으로 호박 덩굴이 뻗어 올라 오각형 황금빛 꽃을 피우는 것을 보면, 벽이라는 관념이 없어지고 살아 숨쉬는 공간 장식물이 되고 있는 것을 본다. 돌이나 시멘트로 만든 블록 담벽의 차가움과 딱딱한 인상과는 달리 생명감을 느끼는 자연물로 다가서는 것이다.

　기와장을 인 흙담을 보면 빗살무늬토기에서 느끼는 인간과 자연이 만나는 친화감의 온기를 감지할 수 있다. 누구의 손길도 닿지 않아 헝클어진 머리를 보는 듯한 흙담이지만 그 머리엔 인위적인 치장이 아닌, 풀꽃과 호박꽃으로 단장하여 질박하고도 야성적인 얼굴을 보여준다.

저녁이 되면, 담벽 위에 띄엄띄엄 핀 박꽃 위로 별들이 반짝거린다. 흙담은 달빛이 잘 내려와 마당을 곱게 물들여 줄 수 있도록, 바람이 들판의 벼 익는 향기를 들여올 수 있도록 쌓여졌다. 그뿐 아니라 풀벌레 소리도 잘 들리고 반딧불도 넘나들 수 있는 흙담벽 밑에 감나무가 어둠 속에 잠들어 있었다. 언젠가 고향길에서 이농현상으로 마을마다 빈집이 덩그렇게 남아 퇴락해가고 있는 모습들을 보았다.

어느 농가의 기와 지붕은 군데군데 무너져 내린 채 있고, 대청엔 먼지가 쌓이고 마당엔 잡풀이 돋아나 있었지만, 우물 곁에 석류는 저절로 익어 터져 눈부신 진주알 같은 석류알이 데구르르 굴러 떨어질 것 같았고, 흙담 위로 누가 심었는지 달 같은 박 덩이가 올려져 있었다. 너무나 허망하고 쓸쓸해 보이는 폐가에서 뜻밖에 석류와 박 덩이가 영글어 주인 없는 집에 가을을 가득 채워주고 있었다.

나는 마당에서 한동안 우두커니 서서 농촌을 떠나지 않으면 안되었던 농민의 사정을 혼자 짚어보면서 혹시 떠난 주인이 이 집으로 다시 돌아올 날이 있지 않을까 생각에 잠겼다.

틀림없이 가을 어느 날, 고향에 찾아와 자신이 살았던 집에 들어서서 마당의 석류와 흙담위에 얹힌 박 덩이를 보면, 그냥 돌아설 수가 없으리라. 무너져 내린 기와지붕을 고치고 흙담을 손보아 다시금 살고 싶은 마음이 우러나올지 모를 것이다.

집을 버리고 고향을 떠난 농부는 언젠가 다시 돌아올 그날을 위해 집을 그대로 비워 두었을지 모른다. 시골 기와집의 흙담을 보면, 이런 집에서 가축들을 키우며 자연과 더불어 살고 싶다.

맑은 바람과 달을 맞으며 남새밭을 손수 가꾸며 욕심 없이 살고 싶다.

고려 청자

   티끌 하나 묻지 않은 맑고 푸른 우리 나라 가을 하늘-.

   가만히 하늘을 올려다보면, 자신의 영혼이 비춰 보일 듯하고, 왠지 그리움이 밀려와 어디론지 훌쩍 떠나고 싶어진다.

   하늘이 유달리 청명한 것은 자연과 기후의 영향이겠지만, 하늘이 주신 청복(淸福)이 아닐 수 없다. 맑은 하늘을 바라보며 사는 사람의 마음은 저절로 밝고 맑아져 생각과 삶도 순수하고 진실해지기 마련이다. 하늘을 신앙의 대상으로 삼았던 옛날엔 하늘의 표정에서 온갖 계시와 예지를 얻었다.

   거울처럼 맑은 가을 하늘을 보며 살아가는 동안, 영혼은 맑아져서 독

자적이고 향기로운 문화를 꽃피울 수 있게 됐을 것이다.

한국 가을 하늘을 바라보면서, 어떻게 하면 저토록 해맑은 빛깔을 마음속에 담아둘 수 있을까를 생각하였으리라.

고려 청자는 한국의 가을 하늘과 한국인의 영혼을 담아둔 그릇이다. 신비한 무한의 우주가 잠자고 있다.

청자엔 국화와 학의 그림이 눈에 띈다. 눈물이 솟을 듯한 맑은 하늘을 혼자 보기가 아까워 국화꽃 향기를 뿌려 놓고 싶었던 것이다. 청자의 국화문(菊花紋)은 하늘에 바치는 꽃 공양일 뿐 아니라 무한의 우주에 피워 놓은 영원의 꽃이다. 국화꽃 향기 은은한 가을 하늘을 빚어 놓고 싶었던 것이다.

또한 망망한 그리움을 주는 하늘에다 학을 띄워 놓은 것은 한국인의 마음이 영원의 세계와 잇닿아 있음을 표현한 것이리라.

한국의 가을 하늘이 끝없이 열려 있는 고려 청자—. 세계에서 가장 맑은 하늘을 가진 겨레만이 빚을 수 있는 불가사의한 공예품이다. 한국 문화에 고려 청자가 있음으로 말미암아 신비를 띠게 되었을 뿐만 아니라, 다른 민족이 흉내 낼 수 없는 맑은 영혼의 꽃을 피워 놓았다. 고려 청자는 고려의 마음과 하늘의 신비가 어울려져 빚어진 것이기에 청아, 고결, 유현의 빛깔로 빛난다.

가을 하늘의 목소리와 향기가 담겨 있다. 영원의 목소리와 명상이 담겨 있다. 영원의 빛깔과 그윽한 선(線)이 그리움으로 하늘까지 뻗치고 있는 것이다.

청자는 중국에서 제조기술이 수입되어 이미 통일신라 말기부터 만들기 시작하여 왔으나 고려에 와서 더욱 많이 만들어져 발전되고 세련되었다. 청자는 고려 초기에 질과 형태와 문양이 안정되고, 중국의 제반 양식과 변조수법이 고려식으로 변모해 나가 16대 예종 연간까지는 중국적인 것을 거의 청산한 단계에 이르렀다. 17대 인종 때부터 고려자기에 민족 특유의 개성과 미의식이 발휘되어 세련돼졌으며 독창적 기형과 독특한 비색청자(秘色靑瓷)을 완성하였다. 18대 의종 때에는 상감기법과 문양구성이 가장 뛰어났으며 청자, 청자상감(靑瓷象嵌), 철채(鐵彩), 동화(銅畵), 연리문(鍊理紋), 철채상감(鐵彩象嵌), 화금자기(畵金瓷器) 등 다종 다양한 청자가 만들어졌고 청자 기와도 만들었다.

1923년(인종 1년) 북송(北宋) 휘종의 사행 일원으로 고려에 왔던 서긍(徐兢)이 그의 저서 '선화봉사고려도경(宣和奉使高麗圖經)'에서 고려자기에 대해 "근년 이래 제작이 공교(公敎)하여 색택(色澤)이 더욱 아름답다."고 칭송한 것이나, 북송 말경으로 생각되는 태평노인(太平老人)의 기록인 '수중금(袖中錦)'에 "고려 청자의 비색이 천하 제일."이라고 지적한 것을 보면, 중국에도 고려 청자를 세계적 명품으로 인정하기에 이르렀던 것이다.

비색 유약의 완성과 더불어 기형, 문양, 변조수법 등에 남아 있던 중국의 영향이 거의 사라지고 자연에서 소재를 얻은 독창적인 형태와 문양이 민족적으로 발전되어 독특한 세련미를 보인다.

세계 도자기 사상(史上) 처음으로 개발된 상감기법은 고려인의 훌륭한 예술적 자질을 유감없이 보여주고 있다. 상감기법은 도자기 표면에 칼로써 나타내고자 하는 문양을 파낸 다음, 여기에 백토라든지 다른 재료를 채워 넣어 유약을 칠한 다음 구워내는 기법을 말한다.

1159년 죽은 문공유(文公裕)의 지석(誌石)과 함께 출토된 청자상감보상당초문완(靑瓷象嵌寶相唐草紋碗)은 유약이 맑고 투명하며, 상감의 기법과 문양의 포치(布置) 등이 매우 발달된 모습을 보이고 있다. 문공유의 출토 대접이 만들어진 시기는 유약, 기형, 문양의 포치, 변조수법 등이 가장 아름답고 고려자기의 기준이 되는 그릇을 만들 때였다.

고려 청자의 특색은 12세기 전반에 비색 순청자로서 유례가 없는 맑고도 신비로움을 나타내었고, 12세기 중엽 유약을 맑고 밝게 발전시켜 청자상감으로 세계 도자기 사상 가장 훌륭한 도자기 예술을 꽃피웠다.

오늘날, 세계 미술시장에서 고려 청자가 가장 높은 가격에 경매되고 있는 것만 보아도 고려 청자의 예술적 진가가 여실히 입증되고도 남는다.

중국 청자는 색이 진하고 유약이 불투명하여 예리하면서도 장중한 데 비하여 고려 청자는 은은하면서도 맑고 명랑한 비색, 유려한 형태미, 힘찬 선(線)과 살아 숨 쉬는 듯한 상감문양과 시적(詩的) 여유와 운치를 살린 것이 특색이다.

또한 세계에서 최초로 자기에 붉은색을 내는 구리의 발색기법을 창안해 내고서도 한 두 점 엑센트로만 강한 색을 쓰면서 모든 색을 담담하게 구사하는 등 언제나 자연과 같이 호흡하고 일체가 되고자 하는 것이 특색이다.

고려 청자ㅡ, 우리 민족의 영혼을 꽃피워 놓은 눈부신 보물이여.

조선 백자

고려 청자가 우리 나라 가을 하늘을 담아 놓은 마음의 그릇이라고 한다면, 조선 백자는 달밤을 담아 놓은 영원의 그릇이 아닐까 한다.

밝고 깨끗한 성정(性情)을 지닌 우리 겨레는 얼룩 한 점 묻지 않는 가을 하늘의 달밤을 통해 마음의 문을 열고 그리움을 띄워 보냈다. 달밤은 우리 겨레의 한 슬픔을 달래주는 부드러운 손길이었고, 이별했던 님과 마음의 대화를 나눌 수 있게 하는 매체였으며 고통과 아픔을 씻어주는 해독제가 되기도 한다.

눈부시지 않지만 맑고 은은하게 마음마저 비춰진 듯한 날 밤은 사랑을 위한 은밀한 밤이기도 했다.

백자는 우리 민족이 즐겨 입던 흰옷(白衣)의 빛깔을 연상시킨다. 달빛은 담담하고도 은근하며 맑은 도취 속으로 끌어들인다. 하얀 창호지 방문에 달빛이 물들고 벌레 소리가 들릴 때, 선비는 문득 화선지를 펼쳐 놓고 먹을 갈고 싶었으리라. 선비는 묵향 속에서 사방탁자 위에 놓여진 백자 항아리를 바라보며 방 안에 떠 있는 달을 떠올렸으리라.

백자는 다름 아닌 달을 형상화시킨 것이 아닐까.

화려, 섬세, 정교, 호화, 장대한 예술품은 첫눈에 황홀과 경탄을 맛보게 하지만 쉽게 싫증이 나기도 한다.

서울의 간송(澗松)미술관엔 '삼채대병(三彩大瓶)'이라 불리는 청화백자가 있다. 이 백자엔 국화, 난초, 풀벌레가 그려져 있다.

삼채대병은 원만하고 빈틈없는 조형미로 마음을 끌어당기며, 포근하고 풍만한 태깔은 한 점의 병이라기보다 조선의 고요하고 아리따운 마음을 한데 모아 빚어 놓은 영원의 예술품이라고나 할까.

삼채대병엔 은은히 물들이는 조선 중엽의 달빛이 넘쳐나고 있었다. 18세기 초 영조 때 만들어진 이 백자의 바탕과 빛깔은 너무 맑고 고요로워 마음이 부시기조차 한 달빛이 내려와 있었다.

백자의 빛깔엔 달빛의 명상과 고요가 담겨있다. 그냥 하나의 빛깔바탕이 아니라, 지상과 하늘을 이어주는 영원의 빛깔을 우리 겨레는 마음 속에 맞아들이고자 한 것이었다. 삶의 속기를 닦아주고 영원의 세계에 닿고자 하는 깨달음의 빛깔이 아닐까.

삼채대병의 곡선은 조금도 기울지 않는 보름달의 곡선이었다. 이 세상에서 가장 완벽하고 완전한 선형(線形)을 지니고 있어서, 아무리 바라보아도 그리움이 넘칠 뿐 싫증이 나지 않는다. 그런데다 난초가 뻗어나간 곡선과 백자가 지닌 곡선이 한데 어울려 달과 난초가 시공 중에 생명률(生命律)로 만나고 있었다.

달빛 속에 핀 국화는 향기를 뿌려주었다. 님 없이 혼자 보기 아까운 달밤에 그리움의 향기일 듯 국화가 피어 있었다. 향기로운 달밤, 국화 곁에서 풀벌레 소리 청아롭게 울리고 있었다. 삼채대병에 풀벌레를 그려놓았던 것은 백자가 달밤이었기 때문이 아닐까. 백자를 보면서 우리는 달빛 속에서 님을 만나고 그리움의 노래를 펼쳤던 것이다.

조선인들이 백자를 사랑했던 것은 달빛처럼 정갈하고 깨끗한 삶을 살아가길 바랬던 것이다. 백자는 영원의 하늘에 떠 있는 달이었고 그 빛깔은 우리 삶에 시름을 닦아주던 달빛이었다.

조선시대 『용채총화』에는 "세종 때의 어기(御器)는 백자만을 신용한다."고 했으며 『세종실록』에 이미 명나라 사신이 백자를 요구한 사실이 여러 번 있음을 기술하고 있다. 『광해군 일기』에도 "왕은 백자를 사용한다."고 하였다. 이미 초기에 우수한 백자를 생산한 조선조에서는 말기까지 우수한 백자에 대한 거래가 지속되고 있는 상황이 『조선왕실록』과 기타 사서에 수많이 기록돼 있다. 조선 백자는 처음 경기도 광주와 관악산, 북한산 등을 중심으로 발전하기 시작하여 점차 지방으로 확산되었으며 광주는 중앙관요로서 조선 백자가마의 핵심이었다. 광주에서 생산되는 백자는 중기 초까지는 상품(上品), 하품(下品)이 있었으며, 중기 후반 이후부터 후기까지 거의 상품 위주로 생산하였다.

상품백자는 우수한 대토와 유약을 선정하여 그릇을 빚고 이를 다시 갑(匣鉢 개비)에 넣어 번조하여 그 형태와 질과 색이 아주 우수한 것이며 이를 갑번(匣燔)이라고 하였다. 갑번은 왕실에서 사용하는 것이었으나 모든 사람들이 분원(分院)의 갑번백자를 쓰고 싶어하였다. 『세종실록지리지』에 의하면 당시 상품백자는 경기도 광주군 중부면 번천리와 경상북도 성주군 북주현리, 이미외리, 경상북도 고령군 예현리 등 3개 지방에 4개 소의 가마가 있었다고 하였는데, 광주 번천리 가마는 상품 백자를 생산하고 있었음이 밝혀졌으나 고령과 상주에서는 아직 상품백자를 발견하지 못하고 있었다.

조선조는 백자시대라고 불러도 좋을 것이다. 조선조 백자는 후기로 내려올수록 다종 다양한 기형과 분양이 창출되어 후기 후반경에는 마치 화사하고 만화방창한 국면을 인출한다. 그러나 기형과 문양에 지나친 기교를 부리거나 실용미 기능에 벗어난 예는 거의 없다. 19세기 사회 일각에서는 순백자만을 지향하지 말고 보다 적극적으로 제반 백자기술을 도입하여 다양하고 화려한 문양이 있는 백자도 생산하여야 한다는 주장도 나왔다. 그러나 순백자에 대한 선호는 끝까지 우리 마음에 자리잡고 있었다. 조선조 때의 학자 이규경(李圭景)은 그의 저서 『오주연문 장전산고』에서 "우리 나라 자기는 결백한 데에 그 장점이 있다. 여기 그림을 그리면 오히려 이에 미치지 못한다."고 하였다. 조선백자는 기능미를 살려서 간결 소탈하고, 단정 정직하며 그 속에 유머와 해학이 있다. 언제나 자연스럽고 단순 간결한 데서 아름다움을 찾았다.

조선 백자는 깨끗하고 담백한 달빛미학을 창출하여 세계에도 찾을 수 없는 유현한 선미(禪味)와 독자적 민족예술로 꽃피운 보물이 아닐 수 없다.

정화수

　정화수(井華水)는 이른 새벽 우물에서 떠 온 샘물을 말한다. 정화수
엔 우리 나라 옛 여인들의 마음이 담겨 있다.

　흰 사기 대접의 맑은 물 한 그릇을 생각하면 곧 청아한 여인의 모습
이 선히 떠오른다.

　창호지 문에 투영되는 우리 나라의 새벽은 달빛보다 더 맑고 고요하
다. 방문과 봉창문을 물들이는 은은한 한지 빛 새벽이면 여인은 먼저 자
리에서 일어나 샘터에서 물을 길어 온다. 맑고 깨끗한 물이다. 흰 사기
대접에 담긴 물을 상 위에 놓고 장독대나 뒷마당에서 여인은 꿇어앉아
두 손을 모은다.

정화수는 이처럼 신에게 바치는 물이다. 정화수 앞에 꿇어앉으면 마음이 맑아졌다. 모든 잡박한 근심이 이내 사라졌다. 새벽의 신비스러운 기운에 정신이 쇄락해지고 백자 대접에 담긴 정화수는 비취빛 하늘이 내려와 담겨 더없이 정결하였다. 조금이라도 사심과 부정한 마음으로는 마주 대할 수조차 없고 함부로 범하지 못할 엄숙함마저 어려 있다. 부정한 마음으로는 누가 정화수 앞에 앉을 수 있겠는가. 몸과 마음을 맑게 닦아 가다듬지 않고는 정화수를 대할 수 없으리라.

사랑하는 사람을 위하여, 나라를 위하여 자기의 모든 마음을 지성으로 바치는 것이 바로 정화수의 마음인 것이다.

옛사람들은 정화수 한 그릇을 떠받들어 놓고는 혼례를 치르기도 하였다. 혼례란 곧 백년가약이니 인생에 있어서 가장 중요한 일이었다.

그러나 까다로웠던 그 시대의 혼례에 있어서도 모든 절차를 생략해 버릴 수 있는 비법이 정화수를 떠놓고 행하는 의식이었다.

정화수의 신성한 영험을 모든 사람들이 믿었다고나 할까. 두 사람의 영혼이 물로 영원히 만나는 의식이었다.

그것은 티끌만한 거짓이나 잡념도 없는 담박하고 순수한 순간이 아닐 수 없었다, 순결하고 정(靜)한 마음이 합하는 엄숙한 순간이며, 늘 한 그릇의 물처럼 흐림이 없고 변함없을 것을 천지 신명께 맹세하는 의식이었다.

정화수는 곧 우리 나라 여인이 지녀 온 마음의 샘물이라 하여도 좋지 않을까…. 옛적부터 밥 짓고 물 긷는 일은 여인의 일이었지만 여인의 하루는 아침에 물을 긷는 일부터 시작되기 마련이었다. 마음이 청량해지는 아침, 풀이슬 밟아 샘터에 온 여인은 맑은 물 한 그릇에 자기의 마음을 담아 신에게 바치고 싶은 충동을 느꼈을지 모른다.

　어쩌면 '조용한 아침의 나라' 의 평화는 정화수 앞에서 자신의 마음을 정결히 닦던 우리 나라 여인의 애틋하고 간절한 소망에서 오는 것인지도 모르는 일이었다. 인간의 모든 희비애락의 감정은 결국 마음속에 있는 것, 옛 여인들은 먼저 마음을 깨끗이 하는 것을 소중하게 생각하였던 것 같다. 지성이면 감천이라는 말이 있지만 정화수 앞에서 백일기도를 올리면 천지신명께서도 이 지성을 아시게 되고 마침내 소망을 이룬다는 이야기는 우리 나라 민화 가운데서 얼마든지 찾아볼 수 있다.

　정화수 앞에 두 손을 모으는 그 정결한 모습은 우리 나라 여인의 하나의 고운 여인상이라 하여도 좋으리라. 살결보다 더 흰 백자 대접에 담긴 정화수에 여인의 마음과 영혼을 비춰 조금도 부끄러움이 없도록 살기를 바라며 맑은 마음을 모아 소망을 간구하는 것은 우리 나라 여인이 아니고는 쉽게 찾아 볼 수 없는 일이다.

　물은 만물에게 생명을 주는 것이기에 신성하게 여겼음은 물론, 물이 맑다는 것은 그지없는 자랑이요, 복이 아닐 수 없었다.

　요즈음의 현대 여성들에게 '정화수'를 이야기하면 어떤 생각을 할까. 옛날의 자연 숭배 사상의 잔재이거나 미신 정도로만 가볍게 생각해 버리지는 않을까. 적어도 정화수에 담긴 마음은 풀잎의 이슬방울처럼 순수하다.

자기 자신을 위한 간구가 아닌, 나라와 임을 위한 눈물겹도록 고결한 사랑이 아니고서야 정화수에 그 마음을 담지 못한다. 어둠을 물리치는 새벽의 신비스러운 정기를 모으고 순백한 백자 대접을 청결히 씻어낸 후에 아직 아무도 긴지 않은 샘물을 단정히 떠놓고 남몰래 꿇어앉아 두 손을 모으는 여심이야말로 진실로 우리 나라 여성의 어여쁜 마음의 표현이 아니고 무엇이랴. 정화수에 담긴 여심은 모든 고통이나 근심을 극기하고 초월하여 구름 사이로 보이는 파아란 하늘같이 맑은 정신의 깊이에 몰입하는 경지이다. 그것은 바로 마음의 평화이며 사랑의 승화이기도 하다.

정화수는 설중매(雪中梅)를 느끼게 한다. 추운 겨울일지라도 찬물에 몸을 깨끗이 씻고 정신을 가다듬은 후에 참빗으로 머리를 정결히 빗고 찬서리 내린 땅 위에 소리 없이 꿇어앉아 눈을 감는 모습에서 우리는 눈 속에서도 향기를 뿜는 동양의 신비롭고 그윽한 매화의 자태를 연상하게 한다.

현대의 여성들은 마음을 청결히 간직하고 닦기보다는 오히려 얼굴이나 겉치레만을 아름답게 눈에 띄게 가꾸려 하는 듯이 보이기도 한다.

그러나 옛 여인처럼 하지 못한다고 하더라도 우리네 여인의 마음이 얼마나 청결하였으며 깨끗하게 간직하고자 힘썼는가를 생각해보며 정화수를 자기의 마음에 담아 보는 것도 정신의 한 청량제가 되리라고 본다.

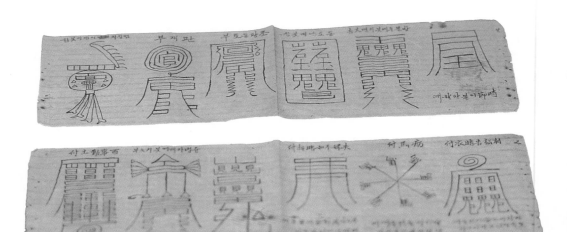

부적

아직도 시골에 가면 간혹 방문 위 벽에 붉은 주사(朱砂)로 그림이나 문자를 그려 붙여 놓은 것을 볼 수 있다.

창호지 위에 자문양(字紋樣) 같은 자못 신비와 위엄을 보이고 있는 부호나 괴기스런 분위기를 나타내는 그림들-.

한국의 부적에는 한국인의 민간 신앙이 숨 쉬고 있다. 한국인의 한과 간절한 기구가 표현되어 있다. 부적에 나타난 다양한 문자 속에 한국인의 얼굴과 마음이 깃들어 있다. 부적 속에 비밀의 베일을 쓰고 숨쉬고 있는 한국인의 의식, 한국인의 토속적인 민간 신앙의 모습은 무엇일까?

한국의 부적에는 정화수를 떠놓고 손빌이하며 가정의 평온을 비는 애절한 기구(祈求)가 담겨 있다.

또한 귀신들의 얼굴과 웃음소리가 떠오르고 들려오는 것만 같다. 부적이란 악귀의 재화나 질병을 막고 물리치기 위한 목적에서 사용되었다. 귀신이 싫어한다는 붉은 주사로 그림이나 문자를 그려서 주문을 외고 금기를 지키며 붙이거나 몸에 지니기도 하는 소재길상적(消災吉祥的) 의미를 가진 방귀퇴귀법(防鬼退鬼法)의 일종인 것이다.

부적은 주문의 주술적 위력을 포함한다고 믿어 이것을 대하면 귀신이 겁에 질려 침범하지 못하고 도망가게 된다고 여겼다.

우리네 민속으로서 고래로부터 부적 사용은 성행하였던 것 같다. 『삼국유사』 권제5 신주(神呪) 제6에 보면 이러한 부적 신앙의 존재를 파악할 수 있다.

즉 밀본법사(密本法師)가 약사경(藥師經, 밀교에서 약사여래를 모시고 재액이 없기를 빌 때 독송하는 경전)을 외고 육환장을 날려서 늙은 여우 한 마리와 중 법척을 찔러서 선덕여왕의 병환을 낫게 했다는 기록이 있다.

또한 혜통(惠通)이 붉은 먹을 묻힌 붓을 가지고 사기병에 한 획의 선을 그으면 병사들의 목에 붉은 획이 그어져 병사들이 놀라 도망갔다는 이야기와 처용에 관한 기록도 이를 뒷받침하고 있다.

용왕의 아들인 처용이 그의 아내를 범한 역신(疫神)을 가무(歌舞)로써 뉘우치도록 해서 처용(處容)의 형용(形容)이 있는 문에는 역신이 들어가지 않겠다고 맹세를 한 사례 이후부터 신라인의 관습으로 처용의 형용을 그려 붙여 사귀(邪鬼)를 물리치는 부적으로 사용했다는 기록은 흥미 있는 이야기인 것이다.

음력 5월 5일을 천중가절(天中佳節)이라고 하여 양기 왕성한 단오절에 부적을 붙이는 것은 가장 영험이 있다고 믿어 "복록(福祿) 받고 귀신과 사백사병(四百四病, 불경에서 말하는, 인간은 지수화풍(地水火風)의 4대 조화로 이루어지는데 이 조화를 얻지 못할 때 발생하는 각각 1백 종의 병)은 소멸하여지이다" 하는 주문을 써서 가옥의 현관에 처용상과 함께 그려 붙여 병귀와 잡스런 귀신을 저지하려 했던 풍속이 있었다.

"부적 사용시에 기도와 제기(祭忌)를 함께하는 것은 귀신 신앙 관념에서 퇴귀법(退鬼法)으로 사용한 극히 미신적인 초기의 성격이고, 독립적으로 부적만 사용하게 된 것은 불교나 도교(道敎) 등의 외래 종교 사조의 토착 과정 이후라고 보는 것이 타당하다.
　　부적의 대부분은 그 출처가 도통한 승려이거나 신력을 얻어 귀신과 친한 무당이나, 맹인 점장이들에 의하여 그리거나 써서 만들어졌기 때문에 전연 기도에서 동떨어져 있는 것도 아니지만 그 배후에는 기도의 연맥이 이어져 있다."

부적 연구가인 정도화 교수의 말이다.
부적의 내용을 대별하면 문자 부적과 그림 부적의 두 가지 종류이나 문자 부적은 대개 '천일광귀궁길국왕신목신을목토수관전(天日光鬼弓吉國王神目申乙木土水官田)' 등 다양한 문자로서, 단독으로 또는 이들 문자들을 복합하여 만든 것이고 불교 및 유사종교의 문자 부적은 밀교 경전(密敎經典)의 다라니 주문(陀羅尼呪文)이 대부분이다.
그리고 신명, 인명, 사물명을 열거해 놓은 것도 있다.
부적을 그리거나 쓸 때에는, 부스럼 등 가벼운 병에는 직접 피부 위에 먹으로 쓰고 그 이외의 경우는 거의 주사로써 쓰거나 그린다. 주사가 없을 때는 붉은 종이에 먹으로 그리기도 하고 붉은 물감 또는 닭피로써 그리기도 한다. 붉은 빛깔은 불의 상징이고 양(陽)을 나타냄으로써 고래로부터 귀신을 쫓는다는 신앙에서 비롯되었다.

부적의 사용법에 대해서는 붙이는 장소가 우선 정하여져 있다. 재화와 질병의 성격에 따라 각각 다르나 대개 출입문 상부 벽, 내 벽, 천정, 대문, 우물, 변소, 마구간 등에 붙이고 종기나 부스럼에는 직접 국소에 부적을 쓰고 복통이나 두통에는 배 위에나 머리에 붙인다. 그리고 옷깃에 꿰매어 지니는 것, 목에 걸고 다니는 것 등이 있고 주문을 외고 금기를 지켜야 하는 것도 있다.

또한 부적은 직접 씹어서 삼키든지 불에 태워 다기수(茶器水, 불상 앞에 맑은 물을 떠 놓고 예불시 사용)에 타서 마시는 예도 있다.

정도화 교수가 현재까지 조사된 부적을 형태별 지역별로 분류한 결과 대략 780여 종으로 분류하고 있다.

내용별로 분석해 보면, 한국 고유의 토착신과 그 원시적 신앙 및 귀신 숭배 사상에서 발생한 부적, 민속적 징크스의 유형에서 발생한 부적, 밀교 또는 불교적 주술과 밀의적(密意的) 불가사의한 영험과 위력을 내포하는 부적, 도교 및 주역의 음양오행 사상(四象) 팔괘의 자연 현상이나 인륜 철학이 복합된 사상에서 발생된 부적, 무속에서 발생된 부적 등으로 구분하고 있다.

고대엔 모든 재난과 질병이 잡귀들에 의해 옮겨진다고 생각하였던 만큼 이들 귀신들과 우리네의 생활은 밑바닥에서부터 밀착되어 있었다.

한국의 부적-. 그것은 곧 귀신을 쫓고 행복한 생활을 추구하려는 한국인의 민간 신앙적 표현 방법이었다.

점

    연초가 되면 신수점을 치기 위해 점복사(占卜師) 집을 찾는 사람들이 붐비게 된다. 한국인으로서 사주 관상 토정비결 한 번 보지 않은 사람이 있을까. 그것이 맞건 그르건 간에 장구한 세월 동안 한국인의 답답증을 풀어 준 비방이었음은 아무도 부인할 수 없다. 점은 영원히 불가사의한 신비이다. 점, 그 자체가 비밀의 베일을 쓰고 얼굴을 가리고 있기 때문이 아닐까. 인간은 살아가는 과정에 있어 매듭이 있다. 번뇌와 삶의 아픔으로 꼭 동여매진 매듭ㅡ. 이 매듭은 인간에게 시름과 불안을 준다.

    인간은 불완전한 존재이기에 늘 닥쳐올 미래에 대한 불안감 때문에 예지의 힘을 바라는 건 인간의 자연스런 욕구이며 그 욕구의 대응으로 점이 등장했으리라.

원시인 때부터 점은 인간의 생활사와 밀착해 온 '샤머니즘'으로 가장 오래된 원시 신앙이기도 하다.

질병의 원인과 결과가 궁금하고 어떤 일의 성패가 궁금하고 태아의 남녀 구별과 운명의 길흉이 궁금해서 예지하는 방법으로 점법이 마련된 셈이다.

점법은 매우 다양해서 순수하게 향토에서 발생한 것도 있으나 역학을 응용한 오행점(五行占), 문효점과 사주(四柱), 궁합법 등은 그 원리가 역학에서 왔다.

점이 현대 과학적으로 타당성이 있는 것은 아니나 적중률이 어느 정도 있는데서 사람들은 의지하고 믿고 예지를 얻으려고 한다.

점복이 모두 적중한다면 미래의 일은 모두 알 수가 있으나 점복의 방법으로도 그 문제는 해결하지 못하고 있다.

역학을 응용한 점법(占法)은 이론이 정연하고 상생상극(相生相克)의 원리를 적용해서 사람의 생년월일시나 성명 또는 상(相)을 통해서 판단하고 있다. 토정비결도 역학을 응용하여 만들어진 점법의 하나이다.

이 점에 의해서 한국인은 신과 교신하고 일생의 운명에서부터 하루의 길흉에 이르기까지 해답을 얻는다.

점은 오랫동안 생활 속에 의식을 뿌리 깊이 뻗고 인간의 운명을 결정짓고 좌우해 왔다.

태어날 때부터 사주가 정해지고 하늘이 정해 준 사주가 바로 인간의 팔자(운명)라는 고정적 관념이 부여됨으로써 한국인은 숙명적인 존재가 되어 능동적인 인생의 창조보다는 정적인 체념의 자세로 일관된 삶을 살았다.

　결혼에 있어서 사주와 궁합은 거의 절대적인 영향을 끼쳤으며 여행이나 심지어 방 안에 못을 하나 박는 일에까지 택일을 받을 정도였다.

　그러고 보면 옛날일수록 점이란 거미줄에서 헤어나지 못하는 생활을 하지 않았나 생각된다.

　점쟁이들도 여러 부류가 있다. 예컨대 역으로 하는 자, 손금을 보아 점을 치는 자, 관상을 보는 자, 해몽을 하는 자, 문자 풀이, 성명 풀이, 사주 (生年月時) 풀이 등을 하는 자도 있고, 토정비결처럼 어느 선생의 비결, 당화사주(唐畵四柱)책 등으로 점을 치는 자도 있다.

　또한 명도는 일종의 여자 점쟁이로서, 어린애 신을 모시고 있어 점을 칠 적에는 그 시신(侍神)이 휘파람 또는 벌과 같은 소리를 내어 말하는 것이 특색이다.

　한국인에 있어 점이란 무엇인가. 바로 인생의 길을 제시하는 방향이었고 철학이었고 경륜이었다.

　때문에 지성인일수록 필수적으로 역학을 알지 못하면 옳은 행세를 할 수도 대접을 받지도 못했다.

　인간은 몇 시간 후의 일도 알 수 없다. 점의 정체가 비과학적이건 미신이건 간에 미래를 알지 못하는 인간에게는 영원한 수수께끼로 남을 수밖에 없는 신비이다.

어떤 사람일지라도 미래에 대한 궁금증이야말로 볼 수 없는 매듭이기에 점에 대한 흥미는 언제까지나 없어지지 않는다.

길거리의 관상가에게 손금을 보이고 있는 처녀의 얼굴에는 미래에 대한 기대와 초조감으로 가득 차 있다.

처녀는 손바닥을 내밀며, 무지개빛 인생을 생각할지 모른다.

현대인들의 점에 대한 관심은 예전에 비한다면 차차 무관심해져 간다고 보아도 좋다. 비록 어떤 일에 자신의 능력으로 판단과 결정이 서지 않을 때, 점이란 수단을 동원해 보나 그것이 운명을 결정짓는 절대적이라는 생각은 차차 퇴색되어 가고 있다.

과학은 점을 미신으로 규정하고 인간의 생활과 의식 밖으로 내쫓으려고 한다.

그러나 점에는 단순히 과학의 힘으로 풀 수 없는 신통력이 있다.

원시인 때부터 인간사와 함께 밀착돼 온 점은 어느덧 민속화되고 신비의 수수께끼로 우리들 곁에 남아 있는 것이다.

서낭당

　호젓한 산기슭을 거쳐가는 오솔길. 호박꽃이 피어 있는 풀밭길을 따라 솔 내음을 맡으며 가노라면 저만치에 오순도순 지붕이 이마를 맞대고 있는 마을이 보인다.

　언덕에서 마을로 통하는 길.

　「어머니」하고 부르면서 달리고 싶은 그 길은 바로 고향의 길이요, 그리움의 길목이기도 하다.

　마을로 드는 어귀엔 향수의 문을 열던 아름드리 정자나무가 하늘로 치솟아 있다.

　마을은 이 나무로 인해 더 평온하고 신령스러워 보인다.

나무 밑에는 돌을 쌓아 놓은 돌무더기와 울긋불긋한 헝겊을 매달아 놓았다. 서낭 나무이다. 믿음의 뿌리였고 겨레의 마음을 모아 놓은 성역이었다.

그냥 한 그루의 나무가 아니었다.

마을 사람들의 정신이 일체감이 되어 이룩한 하나의 신화였다.

수백 년의 풍상을 견디고 하늘 높이 푸르름을 드리운 나무의 웅자(雄姿)-. 우주의 신비와 생명의 신성함을 느끼게 한다.

계절 따라 빚어내는 나무의 표현은 그대로 고향의 정서를 자아내는 시요 음악이요 미술이라 해도 좋으리라.

이 나무로 말미암아 마을의 정취는 깊은 맛을 드러내고 사람들의 마음은 새로워진다. 서낭 나무는 겨레의 정서의 나무요, 소망의 나무이다.

우리 겨레는 확실히 가슴에 짙은 그리움을 타고났나 보다. 가슴에 응어리진 한은 차차 그리움으로 물드는가. 서낭 나무 아래서 손을 비비며 기원하는 마음-. 사랑도 미움도 그리움으로 만나는 마음을 본다. 차라리 서낭나무는 그리움 나무라고 해도 무방하리라. 서낭 나무가 서 있는 마을의 어귀는 항상 그리움을 동반한다. 그 길은 이 땅의 간절한 소망의 길목이며 정서의 어귀이기 때문이다.

우리의 할머니, 어머니들이 그 나무 아래서 손빌이하며 무엇을 간구하였을까.

자식을 낳게 해 달라고, 낭군의 장원 급제를, 혹은 부모님의 병환을 낫게 해 달라고 기도하였을 것이다.

으레 마을의 입구마다 서 있던 서낭 나무, 그 서낭 나무 밑에서 겨레의 한은 풀려졌을까. 못 낳던 아들이 태어나고 부모님의 병환도 치유되

어 효자도 탄생되었을 것이다.

서낭신은 마을의 수호신이지만 산신(山神)?해신(海神)일 때가 있는가 하면, 나무에 내리는 나무 서낭도 있다.

소나무, 느티나무, 회나무 등이 가장 흔하게 볼 수 있는 서낭나무이다. 서낭나무 옆에는 돌무지가 수북이 쌓여 있는 것이 보통이다. 돌무지는 마을 가까운 고갯마루나 마을 어귀에 자리잡고 있다.

고개를 넘는 사람, 마을을 드나드는 사람이 제각기 하나씩의 소원을 담아 던지고 던진 돌멩이가 쌓여서 어느새 돌무지가 만들어진 것이다.

그 돌무지에는 겨레의 소원과 기도가 쌓여 있다. 마을의 서낭당은 믿음의 자리, 믿음의 뿌리이다.

서낭신으로 말미암아 마을의 평화와 건강, 안식이 보장되고 이루어진다. 그래서 마을 사람들은 1년에 한 번씩 서낭신을 모시는 굿을 베푼다. 이른바 서낭굿, 당굿, 동신제(洞神祭) 등 여러 이름으로 불려지고 있으나 마을 수호신을 위한 절후제의(節候祭儀)이다.

계절이 바뀔 때 실시되는 서낭굿은 마을의 가장 신성한 의식이요, 축제로서 온 마을 사람들이 참여한다.

집집마다 돈과 곡식을 거두어 제수를 마련하고 마을의 번영과 풍요를 내리게 하는 굿이기에 지극한 정성과 치성으로 모셔졌다.

정성을 다하여 서낭굿을 탈 없이 치르고 나면 여러 가지 민속놀이가 곁들여진다.

둘로 편을 갈라 줄다리기, 차전놀이나 무쇠싸움, 싸움놀이, 씨름 등이 흥겹게 벌여진다. 농악 소리가 온 마을을 환희의 도가니 속으로 몰아넣는 가운데 풍자적인 탈춤놀이가 웃음바다를 만든다. 함성과 웃음의 잔치, 서낭굿은 마을 최대의 의식으로서 흥과 신명을 동반한다.

서낭 나무는 우리 겨레에게 있어 우주와 통하는 신비의 나무이다.

이 나무에 의해 우리 겨레는 믿음의 뿌리를 내리고 소망의 가지를 뻗었으며 마음속에 시정의 꽃을 피울 수가 있었던 것-.

이 나무 밑에서 장기나 바둑을 즐기며 더위를 피하였고 씨름?농악?탈춤 등 온갖 민속놀이가 벌어져 그야말로 민족의 마음을 유감없이 발휘하던 마당이었다.

시대의 변천에 따라 신의 나무였던 서낭 나무는 사라지고 서낭당도 자취를 감추었다. 이 땅에 수많은 전설과 민속을 남기고 겨레의 마음에 언제나 늠름하고 푸른 녹음으로 정서를 심어 준 서낭 나무.

그 곁에 쌓여진 돌무지에, 나라 위한 돌멩이 하나 던지고 싶은 마음이다.

도깨비

    1980년 7월 5일, 우리 나라에서 처음으로 도깨비를 주제로 한 학술 세미나가 국립민속박물관 주최로 열려 흥미를 모은 일이 있다.

    요즈음 어린이들은 전파 매체를 통하여 「태권 보이」나 「마징거」와 같은 초능력을 가진 드라마의 주인공과 사귀며 자란다.

    그러나 옛날엔 누구나 도깨비 이야기를 듣지 않고 자란 사람은 없다. 그 만큼 도깨비와 호랑이는 무서우면서도 친근한 벗이었다. 으레 밤늦도록 사랑방에서 입담 좋게 벌어지는 민화의 향연엔 도깨비의 등장이 있어야만 이야기는 단연 흥미진진한 재미 속으로 빠져들게 된다.

    어두운 밤에 파란 도깨비불을 켜 들고 산야를 마음대로 달음질치는 도깨비-.

더구나 밤에 산길을 가다가 도깨비와 만나 승강이를 벌였다는 이야기가 나오면 듣는 이들은 그만 흥분과 긴장감에 사로잡히고 만다.

도깨비는 귀신처럼 사람에게 해를 입히지 않고 심술궂게 장난을 잘 걸고 씨름을 청하기도 한다. 사람의 혹을 눈 깜짝할 사이에 떼었다가 붙인다거나 혹은 절이나 다리를 하룻밤 사이에 지어 놓고 달아나는 등 재주가 비상한 것으로 되어 있다.

특히 도깨비는 마음먹은 대로 이룰 수 있는 소위 '도깨비 방망이'를 가지고 있어서 '금 나와라 뚝딱' '은 나와라 뚝딱' 하면 금은 보화를 쏟아낼 수 있다고 하여 더욱 흥미로운 존재였다. 그들은 마음만 먹으면 금은도 만들어내고 사람도 감쪽같이 속일 수 있는 술법을 썼다.

도깨비는 보통 다리가 하나밖에 없다고 하여 한자로는 독각귀(獨脚鬼)라고 기록되고 있다. 키가 커서 상반신은 구름에 가려서 잘 보이지 않고 키가 크니 옷을 해 입을 수 없고 허리 아래는 백지를 둘러 치마로 삼고 있다고 한다.

전해 오는 민담(民譚) 중에 이런 것이 있다.

옛날 한 젊은이가 있었다. 하루는 일이 있어 밤길을 걷게 되었다. 나무가 울창한 데다 하늘에는 구름이 낀 초승이라 별도 없이 깜깜했다.

젊은이는 무서워 등에 식은땀을 흘리면서 산길을 더듬더듬 걸어갔다. 고갯길을 거의 올라갔을 무렵 갑자기 이 세상 사람으로 믿어지지 않는 어여쁜 미녀가 나타나 그 유혹에 빠졌다.

젊은이는 용무도 잊고 미녀와 함께 큰 기와집에 들어가 즐거운 하룻밤을 지냈다.

시간이 얼마나 지났는지 요란스런 소리에 놀라 깨어 보니 새벽 동이

트기 시작하고 어젯밤에는 분명히 미녀와 함께 있었는데 웬일인지 낡은
다리 밑에 헌 비를 껴안고 누워 있었다. 젊은이는 깜짝 놀라 주변을 살
펴보았으나 미녀는 간 곳이 없고 요란한 소리는 다리 위를 지나가는 수
레의 소리였다.

흔히 민담에서 듣는 이야기인데 헌 비가 미녀 도깨비로 변해서 젊은
이를 유혹한 것이다. 도깨비는 이와 같이 미녀, 늙은이, 농부 등 자유
자제로 변할 수 있다고 전하고 있어 매우 다양성을 보여 주고 있다.

도깨비의 종류는 매우 많다. 달걀 도깨비, 보자기 도깨비, 차일(遮日)
도깨비, 바가지 도깨비, 조리 도깨비, 흑도깨비, 청도깨비 등 다양하다.

민속학자인 임동권 씨(중앙대 교수)의 『귀신론(鬼神論)』에 의하면 도
깨비의 성정은 여러 가지 가 있는데 "심술을 즐기고, 씨름을 좋아하며
져도 몇 번이고 대들고, 때로는 사람에게 재물을 가져다주는 일이 있으
며, 비상한 능력을 가지고, 특히 도깨비 방망이는 무궁한 조화력을 지
니고 있다. 또한 투명체이어서 사람들이 식별하기가 어려우며, 사람의
성씨는 김씨밖에 모른다."고 기술하고 있다.

도깨비는 한국인의 영원한 친구라고나 할까. 오늘날 서양인들이 좋
아하는 슈퍼맨과 같은 존재라고 하면 적절한 비교가 될 것 같다.

도깨비는 착한 사람 가난한 사람은 돕지만 반대로 악한 사람은 잡아
먹는다고 알려졌다. 이와 같은 도깨비 설화는 다분히 권선징악적인 면
을 드러낸다.

도깨비, 과학 문명 시대인 오늘날에는 한낱 우스개 이야기로 사라져
버렸으나 한국인의 친숙한 벗이요, 대대로 전해 오는 민화의 주인공인
도깨비는 어쩌면 우리 겨레의 상상력으로 창조해 낸 초인간적인 존재가
아닐까.

요즘 어린이들의 인기를 모으고 있는 슈퍼맨이나 마징가처럼 도깨비도 파란 불을 번쩍거리며 마음대로 달리고 변화무쌍하며 착한 사람을 도울 줄도 알아, 어쩌면 현대 과학 문명 시대에 뒤떨어지지 않는 존재가 아닐까 싶다.

　비록 도깨비가 과학적인 분석으로 실존하지 않았다고 해도, 한국인의 마음의 고향, 그 으슥한 곳에 친근한 존재로 남아 있다.

　TV나 만화를 보는 것보다도 할아버지에게 비 내리는 야밤에 나타나는 도깨비 이야기를 듣는 재미야말로 얼마나 구수하고 짭조름한가. 무시무시하고 짜릿한 전율을 느끼다가도 장난기 서린 도깨비의 이야기—. 그 이야기가 차츰 사라져 가고 있는 것이 서운하기만 하다.

장승

장승은 우리 민족의 대표적인 민속 예술품 중의 하나이다.

그 모습은 이상하고 괴엄해서 선뜻 가까이할 수 없다. 그러나 한참 동안 바라보면 꼭 어느 누구의 모습을 닮아 있는 것 같은 느낌을 받는다.

그것은 긴 곰방대를 입에 물고 '에헴, 에헴' –기침 소리를 내뱉으며 수염을 쓰다듬던 우리 할아버지, 그 할아버지의 얼굴일지도 모른다.

장승의 인상은 바로 우리 조상들의 또 하나의 모습. 근엄과 부드러운 마음씨를 속으로 숨긴 가면의 얼굴이다.

두 눈방울이 툭 불거져 나와 부리부리하고 치켜 올라간 부릅뜬 눈꼬리도 어떻게 보면 바로 웃을 듯 울 듯한 모습이 이웃해 있다.

장승의 조각에는, 마을을 침범하려는 잡귀들이 장승의 무서운 얼굴을 보는 순간 질겁을 하고 도망치지 않을 수 없는 주술적인 욕구가 담겨 있다.

그러나 우리네 선조들에게는 그렇게 매섭거나 야무진 마음씨는 없었던 것 같다. 비록 눈을 부라리고 이빨을 드러내 놓고 징그럽게 인상을 찌푸리고 있지만 어딘가 푸근한 표정이 되어 버린다. 거기엔 어딘가 인자하고 익살스러운 표정이 감돌고 있다. 이것이 한국의 장승이다.

장승의 모습은 저마다 다르다. 권위와 위엄을 잔뜩 부리는 것, 부드럽고 웃음기 머금은 화사한 것, 주먹코가 얼굴 절반을 차지하는 익살스러운 것 등.

나무에 새긴 장승, 돌에 새긴 장승의 그 모습이 요괴로움과 추악함은 단순한 가면의 그것이고 그 속에 우리 조상들의 천년만년의 비밀스런 태곳적 마음이 담겨 있다.

장승에는 장생(長生), 장생(長牲), 장생표(長生標), 장생표주(長生標柱), 장생표탑(長生標塔), 국장생(國長生), 벽수, 수살막이, 살막이, 천하대장군(天下大將軍), 지하여장군(地下女將軍) 등의 다양한 이름으로 불린다.

장승의 기능은 마을의 수호신, 이정표, 경계표 등 다양하다.

첫째로 그것은 동구나 사원 입구에 세워져 수호신의 역할을 하고 있으며 음양법(陰陽法)에 의한 양성의 신인 장군신으로서 횡액을 퇴치한다. 또한 비보사상에서 연유하는 수살(守殺)막이를 한다.

둘째로 경계 표지로서 사찰이나 마을의 경계에 세워졌다. 사찰 주변 몇 리씩이나 바깥 사방에 10여 개씩 세워지며 세워진 그 이내로부터는 사찰 영유지이며, 그 안에서는 시목을 벌채해 가는 일이나 사냥·고기잡이 등의 살생을 금하는 표지로서도 세워졌었다.

셋째 이정표로서 거리를 알리기 위해 동네 입구의 큰길가에 세워지며 그 지점에서부터 서울 50리, 이천 60리 등으로 동체 하부에 먹글씨로 쓰여진다.

나무 장승이 비바람을 견디지 못하여 10년을 가기가 어려운 데 비하면 돌장승은 이끼 낀 풍상의 형상을 남겨 더욱 그 정취가 새로워진다.

대개 남녀 한 쌍 대우를 이루는 장승은 머리에 사모관을 쓰고 부릅뜬 눈이 세 개 혹은 네 개인 경우도 있으며 드러낸 덧니가 윗입술을 무는 것이 아니라 아랫입술을 누르고 덧나 있다.

장승의 문헌상의 출현은 이미 신라 경덕왕 18년(서기 759년)에 보인다.

「조선 금석 총탑」에 「건원 2년에 왕명으로 장생표주를 세웠는데 지금까지 존재한다」라는 구절이 있다.

이 장생은 견원 2년 (서기 759년)에 보조선사의 공덕에 보답하기 위하여 경덕왕의 왕명으로 세운 장생이다.

경기도 광주군 중부면 엄미리에는 2년마다 성대한 장승제가 치러진다.

엄미리 장승제는 다음과 같다. 마을로 들어가는 첫 어귀에 돌무더기 서낭당과 당목이 있고 당나무에는 헝겊이나 흰 종이를 매고, 더 안쪽으로 들어 가 마을 입구 양쪽에는 「천하 대장군」「지하 여장군」이라 쓴 높이 약 2m, 너비 60㎝의 소나무 장승 한 쌍과 솟대가 함께 서고 5백m 안쪽으로 들어 간 안마을 입구에 다시 장승과 솟대 한 쌍이 세워져 있다.

마을에서도 만 2년만에 음력 2월 2일 또는 3일에 산신제를 지냈다. 이날 아침 안마을 입구 수살목에 남정들만이 모여 동네 어른의 지시 아래 먼저 소나무와 오리나무의 적당한 것을 골라 장승과 솟대를 깎고 주토를 칠하고 띠로 수염을 달고 「천하 대장군」 「지하 여장군」이라고 먹을 쓴다.

　　새 장승과 솟대를 묵은 장승과 솟대 옆에 세운다. 새 장승과 솟대에 탁주 · 백설기 한 시루 · 북어 · 삼색 과실을 차려 놓고 마을의 평안과 풍년을 빌어 「장승 고사」를 지낸다.

　　장승 문화의 표현은 단적으로 그 단순 소박한 선각(線刻)에 있고 원초적인 순수함이 깃들어 있다. 그 한국적인 정취는 자연 속에서 그대로 비바람에 씻긴 시간을 세기고 있는 정취인 것이다.

　　왕방울 눈 · 주먹코 · 송곳니를 드러낸 입 등― 험상궂은 표정 뒤에 숨쉬고 있는 더 온화하고 인정스럽고 익살스러운 마음씨―. 아무리 위엄과 괴기스러움을 보이려 해도 천진한 순박미를 숨길 수 없는― 장승에는 우리 선조들의 마음과 숨결이 속 깊이 감추어져 있다.

비석

　우리 나라 곳곳에는 오랜 풍우에 자형(字形)조차 알아보기 힘든 비석들이 숱하게 흩어져 있다.\

　한말에 한국을 방문하였던 외국인들은 누구나 "어디에 가도 마을의 입구와 경계에 비석이 몇 개씩 세워져 있었다."고 기술하고 있다.

　한국에 있어서 비란 무엇인가?

　비바람에 깎이고 시달린 비문은 무엇을 말해 주는가. 이 비석에서 한국 문화의 특질과 생명의 맥박을 느낄 수 있다.

　딱딱한 비석이지만 거기에 핏줄로 전해 오는 한국인의 뜨거운 의식. 눈을 부릅뜬 정신이 있고 역사 속에 외치는 함성이 있다.

비석-. 어떤 변화에도 지워지지 않는 불변성, 후대에까지 생명을 전하고 기억되기를 원하는 영원성을 추구하던 한국인의 정신이 아로새겨져 있다.

이 한국인의 영원 불변성의 추구, 그 정신은 한국 문화의 한 단면이기도 하다.

한국인이 오랫동안 가져온 의식 구조는 비석과 밀접한 관계가 있다. 고려·조선시대의 이상적인 인간형은 「군자」라고 불리는 전형으로 구비 조건은 인(仁) 덕(德) 의(義) 효(孝) 등이었다. 고인들은 어떤 인물을 이러한 전범(典範) 아래서 평가하고 시가(詩歌)·회화(繪?)·비문(碑文) 등 갖가지 문화 수단을 통하여 찬양했다.

비록 현실적으로 합당하지 못한 일이더라도 명분이 뚜렷한 행위라면 동양인들은 그들을 우러러 보았다.

사육신·정몽주·최 영 등이 그런 인물들이다.

따라서 덕망과 충효 등의 전법을 다시없는 가치관으로 삼고 그러한 인물을 흠모하던 동양인들에게 비석은 그들의 정신과 업적을 추앙하고 본받자는 의도에서 많이 애용되었다.

삼국 시대의 광개토왕비·진흥왕 순수비로부터 오늘날의 불망비(不忘碑)·공덕비(功德碑)등 헤아릴 수 없을 정도이다.

비문 형식은 선정비(善政碑), 청덕선정비(淸德善政碑), 청덕간정비(淸德簡政碑), 애민선정비(愛民善政碑, 영세불망비(永世不忘碑)라 쓰고 그 뒤에 송덕의 경위 송덕시문을 새긴다.

비석은 단순히 인간사로서 부각되는 것이 아니다. 어떤 사람의 덕행을 사회의 존경 이외에 그 덕행을 장려해 보려는 의도도 있다. 덕을 칭송하려는 사회적 행동은 사람들로 하여금 무언 중 자신도 그렇게 해 보고 싶은 충동을 불러일으키게 되며 그런 욕망 속에서 덕성은 길러진다.

조선 후기에 어떤 지방민들은 지방관이 부임한 3, 4개월이면 아문 밖에 선정비(善政碑)를 세웠다. 그 선정비는 지방관의 구미를 맞추기 위해서만이 아니다. 그 지방관을 「선정」으로 구속시키기 위해서였다. 사또의 허영심을 충족시켜 줌으로써 다른 물질적인 허영심을 예방한 것이었다. 만약 사또가 그들의 요망 사항에서 벗어났을 때는 백성들이 그에 대한 보복 행위를 할 수가 있다. 그대는 그들이 비를 파괴하던가 비문의 성명을 지울 수도 있는 것이다.

조선시대에 와서 비는 놀랄 만큼 대중화되었다. 지방 도시 또는 시골 마을의 입구 등에 비가 줄을 지어서 있는 것은 그 도시 또는 마을에 역대 선행자들을 그만큼 배출했다는 것을 뜻한다.

따라서 많은 비를 지니고 있는 마을은 그만큼 훌륭하고 아름다운 마을이기도 하다.

비석이 인간사의 부각이라면 인간은 누구나 오래도록 감명을 줄 수 있는 영원성을 추구하는 인간의 본능이 비석을 낳게 되었다는 건 어쩌면 자연스러운 현상이 아닐 수 없다.

아무리 미천한 사람일지라도 하나의 묘비로서 그 생애를 마무리짓는다.

역사 속에서 비록 촌음 같은 인생을 살다 간 인간들의 발자취이지만 길이 새겨 두고자 했던 선인들의 의식은 도도히 이어 오는 민족의 정신과 체질이 되어 주고 있다.

사실 조선의 대부분의 비석은 후손들이 선친을 위하여 세운 것이다.

귀부를 만들고 이수를 올린 것도 그 존경의 도와 경제력의 결합이었다. 어떤 집안의 후손들은 귀부 이수뿐만 아니라 그 위에 풍우를 막기 위해 비각을 짓고 단청을 올리며 그 비각을 보전하기 위해 수전을 두었다.

비의 형태 구조는 비신과 이수 귀부로 구성되어 있다. 이수는 비석의 꼭대기에 있는 장식 부분으로 뿔 없는 용 조각을 한 것이 상례이다.

귀부는 비의 기석(基石)으로 대개 거북 모양이다. 비신의 앞면을 비양(碑陽), 뒷면을 비음(碑陰), 비음에 새긴 글을 비문 또는 명(銘)이라고 한다.

비의 종류에도 순수(巡狩), 기적(紀績), 신도(神道), 능묘(陵墓), 정려, 송덕(頌德), 경계비(境界碑) 등이 있다.

비. 한 인간의 역사, 발자취를 말해주는 표적물.

어쩌면 인간은 하나의 비문을 생각하면서 인생을 살고 있는 것이 아닐까. 인간은 한 줄의 묘비명을 남겨 놓고 사라져 간다. 존재의 흔적을 돌에다 새겨 두고.

한국의 골골마다 숱하게 세워진 비. 더러는 이끼가 끼고 글마저 알아보기 힘든 비석을 보노라면, 덕망을 추앙해 온 아름다운 나라라는 생각을 갖게 된다.

토우(土偶)

　흙으로 빚은 우상, 즉 형상을 토우라 한다.

　정교하거나 섬세한 솜씨가 아니라, 그저 흙으로 아무렇게나 마음 내키는 대로 만든 조각품이 토우이다.

　가장 원시적인 조형품이라고나 할까. 초등학교 어린이들이 미술 시간에 진흙으로 빚은 동물상이나 사람 모형을 보는 듯한 솜씨. 원초적인 순수함과 천진스러운 동심의 솜씨이다.

　토우의 형태는 천태 만별이다. 동물상, 인물상에 있어서 균형의 미를 갖춘 것은 거의 없고 대개가 조잡하고 유치하기 그지없다.

　인물상에 있어서 눈과 입이 아무렇게나 붙어 있고 양쪽 귀가 축 늘어져 달려 있는 게 많아 대체로 기형적이다.

악기를 들고 주악하는 상, 예배를 올리는 듯한 여인상이 있는가 하면 여러 가지 동물상과 성기(性器)를 표현한 것들도 있다.

토우는 고분의 부장품(副葬品)으로 분묘(墳墓)에 넣을 토기에 부착시키거나 그냥 분묘 안에 수십 개씩 넣어졌다.

고고학자들은 고분의 부장품으로 많이 사용한 토우를 영혼 불멸 사상과 관계가 있을 것으로 추측하고 있다.

수천 년 전 조상들의 다사로운 체온이 그대로 느껴지는 토우. 아직도 고대인의 지문이 묻어 있는 듯 체취가 새로운 토우를 보노라면 흙의 정다움을 새삼 느끼게 된다.

만물이 흙에서 나서 흙으로 돌아가는 것이기에 흙은 만물의 고향이 아닐 수 없다. 성경에서도 태초에 하느님께서 인간을 흙으로 빚었다고 말하고 있다.

흙-. 그것은 생명의 신비를 간직한 가장 성스러운 것이 아닐 수 없다.

토우엔 아득한 고대의 햇살이, 생활과 염원이 담겨 있다. 고대인들은 토기를 만들고 나서부터 단순한 그릇에서 한 걸음 더 나가 어떤 조형품을 만들고 싶었으리라. 그러한 소박한 본능에서 토우는 만들어졌다.

토우는 우리가 손수 흙으로 빚어 놓은 듯한, 그래서 손에 흙의 부드러운 질감을 느끼게 한다. 동물상은 동물상대로 인물상은 그것대로 장난기 어린 웃음을 보여 주는 듯하고 어떤 것들은 슬픈 형상을 하고 있으나 모두 낯설지 않은 다정다감한 감정을 느끼게 한다.

토우를 통해 생활 감정을 나타내기도 한 고대인들은 이를 어쩌면 장난감으로 만들었던 것은 아니었을까….

무덤 속에 넣는 부장품으로 토우를 사용한 것은 죽은 이의 영혼이 심심지 않게 토우와 함께 놀 수 있기를 바랐던 게 아니었을까.

토우는 많은 이야기를 간직하고 있다. 흙이 간직하고 있는 생명의 말씀을, 맨발로 흙을 밟고 다니던 그 당시의 생활을, 토기로 음식을 담던 때의 토속을 가슴에 지니고 있다.

그래서 어찌 보면 익살스럽고 보잘것없어 보이는 토우에서 더욱 가슴 훈훈한 정감과 체취를 느끼게 된다. 가장 원시적이면서도 그러한 것이 가장 인간적이며 자연적인 것이기 때문이리라.

어떤 토우의 인물상은 악기를 들고 주악하는 것도 있다. 이 주악상(奏樂像)은 무덤의 주인을 조위(弔慰)하기 위해 입을 벌려 슬픈 노래를 부르고 있는 것 같다. 이 주악상의 토우는 고분 안에서 영원히 잠든 주인을 애타게 기다리며 음악으로 위로해 주고 있는 것일까.

또한 수레바퀴를 자체보다 크게 표현한 것이라든지 날개를 착 붙여 도사린 새의 형상, 엉금엉금 기어 나가는 듯한 거북을 실감 있게 묘사한 형상도 있다.

특히 출토된 토우 가운데 특기할 만한 것은 기마 인물상이다. 이 토우는 당시의 무사 또는 화랑들의 무장한 모습을 표현하고 있다.

조잡하면서도 옛사람들의 생활 정감이 그대로 배어 있는 토우, 유치하나 섬세하고 유려한 어떤 조형물보다 오히려 더 깊은 감동과 대화를 갖게 해 주는 토우-.

이는 우리 민족이 남긴 흙의 예술이요, 솔직 담백한 미의식이 아닐 수 없다.

신라 고분에서는 금관을 비롯한 귀걸이, 팔찌, 목걸이 등 눈부시고 정교한 장신구들이 출토되기도 한다. 그러나 소박하고 세련되지 못한

솔직한 감정을 그대로 빚은 토우도 함께 포함되어 있다는 것도 신라 문화의 깊이이며 신라인의 여유이다.

먼 옛 조상들과 대화를 나눌 수 있는 토우.

이 익살스러운 토우야말로, 한국의 자연과 흙과 햇살이 담긴 가장 오랜 정의 유물이다.

토우–.

그것은 한국인의 내면에 스며 있는 토착적인 미의 하나가 아닐 수 없다.

삼신(三神)

　부녀자의 최대의 임무와 사명은 출산이다. 해산은 인간의 역사에서 가장 고귀한 창조이다. 우리 풍속에서는 출산을 여자에게 일임되어 왔다. 옛날에는 아기를 낳지 못하면 산천이나 명승지 또는 절에 가서 자식을 낳게 해 달라고 치성을 드렸다. 이것은 기자(祈子)의 민간 신앙이 되어 많은 전설을 남겨 놓았다.

　춘향·심청 같은 여자, 유충렬·양 소유 같은 남자도 모두 기자의 행사를 거쳐서 탄생되었다. 고구려의 산상왕(山上王)도 산천에 기도하여 왕자를 얻었고 고려 명종 때에도 태자에게 자식이 없어 백마산에 봉기사절(奉祈使節)을 보내어 자식을 얻고자 산제(山祭)를 지낸 일도 있다.

이렇게 해서 얻어진 아이는 어머니 뱃속에서 출산일을 기다리다가 시간이 차면 탄생하게 된다.

산모에 산기가 있으면 우선 밥 세 그릇을 따로 퍼서 상에 받쳐 놓는다. 이것은 '삼신'에게 제사 지내는 것이고, 이윽고 산모가 해산하면 국을 끓여서 산모에게 대접한다. 보통 미역국을 끓이게 된다. 미역에는 요오드 성분이 다량으로 함유되어 피를 맑게 해주고 혈액 순환을 원활히 해 주기 때문이다. 옛날에는 직업적인 산파가 없었으나 오랜 체험으로 익숙한 할머니들이 직접 아기를 받는 일을 맡아서 했다.

아기를 낳기 전에는 국 세 그릇, 밥 세 그릇을 삼신에게 바치는데 이것을 통칭 '삼신'이라고 해서 세 신에게 한 그릇씩 바치는 것이라고 하지만 그렇지 않은 것 같다. 삼신은 산탄(産誕)의 신을 말한다. '삼신'의 '삼'은 셋을 뜻하는 것이 아니라 삼(胎)을 뜻하는 것이다. '삼 가르다' '삼줄' 등의 '삼'은 태(胎)의 우리말이다. 그러니 삼신은 곧 태신이라는 것이다. 포태(抱胎)를 관장하는 호산(護産)의 신이 곧 삼신인 것이다.

평소에 신을 모시지 않는 가정에서도 출산 후에는 산실 안에 삼신제를 바치는 제상을 마련해 놓는다. 따로 삼신의 신위(神位)나 신체(神體)가 없이 막연한 삼신을 위하는 풍속이었다고 생각된다.

'삼신 할머니'는 삼신의 호칭이다. 그 제물은 보통 흰밥과 미역국이 주가 되고, 산모의 건강과 영아의 장수를 비는데 이것을 '비손' 한다고 한다. '비손'은 손으로 빌면서 축문을 진술한다는 뜻이다.

아기가 탄생하면 대문에 '인줄'을 쳐서 남?여의 표시를 하고 외인의 출입을 막는다. 남아는 고추와 숯, 미역을 여아는 여기에다가 고추를 빼고 소나무 가지를 더 첨가해 매달게 된다.

아기가 탄생한 지 사흘 되는 날부터 첫 행사는 시작된다. 이날 아침 일찍 산모는 쑥물로 봄을 씻고 어린애는 따스한 물로써 때를 씻긴다.

이 목욕은 처음부터 바르게 할수록 어린이의 발육이 잘 된다는 것이다. 사흘 되는 이날부터 매일 아기를 씻기는데 첫날은 위로부터 아래로 다음날은 아래로부터 위로 씻기면 영아의 발육이 평균한다고 한다.

생후 7일째를 첫 이레라 한다. 이날 영아의 쌀깃을 벗기고 깃 없는 옷을 입히고 지금까지 동여맸던 팔 하나를 풀어 준다. 그리고 두 이레 되는 날에는 깃 있는 옷에 두렁이(치마 같은 것)를 입히고 나머지 한 쪽 팔을 마저 풀어 주어서 활갯짓을 하게 한다. 세 이레 되는 날에는 비로소 아래 위의 옷을 갖춰 입히고 몸을 자유롭게 한다. 이 날부터 산실의 모든 금기는 철폐되고 산부의 음식이나 활동이 평상시로 돌아간다.

한편 이날은 모든 친척들이 모여 와서 어린애에게 선물도 주고 또 산후 처음으로 개방된 축하의 인사가 행해지는 것이다.

삼칠일까지 어린애보다 산모의 건강 회복을 본위로 한 것이라면 백일은 순전히 어린애 본위의 경축일이 된다. 대체로 3, 7칠등의 홀수가 산속 (産俗)에서 중요시되다가 문득 백일을 계기로 삼은 것은 어디에 근거를 두었는지 잘 모르겠다. 아마도 백이란 수는 완전수, 성숙된 수라는 관념에서 이 완성된 단계를 어린애가 무사히 넘겼다는 것을 경하하는 뜻이라고 생각한다.

백일 잔치는 대규모로 벌어진다. 원근에서 친척, 하객들이 주로 어린애가 필요한 선물을 가지고 어린애 주위에서 어린애의 건강을 축복해 주는 것이다.

태몽

　예로부터 결혼은 자식을 얻기 위해 행해졌다. 곧 출산의 전제가 결혼인 것이다.

　결혼하면 새 생명을 포태(胞胎)하는 임신의 현상이 나타난다. 임신에서 출산까지의 사이에 그 어머니는 태아를 위하여 지극히 몸가짐을 조심한다.

　불결한 것은 보지도 듣지도 않고 더러운 곳에 앉지도 않는다. 이것을 태교(胎敎)라 한다.

　예로부터 이 잉태의 현상을 남녀의 성교의 결과라고 생각하지 않고 하늘이 지시한 운명이라고 생각하여 왔다.

여자가 시집을 가게 되면 가장 큰 소망은 아들을 낳는 일에 귀착된다. 아무리 정숙하고 흠잡을 데 없는 여자일지라도 아들을 낳지 못하면 철거지악에 들게 된다.

일단 임신을 하게 되면 인간에 전해 오는 금기 사항에 따라야만 되었다.

오리 고기는 먹지 않는다든지 말고삐를 넘지 않고, 불난 것을 보지 않는다는 등 불길한 것은 보지도 듣지도 생각하지도 않도록 각별히 조심하는 것이다.

임신에 관한 민간 신앙도 많다. 그중에서 태몽은 오늘에도 믿어지고 있고 또 믿지는 않아도 여러모로 관심거리가 되어 있다.

꿈은 인간이 생존하는 한 사라지지 않는 신비이다. 오늘날의 발달된 과학으로서도 이 꿈의 신비를 정확히 벗겨낼 수는 없다.

인간이 탄생되는 엄숙한 순간에 어찌 꿈의 예시가 없겠는가? 옛날의 성현들도 모두 이 꿈의 신비를 믿었기 때문에 설몽(說夢)·해몽(解夢)이란 것이 성하였던 것이다.

용꿈을 꾸면 과거에 급제하고, 돼지꿈을 꾸면 돈을 벌고, 꿈에 물을 보면 술이 생기고, 불을 보면 좋은 일이 생긴다는 것은 거의 상식으로 되어 있다.

부녀자들의 태몽이나 혹은 아버지의 태몽은 신기할 정도로 잘 맞는다 하여 오늘날까지 믿어지고 있다. 꿈에 곰을 보면 사내아이를 낳고 뱀을 보면 딸을 낳는다는 말이 있다.

성현이 탄생할 때에는 그 어머니의 꿈에 대개 태양이나 별이 입 속으로 들어가서 아기를 배었다는 전설이 많다.

우리 고대 소설의 남녀 주인공들이 모두 이런 신비스런 태몽을 거쳐서 탄생하였다는 것은 주목할 만한 일이다.

『고려사』나 『연려실기술』에는 고려의 충신 정몽주의 태몽이 자세히 기록되어 있다. 어머니가 난초분을 안고 있는 꿈을 꾸고 낳은 아이가 정몽주였다. 그래서 그 이름을 몽란(夢蘭)이라고 했다. 그 어린애 어깨에 북두칠성 모양의 검은 점이 있어서 비범한 어린애라는 것을 알게 되었다.

정몽주 나이 아홉에 어머니는 흑룡(黑龍)이 정원에 있는 배나무에 올라가는 꿈을 꾸고 깜짝 놀라 깨어서 밖으로 나가 보니 몽주가 배나무에 올라가고 있었다는 것이다. 그래서 그 이름을 『몽룡』이라 했다가 관례 후에 몽주라고 했다 한다. 이것은 태몽이 아들의 성장에까지 연장된 예이다.

용ㆍ별ㆍ난(蘭) 꿈은 태몽에서도 귀한 자식을 낳을 징조요, 일반적으로 곰 꿈은 남자, 뱀 꿈은 여자의 탄생을 상징한다는 것은 우리 나라는 물론 중국에서도 믿었던 것으로 알려지고 있다.

달이 품에 안기면 귀한 자식을 낳고, 해와 달이 방에 들어오던가 해가 달이 합치는 꿈을 꾸면 아들이다. 호랑이가 사람을 물면 남자를 낳고 학이 품에 안기면 귀한 아들을 낳는다. 보리를 얻으면 여자, 조를 얻으면 아들, 앵두나 연꽃을 얻으면 여자를 낳는다.

아내가 비단 옷을 입는 꿈을 꾸었을 때는 아들, 비녀나 가락지를 얻으면 딸을 낳는다고 한다. 이런 것은 모두 오랜 체험에서 터득한 해몽인 것이다.

꿈은 우리에게 무엇인가를 암시하고 또 무엇인가를 상징하고 있다. 새 생명을 잉태하고 있는 어머니에게 어찌 하늘의 예시가 없겠는가? 꿈 중에서도 태몽은 역시 신비할 뿐이다.

예로부터 우리의 어머니는 자식을 잉태하였을 때부터 지극한 마음으로 하늘과 대화를 나누어 왔던 것 같다. 바로 태몽이 그 암시인 것이다. 훌륭한 아들을 바라는 정신, 하늘에 간구하는 마음— 이러한 어머니의 지성이 우리 겨레를 키워낸 젖줄이 되었다.

　　나라를 세운 시조들, 역사를 빛낸 위인들로부터 전설이나 민화, 고전 문학 속에 등장하는 수많은 인물들이 태몽을 가지고 탄생했던 것이다. 해 주는 것이다.

전설

　산 좋고 물 맑은 우리 나라.

　삼천리 방방곡곡 어디를 둘러 봐도 산이 병풍처럼 둘렀고. 계곡에서 흐르는 물은 거울처럼 맑다. 사계가 뚜렷한 우리 나라는 철 따라 색다른 자연미를 느끼게 한다. 조상 대대로 수려한 강산을 물려받은 우리 겨레는 이 땅에서 생활을 영위하면서 찬란한 역사와 문화를 창조해 왔다.

　한 줌의 흙, 이끼 낀 바위, 나무 한 포기에도 조상들의 숨결과 영혼이 깃들어 있지 않으랴. 선조들의 뼈가 묻힌 땅, 청자·백자를 구워낸 우리의 흙.

솔씨가 썩어서 송진을 게워내기까지
송진이 굳어서 반쯤 밀화가 되기까지
용하다 이조의 흙이여 너는 얼마만큼 참았는가.
슬픈 손금을 달래던 마음도 네게로 가고
그 숱한 비바람도 다 네게로 갔는데
지금쯤 이조의 흙이여 너는 어디만큼 닿았는가.
하룻밤 칼을 돌려대고 5백 년 훔쳐 온 이름
어느 골짜기 스스로 그 무구한 눈을 길러
끝끝내 찾아낸 네 유백(乳白)한 살은 또 어디로 옮겼는가.

시조시인 김상옥의 「이조의 흙」이라는 시이다. 흙은 만물을 탄생시키고 또 잠들게 한다. 흙은 영원한 생명의 신비를 간직하고 있다. 인간은 이 땅을 삶의 바탕으로 삼아 생활하며 흙의 진리·생명을 사랑해 왔다.

백두산으로부터 한라산까지, 천지 못에서 백록담에 이르는 한반도─. 선조 대대로 피 흘려서 지켜 온 땅. 선조들의 얼이 서리고 땀이 밴 강토이다.

그러기에 산, 강, 고개, 심지어 바위 하나에까지 숱한 전설이 전해 온다. 골골마다 조상 대대로 전해 오는 전설들, 가히 '전설의 나라'라 할 만하다. 마을 이름에도 바윗돌에도 고개에도 전설이 얽혀 있다.

괴기한 바위나 그냥 평범하기 그지없는 고갯마루까지 하나의 전설을 갖게 되므로 그 대상물은 비로소 영혼을 갖게 되고 영원히 상징화되어 사람들의 마음에 부각된다.

전설은 구체적인 증거물에 결부시킨 이야기이다. '옛날 옛적에 어느 곳에 누가…' 하는 식의 민담과는 구별된다. 전설은 구체적으로 어느 시대 어느 곳에 실존하는 구체물에 대한 이야기인 것이다.

전설은 민중들에 의해 만들어졌다. 따라서 그 속에는 원시시대의 신앙, 민족적 풍습, 정치적 질서의 표현이 함축되어 있다. 전설의 탄생은 향토애에서 비롯된 것이 아닐까. 하나의 바위, 고개 같은 것에 사랑을 부여하려는 민중의 공감 의식이 전설을 낳았다고 생각된다.

어떤 구체물에 전설이 깃들면서부터 그 구체물은 비로소 영원한 생명을 간직하게 되어 많은 사람들에게 공감을 일으킨다. 그 힘으로 인해 전설을 가진 구체물이 인물이든 자연물이든 간에 깊이와 신비를 지니게 된다.

하나의 전설은 하나의 생명이요 신비이다. 민중의 가슴이 한데 어울려 만들어낸 문화유산인 것이다. 전설 속에는 우리들의 핏속에 맥맥히 흐르는 민족의 정서가 스며 있다. 한과 사랑과 소망이 깃들어 있다. 민족 고유의 영혼이 숨 쉬고 있어 들을수록 가슴에 짜릿하게 다가오는 정감을 느낀다.

골골마다 숱하게 전해 오는 전설들— 그 전설들이 모여 민중의 마음이 되고 문화의 바탕이 된다. 실제로 '우리의 『삼국 유사』 같은 것은 설화의 집대성이다'고 말하는 학자도 있다. 자연 환경이 수려하다고 해서 우리 나라를 금수강산이라 부르지만 골짜기마다 마을마다 숱한 전설들이 만들어내는 신비가 있기에 우리 나라는 더욱 아름다울 수 있는 것—.

전설이 깃든 바위가 있으므로 고향은 더욱 고향다운 가슴을 지니고 늘 우리들을 향수에 젖게 만든다. 전설은 바로 애향의 뿌리인 셈이다. 오랜 세월 동안에 걸쳐 겨레가 피워낸 서사시라고 해도 좋으리라.

요즘 전설은 황혼이 되어 우리들의 눈앞에서 사라져 가고 있다. 전설이 점점 퇴색되어 간다는 것이, 민중의 생활 철학이 담긴 이야기가 사라지고 있는 것만 같아 서운하기만 하다.

민담

"옛날 아주 옛날, 어느 산골 마을에 한 착한 처녀가 살았는데…"

옛날이야기는 보통 이렇게 시작된다. 몇 마디 이야기가 진행되면 "그래서? 어떻게 됐나?" 상대방의 호기심 어린 반응이 곧 뒤따른다.

"응, 들어보아" 이야기꾼은 은근히 뜸을 들인다. 그러면 상대방도 "그래서?"하며 흥을 돋군다.

이렇게 해서 옛날이야기는 맛을 더해 가고 밤도 깊어 간다.

언제 들어도 구수하고 질박한 이야기.

할아버지가 아버지에게, 아버지가 또 아들에게 조상 대대로 전해 온 이야기들-.

어느 겨레이건 그 겨레에겐 어릴 때부터 할아버지나 할머니의 무릎에 앉아 듣던 옛날이야기가 있기 마련이다.

사람들은 누구나 어른들로부터 옛날이야기를 듣고 자란다.

밑천이 하나뿐인 할머니의 이야기를 졸라 듣고서야 잠이 들었던 어린아이들,

민담은 오랜 세월 동안 입에서 입으로 구전되어 민족의 혈맥 속에 융해되어 왔다.

이 이야기 맛으로 단조롭던 생활은 훨씬 기름지고 고단한 삶도 희망과 용기를 가질 수 있었다.

민담은 순수하고 소박한 민중의 생활 표현이요 이상이다. 바로 민중의 숨결이요 생각인 것이다.

민담은 민중들이 남긴 소박하고 진솔한 문화 유산으로 그 속엔 겨레의 정서와 마음이 들어앉아 있다. 뿐만 아니라 우리 나라의 자연과 풍속과 민중의 목소리가 들어 있다.

그래서 들어도 들어도 싫증이 나기는커녕 또 한번 더 듣고 싶어지는 말의 꽃이다.

「나무꾼과 선녀」 이야기를 통하여 금강산의 아름다운 경치를 눈에 그리며 사슴을 구해주는 나무꾼, 날개옷을 잃고 우는 선녀, 두레박을 타고 하늘 나라로 오르는 나무꾼의 모습을 상상하며 아이들은 아름다운 마음의 날개옷을 입고 자라게 된다,

권선징악을 주제로 한 이야기들, 또한 「은혜 갚은 까치」 등에서 보는 보은사상. 이야기마다 질펀히 괴어 있는 재치와 슬기, 웃음과 해학 등은 민담이 간직하고 있는 재산이다.

우선 민담의 중요한 요소로선 흥미성을 들 수 있다.

'옛날 옛날, 어느 마을에 한 부자가 살았다…' 는 식의, 시대도 장소도 인물의 실정도 명확하지 못한 애매모호성-. 그런 일이 실제로 있었던 일이었던가에 의심을 품게 한다.

　아니 누구든 옛날이야기를 실제로 믿으려는 사람은 없다. 실존했던 이야기든 아니든 상관하지 않는다.

　다만 오금을 못 펴게 흥미진진한 재미는 곧 우리를 이야기 속으로 빠져들게 만든다.

　겨울밤, 바가지에 고구마를 삶아 내놓은 사랑방에서 곧장 민담의 향연이 베풀어진다.

　「호랑이와 곶감」 이야기가 등장하면, 「도깨비 방망이」가 뒤를 잇고 「자린고비」의 지독한 구두쇠 경연이 벌여진다.

　민중의 가슴을 훈훈히 적셔 주던 겨레의 이야기-. 여름날 모깃불을 피워 놓고 대청 위에서 듣던, 머리끝이 쭈뼛하도록 무서운 호랑이 도깨비 이야기.

　눈 내리는 겨울밤에 동네 사람들이 사랑방에 모여 한 차례씩 이야기판을 벌이던 그 입담 좋은 사람들은 이제 찾아볼 수 없게 되었다.

　TV 연속극이나 각자 일에 열중하면서 남의 이야기는 잘 듣지 않는 세상이 되고 만 것이다.

　민담의 밑바탕에 흐르고 있는 마음은 바를 정(情)이요, 생활의 표현이다. 그래서 어떤 이야기라도 마음을 끌어당기는 친화력을 가지고 있다. 학교에서 간혹 우리 나라의 민담을 들려준다는 어느 교사는 이야기보다 더 좋은 교수법도 없을 것이라고 말하고 있다.

　사실 인생도 역사도 하나의 이야기가 아니고 무엇이랴. 갈수록 민담이 민중들에게 외면당하고 있는 것이 아쉽기만 하다.

최근 민속학자들에 의해 민담의 중요성이 인식되어 이를 채집, 정리하는 등 보존에 힘쓰고 있으나 각종 전파, 인쇄 매체에 밀려나 까마득한 옛날이야기가 되고 말았다.

그러나 구수하고 재미있는 이야기 맛은 누구나 쉬 잊을 수 없다. 오랜 세월 동안 한국인의 심리와 웃음과 슬기가 앙금처럼 가라앉아 있는 마음의 보고이기 때문이다.

민담엔 소탈한 한국인의 웃음, 장승처럼 무뚝뚝하나 친근미가 드는 한국인의 표정, 은혜 갚은 까치나 호랑이 등 한국의 동물들이 보인다.

민속박물관 벽화나 한지빛 방문을 바라볼 때마다 어디선가 '옛날 옛적에…' 군침이 도는 옛날이야기 한 자락 꺼내는 입담 좋은 목소리가 들리는 듯한 착각에 빠진다. 인자하고도 근엄하던 할아버지의 목소리로 손자나 아들을 무릎에 앉히고 옛적의 이야기를 몇 차례씩 들려주면서 그렇게 기르라고 '에헴 에헴' 기침 소리를 내시는 것 같다.

정목일 에세이

한국의 아름다움 77가지

발행일 · 2005년 9월 30일

지은이 · 정목일
사　진 · 신병철
편집장 · 박옥주

편집인 · 박종현
발행인 · 안종완
펴낸곳 · 세계문예

등록/1998년 5월 27일(제7-180호)
주소/(132-033) 서울시 도봉구 쌍문3동 315-402
전화/대표:995-0071　　편집부:995-1177
　　　영업부:995-0072　주간실:995-0073
　　　팩스/904-0071
e-mail ｜ adongmun@naver.com
e-mail ｜ adongmun@hanmail.net
Homepage ｜ adongmun.co.kr
　　　　　　아동문예

ISBN 89-88695-53-4